Franz Joseph Prinz von Battenberg

Die volkswirtschaftliche Entwickung Bulgariens von 1879 bis zur

Gegenwart

Franz Joseph Prinz von Battenberg

Die volkswirtschaftliche Entwickung Bulgariens von 1879 bis zur Gegenwart

ISBN/EAN: 9783743650688

Hergestellt in Europa, USA, Kanada, Australien, Japan

Cover: Foto ©Suzi / pixelio.de

Weitere Bücher finden Sie auf **www.hansebooks.com**

DIE

VOLKSWIRTHSCHAFTLICHE ENTWICKLUNG

BULGARIENS

VON 1879 BIS ZUR GEGENWART

NACH AMTLICHEN QUELLEN BEARBEITET

UND

DER HOHEN PHILOSOPHISCHEN FACULTÄT DER UNIVERSITÄT

LEIPZIG

ZUR ERLANGUNG DER DOCTORWÜRDE

EINGEREICHT

VON

FRANZ JOSEPH PRINZ VON BATTENBERG.

Einleitung.

Kurze Betrachtung der volkswirthschaftlichen Verhältnisse Bulgariens zur Zeit der Türkenherrschaft. — Bewohner. Das Land. — Agrar- und Sozialpolitik. — Finanzwesen.

Die Bewohner des heutigen Bulgariens stammen von dem finnisch-uralischen Bulgarenvolke ab, welches im siebenten Jahrhundert in die Balkanhalbinsel eindrang und die dort schon längst angesessenen Slavenstämme zu einem mächtigen Reiche zusammenfasste. Von jenem uralischen Bulgarenvolke ist jedoch nur der Name übrig geblieben, da die Eroberer mit der Zeit Sprache, Sitten und Gebräuche des unterjochten Volkes annahmen und vollständig in demselben aufgingen.

Die jetzigen Bulgaren zeigen in ihrer physischen Beschaffenheit wie in ihren sozialen Einrichtungen einen durchaus slavischen Charakter.

Das heutige nunmehr vereinigte Fürstenthum Bulgarien bildete zur Zeit der Türkenherrschaft ursprünglich die Provinz Rumelien, welche fast die ganze Halbinsel mit Ausnahme von Bosnien und Morea umfasste. Sie zerfiel in Sandžaks,[1] an deren Spitze ein

[1] Um eine richtige Aussprache der südslavischen Eigennamen zu erzielen, sind in der vorliegenden Abhandlung die südslavischen Lautzeichen — auch bei den türkischen Namen — angewandt worden. Hierbei ist Folgendes zu beachten:

Es wird

c wie z,	š wie sch,
č wie tsch,	z wie weiches s (französisch z),
s wie ss,	ž wie weiches sch (französisch j),
	v wie w ausgesprochen.

1

Beg stand; als oberste Behörde fungirte der Beglerbeg, welcher in Sofija seinen Sitz hatte.

Die administrative Eintheilung der Türkei seit 1864 war folgende:[1] 1. Vilajets (Provinzen) unter einem Vali oder Generalgouverneur. 2. Sandžaks (Kreise) mit einem Mutečarrif (Gouverneur), dem Stellvertreter des Vali. 3. Cazas (Bezirke) mit einem Untergouverneur (Caïmacâm).

Nach dieser Eintheilung bildete das jetzige Nordbulgarien das Donau-Vilajet mit den 7 Sandžaks: Rusčuk, Varna, Vidin, Tultča,[2] Tirnova, Sofija, Niš, während das nunmehrige Südbulgarien zu dem Vilajet von Adrianopel gehörte und in 2 Sandžaks à 14 Cazas zerfiel.

Während der Türkenherrschaft herrschte der Feudalismus[3] lange vollständig schrankenlos; aber während er in dem übrigen Lande nach und nach untergraben wurde und schliesslich zusammenstürzte, erhielt er sich dauernd in den drei Bezirken Dubnica, Radomir und Kjöstendil.[4] Im Laufe der Zeit geriethen dort die kleinen Grundbesitzer unter dem Drucke von Zehnten, Frohndiensten und Geldstrafen, sowie der zunehmenden Ueberschuldung immer mehr in die vollste Sklaverei der Grundherren (Sipahi's). Was aber am meisten auf den Bauern lastete, war nicht sowohl die Höhe des Zehnten, als die Art seiner Erhebung. Die Bauern mussten sich die Erlaubniss zur Ernte von den dazu beauftragten Beamten erst durch Bestechungen erkaufen[5] und viele Rückstände wuchsen durch Wucherzinsen so gewaltig an, dass jede Abstossung der Schuld unmöglich wurde. So vereinigten schliesslich wenige türkische Familien den gesammten ländlichen Grundbesitz dieser drei Bezirke in ihren Händen. Die Versuche einiger Herrscher, den Bauernstand von

[1] Vgl. Barkd: Turkey in Europe, 1877, S. 508 ff.
[2] Die Dobrudža ist durch den Berliner Vertrag an Rumänien, die Kreise von Niš und Pirot sind an Serbien gekommen.
[3] Vgl. E. de Laveleye: Balkanländer. II. Bd. Cap. 4. S. 113 ff.
[4] Vgl. Jean Ehoc: En Bulgarie et en Roumélie. 30. Cap. 8. 316 ff.
  Vgl. Laveleye a. a. O. S. 238 ff.

diesen Fesseln des Feudalismus zu befreien, waren vergeblich; das
Joch der Abhängigkeit wurde nur noch immer drückender.

Am erträglichsten war noch die Lage der Ortakdžys, welche
von dem ihnen eigenthümlich zugehörenden Boden nur einen Theil
des Ertrages an den Sipahi zu entrichten hatten, aber neben freier
Wohnung noch Saatkorn und Stroh für das Vieh empfingen. Auch
die Momdžys, auf Zeit gemiethete Tagelöhner, hatten noch nicht
das schlimmste Loos; neben freier Wohnung und Nutzung eines
Stück Landes empfingen sie das Stroh für das Vieh.

Wahrhaft erbarmungswürdig aber war die Lage der Kósimdžis.
Sie waren vollständig rechtlose Leibeigene, die jeglicher Willkür des
Grundherrn schutzlos preisgegeben waren und von Abgaben und
Frohnden, deren Umfang nur die Laune des Sipahi bestimmte,
fast erdrückt wurden.

Eine wirkliche Besserung dieser auf die Dauer unhaltbaren
Zustände trat erst ein, als die islamitischen Grundherren, welche
bei Ausbruch des letzten russisch-türkischen Krieges das Land verlassen hatten, bei ihrer Rückkehr nicht nur Wiedereinsetzung in
die aufgegebenen Rechte, sondern auch Zahlung der rückständigen
Grundzinsen forderten. Die Bauern, welche eben erst in den Besitz
der persönlichen Freiheit und des politischen Wahlrechts gelangt
waren, setzten diesem Ansinnen den hartnäckigsten Widerstand
entgegen. Und ihre Bemühungen wurden mit Erfolg gekrönt. Die
bulgarische Staatskasse schoss den Bauern zur Abstossung der Ser-
vituten die erforderlichen Summen vor. Durch jährliche Rück-
zahlungen sollen die diesbezüglichen Beträge allmählich getilgt
werden.

Auch die übrigen Verhältnisse Bulgariens während der Türkenherrschaft waren wenig erfreulich.

Die türkische Verwaltung, welche auf der osmanischen Lehns-
verfassung beruhte und mit dem Grossgrundbesitz die Mehrzahl der
Aemter verband, zeitigte namentlich finanziell grosse Missstände.
Eine Reihe von Steuern wurde erhoben. Ueber ihre Erträgnisse

1*

im Donau-Vilajet gibt BAKER folgende vergleichende Tabelle aus
den Jahren 1863—1869.

	1863—64	1864—65	1865—66	1866—67	1867—68	1868—69
	₺	₺	₺	₺	₺	₺
Zehnte		459,425	458,469	580,857	879,054 (?)	1,093,189(?)
Verghi (Grundsteuern)	213,596	213,383	213,418	212,737	221,510	220,923
Bédel (Kopfsteuern)		139,862	155,397	228,911	256,050	
Saymé (Viehsteuern)	140,011	139,862	155,397	228,911	256,050	278,018

Zu diesen Steuern kam noch die allgemeine Sklavensteuer
(Ispendš) und die Erbschaftssteuer. Alle diese Steuern waren
lästig und drückend, weil sie willkürlich erhoben und für Rückstände
übergebührliche Zinsen beansprucht wurden.

Die eigentlichen Ursachen der grossen sozialen Missstände jedoch
waren im Aemterverkaufe und in der Steuerverpachtung zu suchen.
Jeder Beamte erstrebte nur seinen Vermögensvortheil und scheute,
wenn es Bereicherungen galt, kein Mittel, um dem armen Bürger
oder Bauer den letzten Mandšur abzupressen. Auch die türkische
Staatskasse erlitt hierdurch dauernde Einbussen. Auf dem Wege
nach Constantinopel ging der grösste Theil der Steuern verloren.
Alle Beamten wetteiferten in Habgier und Unterschlagung. Für
diesen Verlust suchte sich die Staatskasse schadlos zu halten an
den Einnahmen aus dem Aemterverkaufe und gelegentlichen Ver-
mögensconfiscationen und vor Allem durch eine immer weiter gehende
Münzverschlechterung. Volkswirthschaftlich bedauerliche Folgen dieser
Verhältnisse konnten nicht ausbleiben. Die grenzenlose Misswirth-
schaft vernichtete jegliche nicht auf den augenblicklichen Genuss
gerichtete Erwerbsthätigkeit und den Trieb zur Kapitalbildung. Sie
führte schliesslich dazu, dass die Unterthanen neben dem noth-
dürftigen Lebensunterhalt sich nichts mehr erwarben, was man ihnen
hätte abpressen können. Erst die Erfüllung lang ersehnter nationaler
Wünsche und die Thatsache der Errichtung eines selbständigen

bulgarischen Fürstenthumes hob die Missstände der Vergangenheit
auf und schuf für die Bulgaren schönere und freiere Zustände wie
bisher.

Die folgende Studie enthält eingehende Mittheilungen über die
volkswirthschaftliche Entwicklung Bulgariens von 1879 bis zur
Gegenwart unter Benutzung derjenigen amtlichen Quellen, die be-
reitwilligst hierfür zur Verfügung gestellt wurden.

Erstes Capitel.

Land und Leute.

Flächeninhalt. Bevölkerung im Allgemeinen. Nationalitäten und Verwaltung. Confessionen. Civilstand. — Bewegung der Bevölkerung. Bevölkerung nach dem Alter. — Gebrechliche. — Bevölkerung der grösseren Städte. — Volksbildung.

Der Flächeninhalt des Fürstenthums Bulgarien (jetzt Nordbulgarien) beträgt 64,493 qkm; derjenige der früheren autonomen Provinz Ostrumelien (jetzt Südbulgarien) 34,783 qkm, also das vereinigte Fürstenthum besitzt ein Gesammt-Areal von 99.276 qkm.

Nach den Zählungen vom 1. 13. Januar 1881 für Bulgarien und 1. 13. Januar 1885 für Ostrumelien beträgt die Volksmenge für

	qkm	männlich	weiblich	zusam.	auf 1 qkm	Haushaltungen	
Bulgarien	64.493	1,027.803	980,116	2,007.919	31	349,905	
Ostrumelien	34.783	492,545	482,485	975,030	27	190.017 u.	Häuser 176,727 Läden 14,791
So.	99.276	1.520.348	1,462,601	2,982,949	30	539.922	191,518

Nach der Zählung vom 1. 13. Januar 1888 für das vereinigte Fürstenthum:

	qkm	männlich	weiblich	zusammen	auf 1 qkm	Haushaltungen
Bulgarien	99.276	1.605.389	1,548,986	3,154,375	31	556,400

In Nord- und Südbulgarien ist die Bevölkerung vorherrschend bulgarischer Nationalität. Behufs der politischen Verwaltung

war das Fürstenthum in 24 Okrug (Kreise): Berkovica, Varna,
Vidin, Vraca, Eski-Džumája, Kjüstendil, Loveč, Lom, Orhanjé,
Plevna, Provadija, Razgrad, Rahovo, Ruśćuk, Svištov, Sevlievo,
Silistra, · Sofija, Trn, Tirnova, Šumen und 58 Okolija (Bezirke)
eingetheilt. Letztere zerfallen in Gemeinden — nach der allerdings
ungenauen Zählung von 1881 zählte das Fürstenthum damals
1387 Gemeinden — und diese Gemeinden wiederum in Städte
(grad), kleine Städte (gradez), Dörfer (seló) und Gehöfte (kolibi).

Die autonome Provinz Ostrumelien zerfällt in 6 Kreise (Okrug):
Philippopel, Tatar-Pazardžik, Haskovo, Stara-Zagora, Slivno und
Burgas und 28 Bezirke (Okolija). Die Zahl der Gemeinden ist
bei der Zählung von 1885 für Ostrumelien nicht besonders angegeben.

Seit 1885 besteht die Landeseintheilung für das vereinigte
Fürstenthum in 23 Kreisen (Okrug) und zwar 17 in Nord-Bul-
garien: Sofija, Kjüstendil, Trn, Vidin, Lom, Rahovo, Vraca, Plevna,
Loveč, Sevlievo, Svištov, Tirnova, Ruśćuk, Silistra, Razgrad, Šumla
und Varna; 6 in Süd-Bulgarien: Philippopel, Tatar-Pazardžik,
Haskovo, Stara-Zagora, Slivno, Burgas.

Die Kreise zerfallen in 84 Bezirke (Okolija). Die Zahl der
Gemeinden betrug 1887 für beide Bulgarien 1795. Nach fran-
zösischem Vorbilde steht an der Spitze des Kreises ein Präfekt
(Okrözen Upravitel) und an der Spitze des Bezirkes ein Unter-
präfekt (Okoliski Načalnik) als Verwaltungschef.

Nach der Zählung vom 1./13. Januar 1881 bezw. 1885 entfallen in Bulgarien 67,01 % (1.345,507 Individuen) auf die Bulgaren, auf Türken 26,26 % (527.284), auf Wallachen 2,44 %
(49,063), auf Zigeuner 1,87 % (37,600), auf andere und unbekannte
Nationalitäten 2,42 % (48.465); in Ostrumelien: 69,95 % (681.734)
auf Bulgaren, 20.54 % (200.488) auf Türken, 5.43 % (53.028)
auf Griechen, 2,79 % (27.190) auf Zigeuner, 0,72 % (6.982) auf
Juden, 0,19 % (1865) auf Armenier, 0,02 % (212) auf Italiener,
0,02 % (168) auf Russen, 0,01 % (106) auf Franzosen, 0,02 %
(161) auf Deutsche, 0,31 % (3086) auf andere Nationalitäten.

Nach der Zählung vom 1./13. Januar 1888 ergiebt sich folgender Stand der Bevölkerung:

Bulgaren	2.326,250
Russen	1,069
Serben	2,142
Andere slavische Stämme .	2.557
Türken	607,331
Griechen	58,326
Juden . .	23,571
Zigeuner	50,291
Deutsche . . .	2.245
Franzosen	544
Verschiedener Nationalität . .	82,868

Verkovič hat in dem „Recueil périodique" nachgewiesen, dass die heutige Bevölkerung in Macedonien nach Nationalitäten folgende Zahlen aufweist:

Bulgaren	999,548
Türken und Zigeuner . . .	614,520
Griechen	212,764
Kuco-Wallachen . .	75,413
Juden . .	65,335
Sa.	1,967,580

Also die Bulgaren machen beinahe die Hälfte der gesammten Bevölkerung Macedoniens aus.

Bezüglich der Bevölkerung nach dem Unterthanenverbande sei auf die nach amtlichen Quellen verfasste Tabelle I hingewiesen.

Die nach statistischen Quellen zusammengestellte Tabelle II über die einzelnen Religionsbekenntnisse ergiebt, dass von der Gesammtbevölkerung nach der Zählung vom 1./13. Januar 1881 bezw. 1885 im Fürstenthume 69,94 °/₀ auf die Griechisch-Orthodoxen, 28,79 °/₀ auf die Muhammedaner, 0,72 °/₀ auf die Israeliten und 0,55 °/₀ auf andere Confessionen, in Ostrumelien

Tabelle I.

Die Bevölkerung nach dem Unterthanen-Verbande.

Zählung am 1. 13. Januar 1881.

Bulgarien.	Beiderlei Geschlechts (Männer u. Frauen)	% der Gesammtbevölkerung
Bulgarische Unterthanen	1.995.923	99,40
Unterthanen verschiedener Staaten	9.102	0,45
Unbekannte Nationalität	2.894	0,15
Zusammen	2.005.919	

Zählung am 1./13. Januar 1885.

Ost-Rumelien.	Beiderlei Geschlechts (Männer u. Frauen)	% der Gesammtbevölkerung	Gesammt-Resultat
Rumelioten	965.285	99,00	
Bulgaren	840	0,09	
Türken	4.357	0,45	
Hellenen	2.580	0,26	
Russen	364	0,04	
Italiener	273	0,03	975.030
Franzosen	144	0,01	
Oesterreicher	679	0,07	
Unterthanen verschiedener anderer Staaten	508	0,05	

Zählung am 1. 13. Januar 1888.

Gesammt-Bulgarien.	Beiderlei Geschlechts (Männer u. Frauen)	Gesammt-Resultat
Bulgaren	3.121.284	
Türken	11.165	
Griechen	5.813	
Russen	fehlt	
Rumänen	1.322	1.605.389 Männer
Serben	781	1.548.986 Frauen
Oesterreicher	4.045	Su. 3.154.375
Franzosen	fehlt	
Unterthanen verschiedener Staaten	5.965	
Unbekannt	fehlt	

Tabelle II.
Confessionen.

In Bezug auf die einzelnen Confessionen (Religionsbekenntnisse) vertheilt sich die Bevölkerung nach den Zählungen vom 1./13. Januar 1881 bez. 1885 und 1888 folgendermassen:

Zählung am 1./13. Januar 1881. — Bulgarien (Männer und Frauen / Gesammt-Resultat)

Confession	Gesammt-Resultat
Griechisch-Orthodoxe	1.404.409
Muhammedaner	578.060
Israeliten	14.342
Andere Confessionen u. nicht constatirte Confession	11.108
darunter Römische Katholiken	5.762
Armenier	3.456
Gregorianer	359
Protestanten	—

Zählung am 1./13. Januar 1885. — Ost-Rumelien (Männer u. Frauen / Gesammt-Resultat)

Confession	Gesammt-Resultat
Griechisch-Orthodoxe	730.681
Muhammedaner	224.536
Bulgarische Katholiken	9.651
Bulgarische Protestanten	304
darunter Römische Katholiken	749
Protestanten	76
Israeliten	6.885
Armenier	1.720
Andere Confessionen	242

Sa. 975.030 Einwohner (492.545 Männer, 492.485 Frauen)

Zählung am 1./13. Januar 1888. — Gesammt-Bulgarien (Männer u. Frauen / Gesammt-Resultat)

Confession	Gesammt-Resultat
Griechisch-Orthodoxe	2.424.371
Muhammedaner	676.215
Katholiken	18.505
Protestanten	1.358
Israeliten	24.352
Gregorianer	fehlt
Armenier	fehlt
Andere Confessionen	1.500
Unbekannte Confessionen	224

Sa. 3.156.855 Einwohner (1.606.959 Männer, 1.549.896 Frauen)

74,93 % auf Griechisch-Orthodoxe, 23,03 % auf Muhammedaner, 0,99 % auf bulgarische Katholiken, 0,08 % auf Römisch-
Katholische, 0,05 % auf bulgarische Protestanten, 0,18 %
auf Armenier, 0,71 % auf Israeliten und 0,03 % auf andere
Confessionen kommen.

Die Ausscheidung der Bevölkerung nach dem Civilstand
ist in Tabelle III nach den Zählungen von 1881/85 bezw. 1888
übersichtlich angegeben und liefert den erfreulichen Beweis des
grossen in Bulgarien so sehr ausgeprägten Sinnes für Häuslichkeit
und Familienleben. Der Unterschied zwischen der Zahl der ver-
heiratheten Männer und Frauen ist ein minimaler. Im Allgemeinen
ist die Zahl der Junggesellen eine verhältnissmässig geringe
und hat nach der letzten Zählung noch abgenommen, während
Geschiedene nach der Zählung von 1881 in Bulgarien 1025, in
Ostrumelien (1885) 933 und 1888 in beiden Bulgarien 2509 vorhanden waren.

Ueber die Bewegung der Bevölkerung des Fürstenthums
Bulgarien sind nach den veröffentlichten Ausweisen des statistischen
Bureaus zu Sofija folgende Verhältnisse bemerkenswerth.[1] 1881
war die Anzahl der

	männlich	weiblich	zusammen
1) Geburten, darunter todte:	35,996	32,006	68,011

(incl. 9 Kinder unbekannten Geschlechtes)

2) Sterbefälle mit Todtgeburten:	17,882	15,407	33,291

(incl. 2 Kinder unbekannten Geschlechtes)

3) Trauungen: 20,267.

Auf je 1000 Bewohner kamen 33,9 Geburten, 16,6 Sterbefälle, 10,1 Trauungen. Der Zuwachs der Bevölkerung beläuft
sich auf 1,7 % im Durchschnitt.

------

[1] Vgl. Mouvement de la population de la principauté de Bulgarie pendant l'année 1881.

Tabelle III.

Dem Civilstand nach scheidet sich die Bevölkerung
(Zählung v. 1. 13. Januar 1881) folgendermassen:

Fürstenthum Bulgarien	über 14 Jahre männlich	über 14 Jahre weiblich	zusammen	männl. Jugend bis 14 Jahr und darunter	weibliche Jugend bis 14 Jahr und darunter	Gesammtzahl der Kinder unter 14 Jahren	Gesammtzahl incl. der unter 14jährigen Kinder
ledig . .	156,459	100,529	256,988	417,999	+393,727	811,726	1,068,714
verheirathet .	416,775	410,092	826,867	=			826,867
verwittwet .	36,091	75,221	111,312	=			111,312
geschieden .	478	547	1,025	=			1,025
Summa	609,803	586,389	1,196,192	+ 811,726 = . . *Summa*			2,007,918

Dem Civilstand nach scheidet sich die Bevölkerung
(Zählung v. 1./13. Januar 1885) folgendermassen:

Autonome Provinz Ost-Rumelien	über 16 Jahre männlich	über 14 Jahre weiblich	zusammen	männl. Jugend von 16 Jahr und darunter	weibliche Jugend von 14 Jahr und darunter	Gesammtzahl der männlichen Kinder unter 16, der weibl. unter 14 Jahren	Gesammtzahl incl. der unter 16, resp. 14 Jahren
ledig . .	54,818	44,217	99,035	222,361	+193,191	415,552	514,587
verheirathet .	203,751	202,245	405,996	=			405,996
verwittwet .	10,893	42,006	52,899	=			52,899
geschieden .	360	573	933	=			933
unbekannt .	362	235	615 (597)	= .			615
Allgemeines Resumée	270,184	289,276	559,478	+ 415,552 = . . *Summa*			975,030

Dem Civilstand nach scheidet sich die Bevölkerung
(Zählung v. 1. 13. Januar 1888) folgendermassen:

Vereinigtes Fürstenthum Bulgarien	über 15 Jahre männlich	über 15 Jahre weiblich	zusammen	männl. Jugend bis 15 Jahr und darunter	weibliche Jugend bis 15 Jahr und darunter	Gesammtzahl der Kinder unter 15 Jahren	Gesammtzahl incl. der unter 15jährigen Kinder
ledig .	183,060	113,942	297,002	705,165	+671,438	1,376,603	1,673,605
verheirathet .	664,414	659,402	1,323,816				1,323,816
verwittwet .	12,500	96,475	138,975				138,975
geschieden .	1,190	1,319	2,509				2,509
unbekannt .	9,060	6,410	15,470				15,470
Gesammt-Resultat	900,224	877,548	1,777,772	+ 1,376,603 = . *Summa*			3,154,375

Bezüglich des Alters beim Eintritt in die Ehe seien folgende Angaben hervorgehoben:

Alter der Männer:	Anzahl derselben:
18 Jahre und darunter	595
Von 18 bis 20 Jahren .	1.947
„ 20 „ 25	8.105
25 „ 30	5.220
„ 30 „ 40	2.615
40 „ 50	1.000
„ 50 „ 60 „	340
60 und darüber	201
unbekanntem Alter	244

Alter der Frauen:	Anzahl derselben:
15 Jahre und darunter	309
Von 15 bis 18 Jahren .	2.838
18 „ 20 „	5.072
„ 20 „ 25	8.057
25 „ 30	1.775
„ 30 „ 40	1.319
40 „ 50	510
„ 50 „ 60 „	130
60 und darüber .	49
„ unbekanntem Alter	208

Hieraus ist ersichtlich, dass die Mehrzahl der Ehen bei Männern wie Frauen zwischen dem 20. und 25. Lebensjahre geschlossen wurde.

Bezüglich des Civilstandes bei der Verheirathung betrug die Zahl der ledigen Männer 16.361, der ledigen Frauen 16.875, der Wittwer 3.356, der Wittwen 2.273, der geschiedenen Männer 267, der geschiedenen Frauen 361. Bei 283 Männern und 258 Frauen war der Civilstand unbekannt.

Bezüglich der Sterbefälle ist zu bemerken, dass

im Alter von 5 bis 10 Jahren 2.431 Personen
„ „ 10 „ 15 1.124
„ „ 15 „ 20 1.049

im Alter von 20 bis 25 Jahren 1,155 Personen

..   ..   25 .. 30   ,.   1,290   ..

..   ..   30 .. 40   ,,   2,681

..   ..   40 .. 50   ..   2,278

..   50 .. 60   ..   2,081

..   60 .. 70   2,707

..   70 .. 80   ..   1,979

,.   80 und darüber   1,654

Unbekannten Alters   602   ,,

starben. Drei Männer und zwei Frauen erreichten ein Lebensalter von 120 bezw. 125 Jahren; im Kreise Kjūstendil wurde ein Mann über 125 Jahre alt.

Nach dem Civilstand starben

	Männer	Frauen
Ledige . .	9,830	7,959
Verheirathete	5,978	4,979
Verwittwete	1,460	1,992
Geschiedene	53	78
Unbekannt . . .	561	399

Ueber die Dauer der eingegangenen Ehen ist zu bemerken, dass zwischen 25 und 30 Jahren, also nach der silbernen Hochzeit, durch den Tod des Mannes 491 Ehen und durch den Tod der Frau 308 Ehen, während von 50 Jahren aufwärts, also nach der Feier der goldenen Hochzeit 609 Ehen durch das Ableben des Mannes und 343 Ehen durch das Hinscheiden der Frau gelöst wurden.

Die Sterblichkeitsverhältnisse in den grösseren Städten des Landes weisen folgende Ziffern auf: 1) Balčik 39 Personen, 2) Berkovica 81, 3) Varna 1890, 4) Vidin 407, 5) Vraca 238, 6) Gabrovo 304, 7) Dobrič 178, 8) Dubnica 132, 9) Eski-Džumaja 184, 10) Kjūstendil 92, 11) Loveč 87, 12) Lom 274, 13) Plevna 300, 14) Razgrad 195, 15) Rahova 47, 16) Ruščuk 428, 17) Samokov 218, 18) Svištov 124, 19) Sevlievo 177, 20) Silistra 245, 21) Sofija 392, 22) Trojan 83; 23) Tutrakan 199, 24) Tirnova 171, 25) Šumen 483.

Vergleicht man diese Ziffern mit der Einwohnerzahl der betreffenden Städte, nach der Zählung 1881, so ergiebt sich für Balčik 1,01 % (3,855); Berkovica 1,54 % (5,445); Varna 7,65 % (24,649); Vidin 2,99 % (13,602); Vraca 2,17 % (10,924); Gabrovo 3,87 % (7,845); Dobrič 1,86 % (9,567); Dubnica 1,76 % (7,497); Eski-Džumaja 1,83 % (10,038); Kjüstendil 0,95 % (9,589); Loveč 1,45 % (5,973); Lom 3,93 % (6,959); Plevna 2,69 % (11,129); Razgrad 1,76 % (11,034); Rahova 1,22 % (3,837); Rusčuk 1,59 % (26,867); Samokov 2,15 % (10,109); Svištov 1,08 % (11,438); Sevlievo 2,11 % (8,359); Silistra 2,29 % (10,657); Sofija 1,90 % (20,541); Trojan 1,31 % (6,301); Tutrakan 2,77 % (7,164); Tirnova 1,48 % (11,500); Šumen 2,10 % (22,921).

Die Bewegung der Bevölkerung des Fürstenthums im Jahre 1884[1] gestaltete sich folgendermassen:

	männlich	weiblich	zusammen
1) Geburten, darunter todte:	42,250	38,310	80,560
		(darunter nur 86 uneheliche)	
2) Sterbefälle mit Todtgeburten:	19,105	16,985	36,090

3) Trauungen: 18,271.

Auf je 1000 Bewohner kamen 38,1 % Geburten, 17,1 % Sterbefälle, 8,6 % Trauungen. Vergleicht man diese Zahlen mit denen der früheren Jahre, so kommen:

	auf je 1000 Bewohner			
	1881	1882	1883	1884
Geburten	33,9	37,3	39,9	38,1
Sterbefälle .	16,6	19,5	20,4	17,1
Trauungen .	10,1	9,9	10,1	8,6

Im Jahre 1884 hat demnach eine Abnahme der Geburten, Sterbefälle und Trauungen im Vergleich zum Vorjahre stattgefunden und zwar: der Geburten um 1,6 %, der Sterbefälle um 3 % und der Trauungen um 1,5 %. Die grösste Abnahme zeigen die Sterbefälle, woraus man schliessen darf, dass die Lebensbedingungen

[1] Vgl. Mouvement de la population de la principauté de Bulgarie pendant l'année 1884.

in diesem Jahre sich günstiger gestalteten als im Vorjahre. Der
Prozentsatz der Zunahme der Bevölkerung betrug im Jahre 1884
2,1 %, während er 1883 sich nur auf 1,9 % belief. Der Grund
hierfür lag in der Besorgniss, welche man im Jahre 1883 wegen
des Ausbruches eines eventuellen serbisch-bulgarischen Krieges
hegte, und welche eine beträchtliche Anzahl von heirathsfähigen,
jungen Leuten abhielt, Ehen zu schliessen.

Auf 80.560 Kinder, welche im Jahre 1884 geboren wurden,
kamen 42.250 Knaben und 38.310 Mädchen, oder auf je 100 Mädchen
kommen 110,3 Knaben. Im Vergleich zu den Vorjahren gestaltete
sich das Verhältniss der Knaben zu den Mädchen folgendermassen:

auf je 100 Mädchen

	1881	1882	1883	1884
Knaben	112,5	112,5	110,4	110,3

oder im Durchschnitt 110,6.

Auf die Jahreszeiten vertheilen sich die Geburten in folgender Weise:

auf je 1000 Geburten kamen:

	1881	1882	1883	1884
Frühjahr .	246,6	236,4	220,4	239,4
Sommer	238,7	241,2	272,6	245,4
Herbst	270,6	270,1	272,5	274,1
Winter . . .	244,1	252,3	234,5	241,1

Von den 36.090 Sterbefällen des Jahres 1884 entfallen
19.105 auf das männliche und 16.985 auf das weibliche Geschlecht, d. h. auf je 100 Männer 88,9 Frauen oder $\frac{1}{3}$ % mehr
als im Vorjahre, wo auf je 100 Männer 87,6 Frauen kamen. Nach
dem Alter vertheilen sich die Sterbefälle wie folgt:

auf je 1000 Todesfälle:

Alter:	1881	1882	1883	1884
Von 0 bis 5 Jahren	368,3	477,1	447,5	438,9
5 .. 10	73,0	73,5	93,3	79,4
10 .. 15	33,8	33,0	47,1	37,8
15 .. 20	31,5	29,5	29,9	30,9

auf je 1000 Todesfälle:

Alter:	1881	1882	1883	1884
Von 20 bis 25 Jahren	34,7	30,3	32,3	30,6
„ 25 „ 30 „	38,8	34,1	31,3	30,4
„ 30 „ 40 „	80,5	61,1	58,2	51,0
„ 40 „ 50 „	68,4	52,6	50,5	51,8
„ 50 „ 60	62,5	51,3	44,1	41,9
„ 60 „ 70	81,3	63,8	57,6	56,6
„ 70 „ 80 „	59,4	42,6	50,1	51,8
„ 80 und darüber	49,7	31,6	44,1	45,3
Unbekannten Alters	18,1	19,5	14,0	47,6

Nach den Jahreszeiten:

auf je 1000 Todesfälle:

	1881	1882	1883	1884
Frühjahr	257,4	243,8	281,5	283,2
Sommer . .	198,5	257,1	183,8	204,3
Herbst	220,1	222,1	215,5	197,3
Winter	324,0	277,0	319,2	315,2

Was die Trauungen[1] nach dem Civilstande anbetrifft, so gestaltet sich ihr Procentsatz folgendermassen:

auf je 1000 Trauungen:

		1881	1882	1883	1884
1) Junggesellen mit	Mädchen:	787,4	807,2	841,0	848,0
	Wittwen:	14,3	13,9	9,1	8,9
	Geschiedenen:	4,7	2,6	2,7	2,2
2) Wittwer mit	Mädchen:	40,2	36,6	32,5	28,5
	Wittwen:	118,5	124,8	99,6	94,9
	Geschiedenen:	5,8	4,1	4,0	5,3
3) Geschiedene mit	Mädchen:	2,8	2,6	2,9	2,8
	Wittwen:	3,1	2,7	2,0	1,8
	Geschiedenen:	7,2	5,5	5,4	5,6

[1] Ihre Anzahl ist für das Jahr 1884 die geringste. Diese Erscheinung hängt jedenfalls mit den bereits oben erwähnten Gründen zusammen.

Ueber das Alter bei dem Eintritt in die Ehe sind folgende Bemerkungen zu machen:

Alter	Auf je 1000 Trauungen							
	1881		1882		1883		1884	
	Männer	Frauen	Männer	Frauen	Männer	Frauen	Männer	Frauen
Bis zu 18 Jahren und darunter	29,4	155,2	47,6	217,6	21,5	114,8	12,3	109,9
Von 18 bis 20 Jahren	96,1	250,3	140,6	286,0	114,7	285,0	115,6	300,9
„ 20 „ 25 „	399,9	397,5	416,8	329,1	437,9	434,2	455,4	424,2
„ 25 „ 30 „	257,6	87,6	213.3	70,8	247,4	77,6	238,8	71,7
„ 30 „ 40 „	129,0	65,1	110,6	57,6	111,4	53,3	107,5	54,9
„ 40 „ 50 „	49,3	25,2	39,4	21,3	38,5	19,9	41,6	21.2
„ 50 „ 60 „	16,8	6,4	13,4	5,7	13,7	6,2	13,5	5,1
„ 60 Jahren und darüber	9,9	2,4	8,0	1.2	8,2	1,7	7,6	2,3
Unbekanntes Alter	12,0	10,3	10,2	10,7	6,7	7,3	7,7	9,8

In Bezug auf die Jahreszeiten kommen

auf je 1000 Trauungen:

	1881	1882	1883	1884
Frühjahr	145.3	150.6	113,4	133,2
Sommer .	106,0	95,4	87,7	98,2
Herbst	162,8	190,5	178,7	180,2
Winter	585,9	563,5	620,2	588,4

Ein vergleichender Ueberblick über die Bewegung der Bevölkerung in den Jahren 1881, 1882, 1883, 1884 ergiebt folgende bemerkenswerthe Verhältnisse:

Die Zahl der Geburten betrug 1881: 68.011, 1882: 74,942, 1883: 79,635, 1884: 80,560. Die Zunahme der Geburten im Jahre 1884 betrug im Vergleich zu derjenigen des Jahres 1881: + 12,549, 1882: + 5,618, 1883: + 925. Die Zahl der Trauungen betrug 1881: 20,267, 1882: 19,795, 1883: 20,345, 1884: 18,271, oder — 1,996 im Vergleich zu der Anzahl im Jahre 1881, —1,524 im Vergleich zu derjenigen von 1882 und — 2,074 in 1883. Die Zahl der Sterbefälle betrug 1881: 33,291, 1882: 39,184, 1883: 41,030, 1884: 36,090, d. i. — 2,799 für 1881, — 3,094 für 1882 und — 4,940 für 1883 im Vergleich zu der Zahl der Sterbefälle in 1884.

Tabelle IV.

Die Bevölkerung von Nord- und Süd-Bulgarien ergiebt nach Zählung vom 1./13. Januar 1881, 1885 und 1888 nach dem Alter folgende Zahlen:

Volkszählung vom 1./13. Januar 1881

Bulgarien Alter	Beiderlei Geschlechts (Männer u. Frauen)	Durchschnitts-Procent der Gesammt-Bevölkerung
0 bis 5 Jahre	346,236	17,24
6 „ 10 „	297,910	14,84
11 „ 15 „	213,130	10,61
16 „ 20 „	150,107	7,48
21 „ 30 „	304,583	15,17
31 „ 40 „	274,975	13,70
41 „ 50 „	178,157	8,89
51 „ 60 „	105,986	5,28
über 60 „	136,020	6,77
unbekanntes Alter	515	0,02
Allg. Resultat	2,007,919	100,00

Volkszählung vom 1./13. Januar 1885

Ost-Rumelien Alter	beiderlei Geschlechts (Männer u. Frauen)	Durchschnitts-Procent der Gesammt-Bevölkerung
0 bis 10 Jahre	813,087	32,12
11 „ 20 „	184,831	18,96
21 „ 30 „	144,768	14,85
31 „ 40 „	139,751	14,33
41 „ 50 „	91,889	9,41
51 „ 60 „	46,653	4,79
61 „ 70 „	32,083	3,29
71 „ 80 „	15,428	1,58
81 „ 90 „	4,425	0,45
91 „ 100 „	1,019	0,10
Ueber 101 Jahre u. unbek. Alter	1,146	0,12
Allg. Resultat	[152,215 m.] [142,155 w.]	100,00

Gesammt-Bulgarien — Volkszählung vom 1./13. Januar 1888

Alter	Durch-schnitts Procent der Gesammt-Bevölkerung	Männer	Frauen	Zusammen
von 0 bis 5 Jahren	32,12	274,373	262,629	537,002
„ 6 „ 10 „	18,96	217,337	208,865	426,202
„ 11 „ 15 „	14,85	177,530	164,383	341,913
„ 16 „ 20 „	14,33	129,680	134,808	264,488
„ 21 „ 25 „		83,319	93,777	177,096
„ 26 „ 30 „		89,042	98,572	187,614
„ 31 „ 35 „		80,679	95,898	176,577
„ 36 „ 40 „		107,567	100,660	208,227
„ 41 „ 45 „		95,088	86,413	181,501
„ 46 „ 50 „		91,287	66,961	158,248
„ 51 „ 55 „		61,001	55,523	116,524
„ 56 „ 60 „		48,122	38,521	86,643
„ 61 „ 65 „		44,948	42,743	87,691
„ 66 „ 70 „		29,159	25,478	54,637
„ 71 „ 75 „		28,151	28,882	57,033
„ 76 „ 80 „		15,251	13,397	28,648
„ 81 „ 85 „		15,926	16,085	32,011
„ 86 „ 90 „		5,701	4,926	10,627
„ 91 „ 95 „		5,010	4,981	9,991
„ 96 „ 100 „		1,804	1,615	3,419
über 100 Jahre		1,907	1,976	3,883
unbekanntes Alter		2,515	1,893	4,408
Zusammen		1,605,389	1,548,986	3,154,375

Die nach den officiellen Aufweisungen zusammengestellte
Tabelle IV liefert den erfreulichen Beweis, dass 1888 beinahe
4000 Menschen lebten, welche das 100. Lebensjahr überschritten
hatten.

Nach der Zählung vom 1. 13. Januar 1888 betrug die Anzahl der Gebrechlichen für Nord- und Südbulgarien 71,676
Männer und 29,083 Frauen, also 100,759 im Ganzen. Davon entfallen auf:

		Männlich	Weiblich	Zusammen
1)	Blinde .	5,520	4,411	9,931
2)	Stumme	821	443	1,264
3)	Taube . .	5,563	2,164	7,727
4)	Taubstumme	1,126	654	1,780
5)	Wahnsinnige (Idioten) . . .	2,006	1,168	3,174
6) Krüppel	a) ohne einen Arm:	3,390	1,029	4,419
	b) ohne beide Arme:	432	248	680
	c) ohne ein Bein:	3,759	1,354	5,113
	d) ohne beide Beine:	1,147	594	1,741
7)	Andere Gebrechen .	47,676	17,018	64,694

Ueber die Volksmenge der grösseren Städte und Ortschaften mit mehr als 5000 Einwohnern in Nord- und Südbulgarien
giebt die Tabelle V eine genaue Uebersicht.

Die Hauptstadt Sofija, welche nach der Zählung 1881 die
fünfte Stelle einnahm, ist nach der letzten Zählung in die zweite
gerückt und dürfte gar bald — vielleicht schon heute — ihre
Rivalin Philippopel überflügeln und somit die grösste Stadt
des Landes werden.

Die Zunahme der Bevölkerung in den angegebenen
Städten ist eine fast allgemeine und am stärksten bei der Landes-
hauptstadt, welche innerhalb eines Zeitraumes von sieben Jahren
einen Zuwachs von beinahe 10,000 Einwohnern erhalten hat.

Eine geringe Abnahme zeigt Philippopel neben einigen anderen Städten — namentlich Samokov — doch dürfte diese auf-
fällige Erscheinung ihren Grund in dem Umstande haben, dass die

Tabelle V.

Bevölkerung der grösseren Städte.

Die Volksmenge aller Städte und Ortschaften mit mehr als 5000 Einwohner
in Nord- und Süd-Bulgarien.

Namen der Städte	Zählung vom 1. 13. Jan. 1881 85	Zählung vom 1./13. Jan. 1888	Namen der Städte	Zählung vom 1./13. Jan. 1881 85	Zählung vom 1. 13. Jan. 1888
Philippopel . .	33.442	33.032	Eski-Džumaja . .	10,038	8.616
Ruščuk	26,867	27,194	Kjüstendil .	9.589	10.689
Varna	24,649	25,256	Dobrič	9.567	10,717
Šumla	22,921	23,161	Kazanlik . . .	9.469	9.480
Sofija	20,541	30,428	Panagjurište . .	8,510	8,757
Slivno	20,248	20,893	Servlievo	8,359	8,859
Tatar-Pazardžik .	15,425	15.659	Gabrovo	7,845	8,216
Stara-Zagora . .	15,258	16.222	Dubnica	7,497	7.919
Haskovo	13,797	14.191	Tutrakan .	7.164	7,926
Vidin	13,602	14,772	Kavaklii . .	7.064	7.282
Stanimaka . . .	11.784	12,191	Lom-Palanka . .	6.959	8.564
Čirpan	11.573	11,024	Leskovac . .	6,423	7.090
Tirnova	11,500	11.314	Trojan	6,301	6,167
Sistova . . .	11.438	12.482	Kotel	6,010	5,668
Plevna	11.129	14.317	Lovča	5,973	7,092
Razgrad . . .	11.034	12.974	Burgas	5,865	6.543
Vraca	10,924	11,323	Berkovica . . .	5,445	5.238
Jamboli	10,771	11,241	Teteven	5.196	5.967
Silistria	10,657	11,414	Gornja-Orehovica .	5.071	5.689
Samokov	10,109	9,658	Karnabat	5,039	5,811

Zählung von 1881 im Fürstenthume eine ungenaue war und somit
die Einwohnerzahl der betreffenden Städte vielleicht zu hoch ge-
griffen wurde, während die letzte Zählung in beiden Bulgarien als
eine ganz genaue zu bezeichnen ist.

Die Volkszählung vom 1. 13. Januar 1885 für Ostrumelien
(eine analoge Eintheilung für das Fürstenthum Bulgarien für das
Jahr 1881 hat nicht stattgefunden) bezüglich der Bildungsstufe
ergab folgendes Resultat:

	Männlich	Weiblich	Zusammen
Des Lesens und Schreibens			
Unkundige . . .	401,153	462,383	863,536
Des Lesens und Schreibens			
Kundige . .	91,392	20,102	111.494
Sa.	492,545	482,485	975,030

Demnach konnten 88.56 % der gesammten Bevölkerung weder lesen noch schreiben und 11,44 % waren des Lesens und Schreibens mächtig.

Die Zählung vom 1./13. Januar 1888 für das vereinigte Fürstenthum ergab:

	Männlich	Weiblich	Zusammen
Des Lesens und Schreibens			
Unkundige	1,331,463	1,485,139	2.816,602
Des Lesens und Schreibens			
Kundige . . .	273,926	63,847	337,773
Sa.	1,605.389	1,548.986	3.154,375

Demnach ist etwas über $\frac{1}{9}$ der Gesammtbevölkerung des Lesens und Schreibens mächtig.

Zweites Capitel.

Landwirthschaft.

Ackerbau. — Industriepflanzen. — Gartenbau. — Obstbau. — Weinbau. — Viehzucht. — Viehheerden auf staatlichen Weideplätzen. — Bienenzucht. — Seidenzucht. — Butter und Käse. — Ackergeräthe. — Bodenbeschaffenheit. — Düngung des Bodens. — Feldersysteme. — Brache.

Die Landwirthschaft mit ihren Nebenzweigen: Viehzucht, Jagd, Fischerei und Forstwirthschaft bildet die Hauptbeschäftigung der fast ausschliesslich ackerbautreibenden Bevölkerung des Landes. Dieselbe nimmt unter allen Erwerbszweigen die erste Stelle ein, indem sie mit den Nebenzweigen nahezu 80 % der ganzen Bevölkerung beschäftigt.

Die Zählung vom 1./13. Januar 1888 ergab für das vereinigte Fürstenthum folgende Resultate:[1]

	Selbständige	Dienstboten	Familienangehörige	Zusammen
I. Ackerbau, Viehzucht u. Gärtnerei	524,183	715,458	1.075.486	2.315.127
II. Forstwirthschaft, Jagd, Bienenzucht, Fischerei	5,599	6,324	9.008	20,931
			Sa.	2,336,058

Also 2,336,058 bei einer Gesammtbevölkerung von 3,154,375. Bezüglich der übrigen Berufsarten sei auf die betreffenden nach den amtlichen Ausweisen zusammengestellten Tabellen VI und VII verwiesen.

[1] Vgl. Berichte über die ökonomische Lage Bulgariens von Seiten des Finanzministeriums, Abtheilung für Staatsgüter, Forsten, Ackerbau u. Handel 1888.

Tabelle VI.

Betreffend die Beschäftigungsweise und Beruf der Einwohner Ost-Rumeliens finden wir in der von der officiellen Statistik herausgegebenen Liste der Hauptbeschäftigten als Ergebniss der Zählung vom Jahre 1885 Folgendes.

(Eine analoge Liste in der Volkszählung Bulgariens vom Jahre 1881 findet sich nicht vor.)

Autonome Provinz Ost-Rumelien.

I. Agricultur (Ackerbau).

Die Classificirung geschieht in

I. Hauptpersonal:

d. h. a) Patrone, Chefs. Directoren. Geschäftseigenthümer oder Leiter, b) Angestellte, c) Arbeiter, d) Tagelöhner.

II. Familienangehörige, in der Tabelle I und II zusammengerechnet.

Eintheilung	I. u. II. Männer	Frauen	Zusammen	Procente %
1) Bebauer des eigenen Bodens, Pächter, Gärtner etc.	329,815	326,801	656,616	67,84
2) Viehzüchter	24,213	20,124	44,337	4,55
3) Holzhauer, Kohlenbrenner . .	4,140	3,841	7,981	0,82
Sa.	358,168	350,766	708,934	72,71

II. Industrie (Gewerbliche Industrie).

Die Classificirung ist dieselbe wie sub Agricultur.

Industriezweige Eintheilung in:	I. u. II. Männer	Frauen	Zusammen	Procente
1) Holzindustrie. Tischlerei: wie Zimmerleute, Tischler. Küfer. Wagenfabrikanten etc. .	10,015	9,525	19,540	2,01
2) Edelmetallindustrie und Uhrenfabrikation	910	862	1,772	0,18
3) Bearbeitung von unedlen Metallen; wie Maschinenbau, Herstellung von Waffen,Hüttenwerke etc.	14,346	12,995	27,341	2,80
4) Verfertigung von Kleidungsstücken und Putzsachen: wie Schneider. Hutmacher, Putzmacherinnen. Wäsche	10,402	9,946	20,348	2,09
Total:	35,673	33,328	69,001	7,08

Industriezweige Eintheilung in:	I. u. II. Männer	Frauen	Zusammen	Procente %
Transport:	35,673	33,328	69,001	7,08
5) Schafwollindustrie, Tuchmanufactur(Chaysk),Shawlsfabrikation etc.	146	185	331	0,03
6) Baumwollindustrie, Seidenindustrie, Seilerei, Filzartikel etc. .	3,110	4,022	7,132	0,72
7) Wirkwaarenindustrie (Posamentirarbeit)	387	422	809	0,08
8) Färberei und Stoffdruckerei . .	1,032	951	1,983	0,20
9) Lederindustrie, Gerberei . . .	1,045	1,008	2,053	0,21
10) Lederindustrie, Schuster. Sattler	4,957	4,179	9,136	0,94
11) Industrie in Nahrungsmitteln: Müller,Bäcker,Schlächter,Schweinefleischwaarenhändler etc. . .	6,442	5,565	12,007	1,23
12) Maurer, Steinmetzen, Wasserleitung etc.	4,792	4,440	9,232	0,95
13) Töpferwaaren	510	478	988	0,10
14) Ziegelfabrikation (Thonwaarenindustrie)	320	293	613	0,06
15) Weinfabrikation (gebrannte geistige Flüssigkeiten), Weingeist, Alkohol und Tabakfabrikation .	1,556	1,141	2,697	0,28
16) Fabrikation von Kerzen, Seifen (Talg- und Wachskerzen) . . .	358	332	690	0,07
17) Druckerei und Lithographie im Allgemeinen	200	102	302	0,03
18) Papierindustrie: Papier- und Pappenfabrikation, Buchbinderei .	82	59	141	0,01
19) Jagd und Fischerei	329	299	628	0,06
Sa.	60,939	56,804	117,743	12,05

III. Handel.

Classificirung: I. Banquiers, II. Grosshändler, III. Kleinhändler etc., IV. Familienangehörige.

Eintheilung	I. II. III. IV. Männer	I. II. III. IV. Frauen	Zusammen	Procente %
1) Banquiers, Grosshändler, Kleinhändler, Unternehmer, Gewürzkrämer, Kurzwaarenhändler . .	15,852	14,041	29,893	3,07
2) Eigenthümer von Gasthöfen, Zimmervermiether, Schankwirthe, Inhaber von Caffeehäusern . .	4,371	3,417	7,788	0,80
Sa.	20,223	17,458	37,681	3,87

IV. Bewaffnete (öffentliche) Macht.

Classificirung: I. Patrone (Offiziere), II. Angestellte (Soldaten) Gendarme.
III. Familienangehörige.

Eintheilung	Männer	Frauen	Zusammen	Procente %
1) Armee (Heer) und Gendarmerie	5,098	1,154	6,352	0,65
2) Polizei, Flurschützen, Commissäre, Stadtagenten etc.	2,851	2,724	5,575	0,57
Sa.	7,949	3,878	11,927	1,22

V. Freie Gewerbe.

Classificirung: I. Beamte, II. Angestellte, III. Agenten, IV. Familienangehörige.

Eintheilung	Männer	Frauen	Zusammen	Procente %
1) Beamte, Angestellte a) des Staates b) der Kreise c) der Gemeinden	3,768	3,362	7,130	0,73
2) Cultus a) Weltclerus b) Mönche u. Nonnen	2,356	2,338	4,694	0,48
3) Advokaten, Aerzte, Thierärzte, Apotheker, Hebammen, Gehülfen (chirurgische), Feldscherer	590	633	1,223	0,13
4) Lehrer, Professoren, Institutsvorsteher a) an Staatsanstalten b) an Privatanstalten Schriftsteller, Privatgelehrte	3,277	2,857	6,134	0,63
5) Ingenieure, Baumeister, Maler, Bildhauer, Photographen	211	167	378	0,04
6) Schauspieler, Musiker, Componisten etc.	863	771	1,634	0,17
7) Barbiere, Friseure, Perrükenmacher, Zahnärzte	1,018	911	1,929	0,20
Sa.	12,083	11,039	23,122	2,38

VI. Transport.

Classificirung wie sub Agricultur.

Eintheilung	Männer	Frauen	Zusammen	Procente %
1) Personal (cfr. Classificirung) bei Eisenbahnen und anderen Transportunternehmungen zu Land, Fluss, See, an Fuhrwerker, Karrner, Flussschifffahrt etc. . . .	4,508	4,086	8,594	0,80
Sa.	4,508	4,086	8,594	0,80

VII. Verschiedene Gewerbe.

Classificirung: I. Persönliche Dienstboten, welche nur zu Hause arbeiten, II. Familienangehörige.

Eintheilung	I. II Männer	I II Frauen	Zusammen	Procente %
1) Bedientenstand (Dienerschaft) .	4,462	4,669	9.131	0,94
2) Bademeister, Wasserträger, Lastträger, Schuhputzer, Tagelöhner, Handlanger und ohne beständiges Gewerbe	6,211	6,005	12.216	1,25
3) Unbekannte Gewerbe: Classificirung in: I. Gewerbliche Individuen, Kinder. Zöglinge, welche nicht in ihrem Heimathsorte leben, Miether, Zöglinge an Erziehungsanstalten, Waisenkinder II. Leute, deren Gewerbe unbekannt ist	17,955	27,559	45,514	4,67
4) Prostitution	47	121	168	0,02
Sa.	28,675	38,354	67,029	6,88

Allgemeines Resultat: 492,545 Männer
                           482,485 Frauen

Sa.   975,030 Einwohner.

Tabelle VII.

Eintheilung der Bevölkerung nach Beruf und Beschäftigungsweise der Einwohner nach den statistischen Berichten und der Zählung vom 1. 13. Januar 1888.

Bezeichnung der Berufsarten und Beschäftigungsweise	Hauptpersonal Selbstständige oder Leiter		Bedienstete Gehülfen, Arbeiter, Tagelöhner		Familienangehörige, welche in Kost befindlich sind		Zusammen	
	männlich	weiblich	männlich	weiblich	männlich	weiblich	männlich	weiblich
1) Ackerbau, Viehzucht und Gärtnerei	517,663	6,680	103,593	611,865	530,916	544,570	1,152,112	1,163,015
2) Forstwirthschaft, Jagd, Bienenzucht u. Fischerei	5,503	6	729	3,545	4,426	4,582	10,798	10,133
3) Bergbau, Salinen	7		1	5		3	8	8
4) Industrie in Steinen und Thonwaarenindustrie	2,316	6	404	2,128	1,580	1,788	4,300	3,922
5) Bearbeitung von Metallen	15,924	19	3,303	16,583	14,891	14,731	34,118	31,333
6) Maschinenbau, Waffen, Instrumente, Apparate	1,429	2	269	1,500	1,658	1,105	2,751	2,605
7) Chemische Erzeugnisse	150		535	171	83	126	286	299
8) Bearbeitung von Talg, Harz (Theer, Pech), Wachs	443		100	485	328	401	866	887
9) Bearbeitung von Faserstoffen (Webstoffen?)	4,030	1,764	730	4,780	3,611	4,211	8,371	10,755
10) Papier und Leder	2,528	4	475	2,776	1,814	2,066	4,817	4,846
11) Nahrungs- und Genussmittel	10,415	15	2,467	8,953	6,445	7,227	19,327	16,195
12) Holzindustrie	10,462	65	1,577	11,010	9,292	9,280	21,331	20,355
13) Kleidungsstücke und Fussbekleidung	20,196	489	5,694	19,889	13,850	15,274	39,740	35,652
14) Reinhaltung des Körpers und der Kleidung	2,117	356	426	2,206	1,551	1,668	4,094	4,230
15) Bau von Gebäuden u. Reinigung der Wohnungen	7,783	1	1,132	7,824	6,353	6,820	15,268	14,645
16) Polygraphische Berufsarten	365		85	249	128	143	578	392
17) Künstler und künstlerische Beschäftigungen (mit Ausnahme von Musik und Theater)	137		17	92	66	90	220	182
18) Fabrikanten, Gewerbtreibende u. Fabrikarbeiter, deren Beschäftigung nicht genau bezeichnet ist	195		60	175	92	110	347	285
19) Handel	29,319	90	6,190	29,719	21,500	24,415	57,009	54,224
20) Verkehr und Transport	7,670	18	979	7,744	5,601	6,216	11,250	13,978
21) Versicherung (Assecuranz)	5			1	2		7	1
22) Verabfolgung von Speise und Trank und Orte zum Uebernachten (wie Hotels, Restaurants, Büffets, Caffeehäuser, Gasthäuser, möblirte Zimmer, Haus etc.)	3,003	51	904	2,706	1,792	2,000	5,599	4,757

23) Persönliche und Hausdienerschaft (Diener, Bonnen, Köche etc.)	16,249	1,580	4,062	12,275	9,370	9,524	29,681	23,379
24) Tagelöhner mit wechselnder Beschäftigung	20,875	2,168	2,073	21,938	16,115	17,536	39,063	41,662
25) Heer und Heeresverwaltung	3,545	—	56	885	11,889	378	15,490	1,263
26) Flotte	15	—	6	57	192	5	207	11
27) Hofdienerschaft und Diplomatie	54	—	15	57	13	13	82	70
28) Stadtdienst, Verwaltung, Polizei und Gerichtsbarkeit	12,201	361	801	9,813	5,631	6,650	18,536	16,463
29) Kirche, Gottesdienst, Leichenbestattung, fromme Stiftungen	3,817	361	582	3,768	2,832	3,211	7,231	7,340
30) Erziehung u. Bildung (Lehrer an hohen Schulen, Gymnasien, Realschulen, Volksschulen, Handelsschulen und anderen Fachschulen, Institutsvorsteher und Lehrer an Privatschulen, an Anstalten zur Erziehung von Blinden, Tauben, Stummen u. s. w., Privat- und Hauslehrer: Erzieher, Erzieherinnen u. s. w.)	4,015	561	214	3,735	1,650	1,863	5,879	5,162
31) Gesundheits- und Krankenpflege (Aerzte, Accoucheure, Chirurgen, Operateure, Apotheker, Krankenwärter)	514	182	75	567	284	356	873	1,105
32) Wissenschaft, Literatur und Publicistik (Literaten, Schriftsteller, Redacteure, Correspondenten)	28	72	2	18	8	11	38	32
33) Kunst (Musik und Theater)	1,812	72	200	1,627	1,470	1,474	3,471	3,173
34) Rentiers (von eigenem Kapital und Vermögen)	1,188	1,361	227	1,702	1,337	1,513	2,752	1,559
35) Pensionisten	68	38	6	81	72	64	116	183
36) Leute, welche von der Unterstützung Anderer leben (von frommen Stiftungen, von Almosen, in Armenhäusern und Invalidenanstalten)	1,401	545	90	1,193	1,100	1,114	2,591	2,852
37) Leute, welche in Spitälern, Irrenanstalten, in Gefängnissen und Correctionshäusern leben	474	41	27	436	1,943	200	2,443	287
38) Studenten, Schüler, Zöglinge in Erziehungsanstalten mit Beköstigung, im Cadettencorps, Pensionen, Waisenhäusern	4	—	4	7	56,728	16,484	56,736	16,191
39) Prostitution	41	389	50	37	10	13	101	439
40) Nicht angegebener Beruf	10,713	6,265	2,126	13,173	11,021	12,358	23,860	31,296
Summa:	718,707	23,039	139,748	806,351	746,034	719,506	1,605,389	1,548,986

= 3,154,375.

Demgemäss ist auch die Landwirthschaft als die Hauptquelle des Wohlstandes Bulgariens anzusehen. Grossgrundbesitz nach westeuropäischem Muster ist nicht vorhanden, nur verhältnissmässig kleine Güter — Čifliks genannt — finden sich vor. Sie wurden nach Abwerfung des türkischen Joches zum grössten Theile von den Bauerngemeinden käuflich erworben und parzellirt. Indess ist das Bestreben der Landbevölkerung nach Vergrösserung des Grundbesitzes sowie des urbaren Bodens unverkennbar.[1]

Die Grösse der Čifliks variirt zwischen 150 und 1500 Uvrats (1 Uvrat = 16 Ar); ihre Anzahl im ganzen Lande dürfte sich auf 200 belaufen.

Von dem gesammten bebauten Boden entfällt auf:

Acker- und Gartenland . .	18,163,343 Uvrati
Wiesen und Weiden .	5,198.071
Weingärten	722.458 „
Reis-. Rosen-. Baumwollkultur . .	29.706 „
Waldungen[2] circa	28.730.462 „
Der bestellbare Boden beträgt . .	52,854,040 Uvrati.

Getreide aller Art, wie überhaupt fast alle mitteleuropäischen Feldfrüchte werden in grossen Mengen erzeugt. Auf der Hochebene von Golemo-Selo wogt das Getreide bis in unabsehbare Ferne. Die Hochebene von Radomir gleicht nach Erdic[3] einem Ocean von Getreide. Bulgariens Ausfuhrhandel an Getreide ist daher sehr bedeutend.

An landwirthschaftlichen Erzeugnissen wurden exportirt aus dem Fürstenthum:

[1] Ebenso wenig trifft man gewaltige Kapitalisten an, dafür ist der Wohlstand ein allgemeiner; es giebt kein Proletariat und unter der einheimischen Bevölkerung giebt es Keinen, der nicht genug zu leben hätte. Mit Recht sagt Enno (Iirmilli) in seinem Buche „En Bulgarie et en Roumélie": „Was wir die arme Klasse (des pauvres) nennen, ist in Bulgarien eine unbekannte Sekte" cap. 31, S. 337).

[2] Die Abmessung der Wälder ist ungenau. Die angegebenen Ausdehnungen der Wälder sind nach dem Augenmass, für jeden Kreis getrennt, von den „Bayon In pektoren" festgestellt worden.

[3] Erdć, Cap. 25, S. 276.

	1880	1881
Weizen .	62.582,374	42.137,032 Oka
Mais . .	5.926,926	102,363,314
Gerste	25.269,983	19,090,017
Roggen	26,807,540	5.233,167
Hafer . .	1.535,820	3,700,660
Hirse .	1.147,341	4,089,120
Mehl	1.499,292	1.114,808 ..
Gross- und Klein-Vieh	399,415	489.115 Stück.

In Folge der guten Ernte vom Jahre 1882 hat sich der Getreideexport Bulgariens im selben Jahre auf 147.000 Tonnen
gehoben, wovon nur 23,500 Tonnen nach Oesterreich-Ungarn ver-
schifft wurden. Bezüglich der Ausfuhr von 1882—1888 sei auf
Tabelle IX: „Uebersichtstabelle über landwirthschaftliche Erzeug-
nisse-Ausfuhr von 1882—1888", hingewiesen.

Nach amtlichen Aufzeichnungen sind die reichsten Gegenden
für Weizen, Roggen, Gerste und Hafer die Kreise von Burgas,
Varna, Vidin, Vraca, Lovča, Lom, Philippopel, Razgrad,
Rusčuk, Svištov, Sevlievo, Slivno, Sofija, Tirnova, Šumla.
Namentlich gedeiht Weizen in den Kreisen von Tirnova, Rusčuk,
Šumla, Sofija, Slivno, Silistra, Haskovo, Vidin, Sevlievo,
Svištov und Razgrad[1] mit einer jährlichen Productionsmenge
von je 10.000.000 Oka aufwärts (Tirnova 29 Millionen, Rusčuk 25,
Philippopel 26,6 Millionen).

Roggen wird in ganz bedeutenden Mengen in den Kreisen von

Philippopel	mit 22,9 Millionen Oka
Slivno	7.8
Sofija	7.5
Haskovo	6.5
Lom	5

---

[1] Vgl. Austria, handelspolitische Zeitschrift 1876, auswärtige Corre-
spondenz S. 248 und 409.

jährlichem Ertrag angebaut, während **Gerste**[1] sehr stark in den Kreisen von

Rahova   mit 45 Millionen Oka

Tirnova   „ 12.2   „   „

Rusčuk   „ 12   „   „

Philippopel „ 10   „   „

und **Hafer** namentlich in den Kreisen von

Sofija   mit 9 Millionen Oka

Tirnova   „ 6   „   „

Sevlievo   „ 5   „   „

Slivno   „ 4   „   „

und Silistra in grossen Mengen vertreten ist.

Der **Maisbau** herrscht namentlich vor in der Umgegend von

Vidin   mit 18 Millionen Oka

Lovča   „ 9   „   „

Lom   „ 20   „   „

Razgrad   „ 5   „   „

Rahova   „ 12-16   „   „

Rusčuk   „ 15   „   „

Svištov   „ 13   „   „

Sevlievo   „ 17   „   „

Sofija   „ 8   „   „

Tirnova   „ 18   „   „

Haskovo   „ 9   „   „

Šumla   „ 10   „   „

Ebenso wird **Mais** angebaut in den Kreisen von Varna, Burgas, Kjüstendil, Plevna, Silistra und Trn.

Hirse wird am stärksten in den Kreisen von

Philippopel mit 1 Million Oka

Svištov   1.3   „   „

Rusčuk   „ 1.7   „   „

Tirnova   „ 2.1   „   „

gezogen, während die **Reiscultur** in ganz unbedeutendem Masse

[1] Zumal dieselbe in Asien auch zum Füttern der Pferde verwandt wird.

getrieben wird und zwar in der Umgegend von Philippopel und
Rusčuk. Bis zum Jahre 1878 bildete der Reisbau in den Kreisen
von Philippopel und Tatar-Pazardžik den Hauptzweig der
Landwirthschaft. Es wurde eine solche Menge Reis gebaut, dass
nach Befriedigung des einheimischen Bedarfes noch ein bedeutendes
Quantum nach Serbien und Rumänien exportirt wurde. Im
Jahre 1879 unterdrückte die Okkupationsverwaltung die Reiscultur
aus sanitären Rücksichten (Sümpfe, Fieber etc.) und man wandelte
diese Ländereien zum grössten Theil in Wiesen um. Dieses Verbot, welches durch die ehemalige ostrumelische Regierung Gesetzes-
kraft erlangte, dauerte bis zum Jahre 1885. Seitdem hat man
mit dem Reisbau von Neuem begonnen, aber er wird vorerst nur
in geringem Masse betrieben, weil sowohl unter den Reisanbauern
selbst, als auch zwischen diesen und den Verwaltungsbehörden
bisher unbeglichene Meinungsverschiedenheiten entstanden sind.

Der Tabakbau gedeiht namentlich in den Kreisen von Kjüstendil,[1] Šumla und Slivno.[2] Von dort findet auch Ausfuhr statt. Der
Bedarf der einheimischen Bevölkerung wird völlig gedeckt.

Uebersicht über den Tabakbau 1882—1887:

Jahre	Bebaute Fläche	Betrag der Ernte
1882	17,103 Uvratu[3]	1,215,926 Oka[4]
1883	17,767 ,,	1,032,574 ,,
1884	23,951 ,,	1,769,373 ,,
1885	25,669 ,,	965,747 ,,
1886	6,778[5] ,,	784,802 ,,
1887	26,323 ,,	1,432,644 ,,

[1] JEAN ERDIČ, Cap. 25, S. 276: „Namentlich wird in der Ebene von Rilo-
Selo Tabak gepflanzt. Der Anbau ist zwar einträglich, erfordert indess eine
sehr sorgfältige Pflege. Zu diesem Zwecke graben ganze Rotten von Frauen
Wässerungskanäle auf den Feldern aus."

[2] In den Kreisen von Burgas und Silistra spielt der Tabak eine
grössere Rolle und ist die einzige dort vorkommende Industriepflanze. Nach
BLANQUI, welcher Bulgarien im Jahre 1842 bereiste, muss die Tabaksproduktion
damals eine viel bedeutendere gewesen sein, denn er erwähnt, dass der Tabak
recht bedeutende Summen abwürfe und besonders in den niedrigen und frucht-
baren Bezirken gedeihe.

[3] 1 Uvrat = 1 Dennum = 16 Ar = 1600 qm.   [4] 78 Oka = 100 kg.

[5] Der Tabakbau in Bulgarien war nicht gleichmässig in den letzten

Die Cultur des Flachses erstreckt sich auf die Kreise von
Varna, Vidin, Vraca, Kjüstendil, Lovča, Philippopel, Sevlievo, Sofija,
Tatar-Pazardžik und Šumla, während sich Hanf in den Gegenden
von Vraca, Kjüstendil, Lovča, Philippopel, Razgrad, Rahova, Rus-
čuk, Svištov, Sevlievo, Slivno, Sofija, Stara-Zagora, Tatar-Pazardžik,
Tirnova und Haskovo vorfindet.

Spelz wird in der Gegend von Vidin, Lovča, Philippopel,
Rusčuk und Tirnova gezogen, ausserdem kommen als Industriepflanzen in einigen Gegenden vor: Sumach (Lohe), Krapp, Baumwolle, Flachssamen, Senf, Mohn und Ginster, Sesam, Anis,
Bohnen, Erbsen, Linsen.

Die Rosencultur bildet den vornehmsten Zweig der Landwirthschaft und eine sehr lucrative Erwerbsquelle in dem Bezirke
von Kazanlik (Tundža-Thal), sowie in dem Kreise von Philippopel,
d. h. nur in den Bezirken von Karlovo, Sernena-Gora und Ovče-
Helme.[1]

—

Jahren. Die Gründe für den grossen Unterschied in den Zahlen der Jahre
1885 und 1886 sind folgende: 1) Die Menge des geernteten Tabaks im Jahre
1885 war eine geringere wie diejenige im Vorjahre, da in Folge des serbisch-
bulgarischen Krieges der im Sommer gesäte und bebaute Tabak nicht einge-
sammelt werden konnte, sondern verfaulte. 2) Im Jahre 1886 wurde weniger
Tabak geerntet als 1885, weil 1886 in einigen Kreisen weniger Bodenfläche
mit Tabak bebaut wurde und dort, wo es in grösseren Mengen der Fall war,
wurde derselbe entweder durch Hagel vernichtet oder von der Dürre ausge-
brannt. Im Uebrigen ist ein bedeutender Fortschritt in der Tabakcultur unverkennbar. Als Beleg hierfür mag die Thatsache gelten, dass die Tabakein-
fuhr von Jahr zu Jahr in ziemlich bedeutendem Procentsatz abnimmt. So
betrug z. B. die Einfuhr von 1883 im Fürstenthum: 183.207 Oka Tabak, 1884:
84.170, 1885: 64.518, 1886 (in Nord- und Südbulgarien) 8.148, und 1887 nur
7.800 Oka.

[1] Mit Recht nennt ÉMILE DE LAVELEYE in den „Balkanländern", Bd. II,
S. 230 ff., die Rosenzucht eine ungeheuer mühsame, indem die Rosen der
sorgfältigsten Pflege und Abwartung und eines frischen Luftzuges bedürften
und erst nach 5 oder 6 Jahren ertragsfähig seien. Er sagt Bd. II, S. 231: „Die
Rosenzucht, welche früher den Balkanstaaten vorbehalten blieb, wird nun auch
am Rhodope-Gebirge betrieben."

JEAN EUDE (QUILLÉ), En Bulgarie et en Roumélie, Cap. 16, S. 180 ff.,
entwirft folgende treffliche und launige Schilderung:
„In Kazanlik herrscht die Rose, sie ist glücklicher als mancher Fürst,
und man schätzt sie hoch, denn man kann hier sagen: La rose est de l'argent.

Der jährliche Ertrag des aus den Rosen gewonnenen Rosen-öles (Rosenessenz) beläuft sich auf circa 300.000 Muskale (1 Muskal = 5 Gramm) für den Bezirk von Kazanlik und etwa 250—300.000 Muskale für den Kreis von Philippopel.

Ein Muskal Oel[1] wird zum Preise von 4—5 Frs. an die Händler verkauft, welche die Rosenessenz nach Oesterreich, Deutschland, Frankreich und England exportiren.

In dem Kreise Tatar-Pazardžik, d. h. nur in dem Bezirke von Peštera, wird gleichfalls, aber in geringerem Masse, Rosenzucht getrieben und die gewonnene Essenz nach dem Auslande verkauft.

Die Rosenernte beginnt je nach den Witterungsverhältnissen Anfang oder Mitte Mai und dauert bis Ende Juni.

„Der Name Kazanlik stammt von dem türkischen Worte Kazan her und bedeutet Kessel. Letzteres ist die Bezeichnung für die Retorten, welche zur Destillation der Rosenessenz dienen. Diese Destillation beschäftigt während einiger Wochen (Mai—Juni) einen beträchtlichen Theil der ackerbautreibenden Bewohner dieser gesegneten Gegend, welche den poetischen Namen „das Thal der Rosen" führt. In dieser Jahreszeit drängt die Rosenernte und Destillation jede andere Beschäftigung in den Hintergrund und bildet das Tagesgespräch, wie etwa in Paris die Politik oder die Apfelernte in der Normandie.

„Diese Kessel (Queille) vergleicht sie in ihrer Gestalt mit enormen Kranichen) sehen aus wie grosse Kannen (Flaschen) aus verzinktem Kupfer. Man wirft hier die Rosen hinein und vermengt sie mit einem bestimmten Quantum Wasser, welches in besonders zu diesem Zwecke verfertigten Gefässen, deren Fassung bekannt, fixirt wird. Man zündet darunter Feuer an und der Dampf verdichtet sich jetzt in einem röhrenförmigen Apparat von der Form eines sehr stark ausgebauchten Schwammes, welcher den Kessel umgiebt. An diesen Apparat ist ein kurzes schräges Rohr gelöthet, an welches sich ein längeres anschliesst, mit der Bestimmung, die Essenz in ein gläsernes Gefäss zu leiten, nachdem letztere den Strom kalten Wassers durcheilt hat, welcher die Destillation in Thätigkeit setzen soll."

Auch Blanqui schreibt über die Rosencultur:

„In der Gegend von Eski-Zagra und Kazanlik zeigen sich diese lieblichen, regelrecht angelegten Rosenfelder, auf denen junge und schöne Mädchen umsichtig walten und schaffen.

„Während der Zeit, in welcher man sich mit der Bereitung des Rosenöles und des Rosenwassers beschäftigt, sind die Dörfer mit den Blumenblättern der Rose buchstäblich übersät und die Pferde gehen auf einer wohlriechenden Streu."

[1] Zu 1 Muskal Oel braucht man je nach dem Ernteertrage und den klimatischen Verhältnissen 8—15 Kilogramm Rosen.

Im Jahre 1881 betrug die Menge des producirten Rosenöles
1421 Oka zu 322 Dramm.[1]

Die Gärtnerei wird zwar allgemein, aber nicht umfangreich
betrieben. Am meisten blüht die Gemüsegärtnerei in dem Kreise
von Tirnova. Die Mehrzahl der Bewohner der Bezirke von Tirnova,
Orehova und Elena treibt Gartenwirthschaft. Im Frühjahre gehen
die Einzelnen nach Russland, Oesterreich, Serbien und Rumänien, produciren dort im Laufe des Sommers verschiedene
Gemüsearten, verkaufen dieselben und kehren im Herbste in ihre
Heimath zurück.

Die gewöhnlichen Gemüsearten, wie Kartoffeln, Bohnen,
sonstige Hülsenfrüchte, alle Kohlarten, Rüben, Zwiebeln,
Gewürze, namentlich Paprika, werden in genügenden Mengen
erzeugt, um den einheimischen Bedarf zu befriedigen. Paprika
spielt bei der Speisenbereitung eine grosse Rolle. Man kann die
grossen Hülsen, stark wie Zwiebeln, fast vor jeder Hütte in Reihen
zum Trocknen hängen sehen. Man verspeist den Paprika gekocht,
roh eingemacht, als Zuthat zu anderen Speisen u. s. w.

In dem Kreise von Vidin gelangt $\frac{3}{4}$ der Gartenprodukte
an Ort und Stelle zum Verkauf; $\frac{1}{4}$ wird nach Kalafat (Rumänien)
exportirt. Der Kreis von Silistra exportirt Zwiebeln und Kohl-
gemüse nach Rumänien, aber in geringen Quantitäten. In dem
Bezirke von Kavakli (Kreis von Slivno) werden jährlich ungefähr
200,000 Oka „Bamija" — ein besonders im Orient beliebtes Gemüse — exportirt, dessen Preis sich an Ort und Stelle auf
1—1.5 Frs. für die Oka beläuft.

Folgende Obstarten kommen in fast allen Kreisen des Fürstenthums vor: Pflaumen, Kirschen, Aprikosen, Pfirsiche, Schwarz-
kirschen, Birnen, Aepfel, Quitten, Nüsse etc. Dieselben
werden theils in rohem, theils in gedörrtem Zustande genossen oder
man benutzt diese Früchte zum Einmachen (Slatko), zur Bereitung
von wohlschmeckenden Sorbetarten oder zu gegohrenen Getränken

---

[1] Weitere Einzelheiten über Rosencultur finden sich in SAMUELSON, Bulgaria past and present, Cap. 15, S. 156.

wie Slivoviza (Zwetschenschnaps), der im Geschmack dem Korn-
branntwein ähnelt.

Einen bedeutenden Reichthum an Pflaumen, Aepfeln und
Birnen bietet die Umgegend von Kjüstendil.[1] Die jährliche Produktion an Pflaumen beläuft sich auf circa 1—1,5 Millionen Oka.
Ein grosser Theil hiervon wird zum Preise von 30—50 Centimes
pro Oka an Händler zum Export nach der Türkei und Frankreich verkauft. Ungefähr 300.000 Oka Aepfel und Birnen werden
jährlich erzeugt; $\frac{1}{3}$ hiervon gelangt auf den Markt nach Sofija.

In dem Kreise von Rusčuk ist das Vorkommen einer ge-
pfropften Birne (Prisad) bemerkenswerth. Die Kornelkirsche
gedeiht namentlich im Bezirke Tusluk und wird zur Bereitung eines
besonderen Getränkes (Közöldžik-madžum) verwandt. Der Kreis von
Stara-Zagora ist reich an Mandeln, Nüssen und Kastanien.
Aus den Nüssen, welche bei Kazanlik in grosser Anzahl geerntet
werden, bereitet man Nussöl (Šarlagan). Von Kazanlik allein
beträgt der jährliche Export dieses Oeles circa 20.000 Oka und
derjenige von Kastanien 10.000 Oka.

Der Weinbau wird in mehr oder weniger ausgedehntem Masse
in ganz Bulgarien betrieben mit Ausnahme von Sofija, dessen Hochebene sich zum Weinbau nicht eignet. In einigen Kreisen wie z. B.
in demjenigen von Lom, namentlich in der Umgegend von Slivno,
Haskovo und Tirnova, bildet der Weinbau eine der Haupterwerbs-
quellen. Bei Burgas, in den Bezirken von Varna und Vidin, in der
Umgebung von Philippopel (Bezirk von Konuška) und namentlich in
dem Kreise von Stara-Zagora befindet sich die Weinproduktion in
blühendem Zustande. Bei Rahova hat der Weinbau, welcher
bislang sehr unbedeutend war, merkliche Fortschritte gemacht; auch
bei Silistra ist derselbe im Aufblühen. Sowohl klimatische als auch

---

[1] JEAN ERME a. a. O., Cap. 30, S. 322 ff., schreibt: „Charakteristisch für
Kjüstendil ist der Reichthum an Pflaumenbäumen, welche in Kjüstendil dieselbe Rolle spielen, wie die Rosen in Kazanlik. In der Hochebene wechseln
förmliche Haine von Pflaumenbäumen mit Maisfeldern ab. Diese Pflaumen
werden getrocknet und das Kilogramm zu 8 Pará = 4 Centimes verkauft etc."

Bodenverhältnisse namentlich in der Umgegend von Vraca, Razgrad, Sevlievo. Sofija begünstigen denselben.

Die Art und Weise der Bestellung der Weinberge. sowie die Zubereitung des Weines ist allenthalben noch eine primitive. In Folge dessen eignet sich der bulgarische Wein, wiewohl aus vorzüglichen Trauben bereitet. nicht für den Export.[1][2]

Nebenstehende Tabelle soll die jährlich in den einzelnen Kreisen erzielten Weinmengen und die eventuelle Ausfuhr derselben veranschaulichen.

In Ostrumelien betrugen laut amtlichen statistischen Berichten die Mengen der bereiteten Weine und Rakia:

1882	Oka
Weine	16,834,680
Rakia	1.589,312
1883	Liter
Weine	. . 29,036,765
Rakia	2.279,993

Bezüglich der Farbe des Weines ist zu bemerken. dass in den statistischen Berichten von 1888 über die Weinproduktion ausdrücklich Rothwein (Vino červeno) und dunkelfarbiger Wein (Vino černo) unterschieden wird. Letztere Sorte herrscht vor in den Kreisen von Burgas. Varna, Vraca. Kjüstendil. Lom. Rusčuk, Svištov. Sevlievo. Slivno. Stara-Zagora. Trn, Haskovo, Šumla.

---

[1] Der in dem Kreise von Vidin bereitete Wein gilt als der beste im ganzen Lande.

[2] Nach Paul Deng, „Deutschland und der Orient", II. S. 108, soll der Versuch französischer Weinhändler, bulgarischen Wein nach Frankreich einzuführen. im Jahre 1882 fehlgeschlagen sein, weil der Wein in Folge seiner schlechten Zubereitung den Seeweg über Varna und Marseille nicht vertragen konnte und in essigsaurem Zustande anlangte. — Aus den Träbern wird ein Branntwein (Rakia) von guter Qualität gewonnen. aus 100 Oka Träbern circa 8—11 Oka Rakia.

Weinbau 1888.

Nr.	Namen der Kreise	Weinmengen in Oka	Rother Wein	Weisser Wein	Ausfuhr	Einheimischer Verbrauch
1	Burgas	10,000,000	1/8	7/8	1,300,000 in die Nachbarkreise und die Türkei	Der Rest
2	Varna	14,455,000	13/14	1/14	Ein geringer Theil in die Nachbarkreise	Der grösste Theil
3	Vidin	20,000,000	3/4	1/4	Nach Lom, Rahova, Sofija	Der geringere Theil
4	Vraca	7,550,000	3/4	1/4	1,500,000 nach Sofija und Rahova	—
5	Kjüstendil	14,200,000	9/10	1/10	6,000,000 nach Sofija und Trn	—
6	Lovča	10,000,000	3/4	1/4	4,000,000 nach Sofija und Trn	—
7	Philippopel	16,000,000	3/4	1/4	5,000,000 nach Nordbulgarien, Deutschland und Frankreich	
8	Plevna	11,750,000	3/4	1/4	Hauptsächlich nach Sofija und der Nachbarschaft	Geringer Theil
9	Lom	15,550,000	7/8	1/8	4,000,000 nach Sofija und Trn	
10	Razgrad	5,500,000	—	—	—	Bedarf wird nicht gedeckt
11	Rahova	6,500,000	7/8	1/8	—	Einheimischer Verbrauch
12	Rusčuk	15,000,000	1/8	7/8	—	Verbrauch im Kreise
13	Svištov	14,500,000	1/4	3/4	Der grössere Theil in die Nachbarschaft	Geringer Theil
14	Sevlievo	5,500,000	2/2	1/4	Geringer Theil in die Nachbarschaft	Der grössere Theil
15	Silistra	5,000,000	1/2	1/2	—	Am Platze
16	Slivno	22,000,000	3/4	1/4	Bedeutende Ausfuhr in die Nachbarschaft	—
17	Sofija	228	—	—	—	—
18	Stara-Zagora	27,050,000	3/4	1/4	2/3 in die Nachbarschaft, 1/6 in die Türkei	Rest
19	Tatar-Pazardžik	4,000,000	3/4	1/4	Geringer Theil nach Sofija	Rest
20	Trn	305,000	—	—	—	Verbrauch am Platze
21	Tirnova	28,000,000	—	—	Grosser Ueberschuss in die Nachbarschaft	
22	Haskovo	8,500,000	1/4		—	Am Platze
23	Šumla	13,500,000	2/3	1/3	Die Hälfte in die Nachbarschaft	Die Hälfte
	Summa:	277,860,228				

Im Allgemeinen ist die Viehzucht eine blühende im ganzen Fürstenthume, mit Ausnahme des Kreises von Haskovo, wo ausgedehnte Weideplätze mangeln. Es werden nach amtlichen Berichten (1888) im Lande Pferde, Büffel, Rindvieh, Maulthiere, Esel, Schafe, Ziegen und Schweine gezüchtet, insbesondere Schafe und Ziegen, von denen man zahlreiche Heerden in allen Kreisen des Landes antrifft. Schafe finden sich besonders auf ausgedehnten Weideplätzen vor, während die Ziegen mehr im Gebirge gedeihen. Besonders schafreich sind die Kreise von

Vidin	mit circa	209,060	Stück jährlicher Produktion	
Ruščuk	„	162.250	„	„
Svištov	„	245,070	„	„
Trn	„	200—260,000	„	„
Šumla	„	216.000	„	„
Slivno	„	525.000	„	„

ferner diejenigen von Kjüstendil, Philippopel[1] und Plevna, während die Ziegenzucht am bedeutendsten ist in den Kreisen von Vraca, Lovča und Sofija (jährliche Produktion: 560,000 Stück incl. Schafe).

Die Schweinezucht überwiegt in den Kreisen von Burgas, Varna (namentlich bei Novo-Selo und Provady), Vraca und Lovča.

Die Büffelzucht ist vorherrschend bei Tirnova, Elena, Silistra, Sevlievo, Burgas und Varna. Da jedoch diese Thiere sehr nützlich sind und mit Vorliebe von den Bauern als Zugthiere und zum Ackerbau benutzt werden, so züchtet man sie mit Ausnahme von Vidin, Vraca, Kjüstendil und Trn auch in den übrigen Kreisen des Fürstenthums.

In den Gegenden von Lom, Rahova, Sevlievo, Slivno, Tirnova, Elena und vor Allem Plevna wird neben der Schafhaltung noch eine bedeutende Rindviehzucht betrieben. Die letztere gilt als besonders ausgezeichnet in der Umgegend von Plevna. Hier züchtet man Dank des ausgedehnten guten Graslandes Rindvieh von zumeist weisser, edler Rasse und vorzüglicher Qualität, während man sonst

---

[1] Vermehrung der Schafe um 5—8 % jährlich.

im Fürstenthume im Allgemeinen neben der schwarzen eine kleine perlgraue Rasse als die verbreitetste vorfindet.

In der Stadt Plevna ist der Rindviehhandel sehr bedeutend, da jährlich ungefähr 20,000 Stück Grossvieh zum An- und Verkauf gelangen. Die einheimische Rasse der Nutzthiere hat sich rein erhalten bei Plevna, Razgrad, Rahova, Svištov, Sevlievo und Trn.

Die Pferde sind in Bulgarien zwar von edler Rasse, aber im Laufe der Zeit degenerirt, daher von kleiner, unansehnlicher Gestalt. Sie sind aber trotzdem sehr kräftig und ungeheuer ausdauernd; dabei bedürfen sie so gut wie keiner Pflege und sind gewöhnt, ihr Futter selbst zu suchen. Man benutzt sie als Lastthiere[1] und zum Reiten, während als Zug- resp. Arbeitsthiere Ochsen und vor Allem Büffel verwandt werden.

Maulthiere und Esel züchtet man in den Kreisen von Lovča und Stara-Zagora, während Maulthiere speciell in dem Kreise von Philippopel und Esel hauptsächlich in der Gegend von Rusčuk, Šumla, Sevlievo, Sofija und Tatar-Pazardžik gezogen werden.

Im Allgemeinen deckt der Viehstand den einheimischen Bedarf. Wo das nicht der Fall ist, helfen sich die Kreise untereinander aus, namentlich müssen die Kreise von Plevna, Rahova und Sevlievo mit ihren Ueberschüssen die Nachfrage nach Zucht- und Arbeitsthieren befriedigen.

Die Ausfuhr an Vieh,[2] namentlich an Schafen, Ziegen, Schweinen, ist eine sehr bedeutende und nimmt fast ausschliesslich

---

[1] Im serbisch-bulgarischen Kriege (1885) haben diese kleinen Pferde in Form von lebenden Munitionscolonnen ausserordentlich gute Dienste geleistet. Jedem Bataillone folgten zwölf solcher Packpferde mit je zwei Munitionskästen zu beiden Seiten. Da nun diese Pferde, ähnlich wie die Maulthiere, sehr gewandt im Klettern sind, so konnten sie dem betreffenden Truppentheile auf die steilsten Anhöhen folgen und ausserdem war hierdurch einem gänzlichen Patronenmangel in praktischer Weise vorgebeugt. Ueberhaupt ist es erstaunlich, welch riesige Lasten im Verhältniss zu ihrer Körpergrösse diese eher schwächlich aussehenden Thiere zu tragen vermögen. Die Bauern befestigen eine lange Stange quer über die zu tragende Last, so dass sich das betreffende Pferd im Falle der Ermüdung nicht legen kann.

[2] Vgl. die Tabellen VIII und IX.

ihren Weg nach der Türkei. So werden Schafe, Ziegen und
Schweine in grosser Anzahl aus den Kreisen von Kjüstendil (circa
12.000 Stück Schafe und Ziegen jährlich). Sevlievo (circa 25.000 Stück
Schafe und Ziegen), Sofija (Schafe und Ziegen), Stara-Zagora (überhaupt Kleinvieh). Tatar-Pazardžik d. h. nur aus dem Bezirke von
Panagjurište (6,000 Stück Kleinvieh). Trn (40.000 Stück Schafe)
nach Constantinopel resp. der Türkei jährlich exportirt.

Aus den Gegenden von Varna, Lovča, Lom werden ebenfalls
beträchtliche Mengen von Schafen und Schweinen ausgeführt.[1]
Die Umgegend von Vidin exportirt circa 1.000 Stück Schweine nach
Oesterreich und Serbien.

Aber auch Grossvieh wird in bedeutendem Masse ausgeführt,
so z. B. aus dem Kreise von Vidin circa 80.000 Stück Gross- und
Kleinvieh jährlich nach Oesterreich und Serbien. aus Kjüstendil
circa 1.000 Stück Grossvieh nach der Türkei, aus Sevlievo. Stara-
Zagora und Panagjurište (Kreis von Tatar-Pazardžik) circa 500 Stück
Grossvieh.

Razgrad und Lom exportiren Pferde nach der Türkei und
Rumänien.

Laut amtlichem Berichte betrug der Stand an Kleinvieh:
Für das gesammte Fürstenthum 1887, für Ostrumelien:

	1887	1883	1882	
Schafe .	6,871,649	1,858,839	1,639,039	Stück
Ziegen .	1,203,985	425,569	426,768	„
Schweine	394,843	107,442	125,746	„
So.	8,470,477	2,391,850	2,191,553	Stück

In Ostrumelien betrug der Stand der Nutzthiere nach
statistischen Berichten:

---

[1] Hier fehlen in den statistischen Berichten die näheren Angaben der
betreffenden Gegenden.

	1880	1883	
Büffel	36.536	58.864	Stück
Ochsen	100.610	129.287	
Kühe	91.399	182,711	„
Pferde . . .	35,171	43,601	„
Maulesel . .	4.508	4,502	
Esel . .	24.819	28,913	„

Sa. 293.043   2.839.728 Stück [1]

Im Uebrigen sei bezüglich der Aus- und Einfuhr von Thieren und thierischen Produkten in den Jahren 1882 bis 1888[2] auf Tabelle VIII und IX hingewiesen.

Geflügel aller Art, wie Gänse, Truthühner, Enten, ist im ganzen Fürstenthume in grossen Mengen vorhanden. Die Anzahl der Hühner ist sehr bedeutend; ihr Preis ist daher sehr niedrig. Der Durchschnittspreis für ein Huhn beträgt in Süd-Bulgarien laut statistischen Berichten über die Marktpreise in allen Städten des Landes 62 Centimes und in Nord-Bulgarien 70 Centimes.

Es dürfte nicht uninteressant sein, an der Hand der Tabelle X die Durchschnittspreise der Haus- und Nutzthiere, der wichtigsten Lebensmittel, sowie der Tagelöhne zu betrachten, wie sich dieselben nach den Marktpreisen in sämmtlichen Städten[3] des vereinigten Fürstenthumes für September 1886 gestaltet haben und vom statistischen Amt in Sofija nach den gesammelten Marktberichten zusammengestellt wurden.

[1] Incl. Schafe, Ziegen, Schweine.

[2] Von 1882—1885 nur für Nord-Bulgarien, von 1886 ab für Nord- und Süd-Bulgarien.

[3] Bei der Besprechung des Lohnsatzes der Feldarbeiter in Plevna erwähnt Enriù, dass derselbe oft die doppelte Höhe erreicht von demjenigen in Sofija. Dabei sei der Preis eines Hektar urbaren Bodens augenscheinlich derselbe, wie in der Hochebene von Sofija, d. h. 250 Frs. im Durchschnitt für den Hektar. Man müsse in die Gegend von Osman-Pazar gehen, in den östlichen, dichtbewaldeten und sehr unsicheren Theil des Fürstenthumes, wo die Communicationsmittel fast gänzlich fehlen, um für den Spottpreis von 20—25 Frs. einen Hektar Landes zu erstehen.

Tabelle
Uebersichts-Tabelle über landwirthschaft-
a) W a a r e n -

Waaren-Verzeichniss	Gewicht, Maass und Zahl	1882	1883	1884
1) Büffel	Stückzahl	557	711	524
2) Rindvieh und Kleinvieh	„	3,627	2,256	1,776
3) Pferde und Füllen . . .	„	2,474	2,320	4,177
4) Esel	„	126	98	191
5) Maulthiere	„	120	67	78
6) Schafe	„	5.603	6,224	2,346
7) Lämmer	„	2,825	3,549	873
8) Ziegen	„	278	235[1]	569
9) Schweine	„	414	812	1,203
10) Frisches, gesalzenes, geräuchertes Fleisch. Würste etc.	Kilogr.	—	6,988	10,935
11) Schweine-, Gänsefett, Schweineschmalz	„	365	3,648	723
12) Milch und Molke	„	584	—	426
13) Butter, frische und künstliche	„	7,072	3,750	3,944
14) Käse	„	19,623	25,805	23.776
15) Weizen	„	36,064	11,075	76,591
16) Roggen	„	25,155	49,782	76.518
17) Hafer	„	9,691	-	2.982
18) Gerste und Malz . . .	„	6,170 Malz 75	27,301 Malz 49	11,732 Malz 3
19) Mais . . .	„	10,797	16,855	33,390
20) Buchweizen .	„	3,729	—	
21) Reis	„	2,279,010	2,736,875	2,970,693
22) Andere nicht genannte Getreidearten . .	„	3,386	5,170	3,262
23) Hülsenfrüchte	„	38,416	14.398	20,464
24) Kartoffeln	„	128,281	53,089	34,293
25) Mehl . .	„	427,442	242,963	294,576
26) Obst	„	506,693	594,339	710,149
27) Spirituosen	„	3,243.341	3,289,674	2,602,501
28) Wein, Weinmost in Fässern .	„	2,992,567	2.829,636	518,680
29) Flachs, Hanf, Jute		28,195	22,562	18,677
30) Hopfen .	„	2,835	5,202	6,345
31) Roher Tabak	„	332,781	212,447	105,834

[1] Excl. Böcke. [2] Excl. frisches Fleisch. [3] Excl. Flachs und Jute. [4] Hanf.

VIII.
liche Erzeugnisse, „Einfuhr" von 1882—1888.
Menge.

1885		1886		1887		1888	
verzollt	unverzollt	verzollt	unverzollt	verzollt	unverzollt	verzollt	unverzollt
783	204	359	56	389	33	306	42
2,519	1,049	2,350	317	2,382	298	2.571	226
1,894	463	940	127	1.924	91	1.404	916
107	27	217	44	408	17	474	47
26	6	82	22	169	1	203	30
3,160	5,995	1,944	1,424	7,012	3,834	10.535	790
1,014	877	548	238	3,294	303	652	476
320[1]	572[1]	854[1]	289	1,358	320[1]	2,494	889
1,673	246	1,075	20	802	61	377	9
7.167	3	9,265	3,699	7,179	678[2]	10,394	1,066
6,564	119	11.203	225	4.565	26	1,495	4
1,883	64	880	12	360	27	598	47
1,649	5,520	5,967	170	14,928	738	31.201	1,630
35,998	18,297	33,578	3,143	25,803	2,772	33.845	1,184
24,835	467,736	61,808	7,805	74,787	922	312.040	194,924
33,124	125,787	25,754	—	2,593	200	53.646	3,298
282	11,677	5,632	—	53,440	200	21.393	7,137
139,491	22,359	619,978	6,588	772,684	62,804	107.725	2,893
12,077	7,000	70,452	—	102,009	154	9,591	—
4	—	—	—	250	—	205	—
2,454,578	48	3,670,745	1,351,967	3,536,220	946,819	4,056.442	321,801
2,775	4,156	3,468	—	162,184	—	22.454	1,605
6,014	41,133	21.299	6,940	94,819	15	96.463	29,442
45,972	2,067	94,483	11,688	179,001	4	12.978	497
237,393	98,648	490,572	8,976	160.381	16,652	132.660	5,154
558,465	90,440	588,649	123,750	776,869	594	766.668	192.046
2,190,423	216,692	3,605,063	118,944	1,595,960	49.432	1,469,600	13,227
19,466	2,701,078	14,288	1,365	23.027	472	350,812	4.696
34,077	4,786[3]	30,285	7,570[4]	41,915	—	42.205	3,363[4]
7,145	—	14.571	—	6,830	—	12.950	487
62,094	18.868	11,534	386	7,679	5.010	17.552	3.091

Waaren-Verzeichniss	1882	1883	1884
	Fr.	Fr.	Fr.
1) Büffel	74,119	82,278	59,900
2) Rindvieh und Kleinvieh	277,075	173,630	118,038
3) Pferde und Füllen	190,217	217,443	404,675
4) Esel	3,819	3,545	4,669
5) Maulthiere	10,171	5,485	7,710
6) Schafe	60,505	69,909	28,406
7) Lämmer	16,554	18,616	10,844
8) Ziegen .	2,122	2,658[1]	6,226
9) Schweine	7,652	15,235	20,266
10) Frisches, gesalzenes, geräuchertes Fleisch. Würste etc.	—	10,682	23,074
11) Schweine-, Gänsefett, Schweineschmalz	454	4,414	1,475
12) Milch und Molke	232	—	709
13) Butter, frische und künstliche	6,481	3,782	7,304
14) Käse	30,130	41,283	39,966
15) Weizen	5,404	1,729	7,830
16) Roggen	2,216	4,631	7,677
17) Hafer	653	- -	737
18) Gerste und Malz .	712 Malz 625	4,487 Malz 22	17,544 Malz 28
19) Mais .	1,295	1,336	3,181
20) Buchweizen .	1,056	-	—
21) Reis	816,990	920,833	952,441
22) Andere nicht genannte Getreidearten	950	778	398
23) Hülsenfrüchte	14,140	5,649	8,844
24) Kartoffeln	12,257	7,312	7,156
25) Mehl	175,601	118,920	124,856
26) Obst	158,700	176,543	228,301
27) Spirituosen	2,877,441	2,749,999	2,125,055
28) Wein, Weinmost in Fässern . .	1,223,524	1,016,273	214,999
29) Flachs, Hanf, Jute	12,027	11,172	6,950
30) Hopfen . .	4,065	20,613	25,801
31) Roher Tabak	658,017	510,889	439,448

[1] Excl. Böcke.   [2] Excl. Flachs und Jute.   [3] Hanf.

Werthe.

	1885		1886		1887		1888	
	verzollt	unverzollt	verzollt	unverzollt	verzollt	unverzollt	verzollt	unverzollt
	Fr.	Fr.	Fr.	Fr.	Fr.	Fr.	Fr.	Fr.
	95,451	24,776	43,255	6,500	47,675	36,075	35,052	4,985
	167,283	72,404	167,045	21,084	146,227	16,476	165,150	16,315
	180,987	43,155	95,737	12,625	196,613	13,420	131,454	485,320
	3,325	820	6,930	1,300	12,152	510	13,759	1,755
	2,600	500	8,200	1,300	15,805	160	19,896	11,230
	39,607	59,574	23,994	17,486	87,800	47,932	124,956	6,626
	12,547	7,614	5,004	2,592	38,504	3,784	5,831	2,381
	3,259	5,966[1]	7,991[1]	3,453	14,122	4,665[1]	16,341	6,058
	10,844	3,353	20,018	288	16,329	836	6,573	120
	15,014	8	27,696	9,170	22,478	2,456	27,778	1,391
	13,154	294	17,665	452	9,026	98	2,506	17
	2,029	13	427	9	358	68	653	38
	3,168	5,162	11,305	486	26,814	1,621	54,106	3,814
	97,251	10,875	38,862	9,771	70,232	7,049	73,759	2,390
	2,690	66,187	5,607	2,832	5,294	92	36,839	22,795
	5,315	10,658	2,649	—	291	20	4,912	560
	11	862	485	—	2,780	10	1,412	483
	15,246	2,409	33,436	238	41,344	3,143	7,075	269
	1,212	606	7,046	—	10,217	21	789	—
	4	—	—	—	25	—	16	—
	742,157	29	1,106,881	458,729	996,055	338,014	1,194,386	120,340
	357	541	320	—	9,525	—	2,832	532
	3,670	8,735	11,123	2,399	43,210	9	36,770	9,030
	11,773	390	8,401	3,935	20,145	—	1,227	44
	85,701	34,787	144,593	7,948	50,915	6,702	40,274	2,395
	214,339	20,933	260,932	56,836	323,891	339	229,710	71,733
	1,589,942	97,810	2,033,982	96,537	746,957	65,654	961,924	19,162
	11,639	424,984	24,466	1,718	17,674	910	92,939	1,913
	12,771	969[2]	10,733	2,181[3]	19,090	—	15,573	980
	24,074	—	48,928	—	22,272	—	42,325	1,204
	404,754	126,899	48,114	412	48,503	29,467	114,710	20,858

Tabelle

Uebersichts-Tabelle über landwirthschaft-

a) Waaren-

Waaren-Verzeichniss	Gewicht, Maass und Zahl	1882	1883	1884
1) Büffel	Stückzahl	3,363	8,347	4,633
2) Rindvieh und Kleinvieh	„	13,161	32,989	23,680
3) Pferde und Füllen . . .	„	7,048	11,194	11,602
4) Esel .	„	1,525	2.238	2,515
5) Maulthiere . . .	„	416	389	583
6) Schafe .	„	244,415	214,303	232,285
7) Lämmer .		15,044	6,811	12,966
8) Ziegen . . .	„	38,441	37,618	37,919
9) Schweine	„	28,064	20,081	15,599
10) Frisches, gesalzenes, geräuchertes Fleisch, Würste etc.	Kilogr.	—	162,285	142.374
11) Schweine-, Gänsefett. Schweineschmalz . . .	„	285	1,992	441
12) Milch und Molke	„	544	1,323	18,238
13) Butter. frische und künstliche .	„	226,796	290.597	169,872
14) Käse . .		1.816,098	1,301,055	1,450.361
15) Weizen . . .		73,984,499	111,177,957	76,734,511
16) Roggen		21,972,955	15.377,538	20,765,266
17) Hafer		1,967,742	518,857	46,783
18) Gerste und Malz . .	„	43.072.597 Malz 11,383	23,383,577 Malz 147,479	17,624.449 Malz 201,385
19) Mais .		69,592,213	127,388,389	65,811,977
20) Buchweizen .		4,250,490	2,692.538	15,841,246
21) Reis	„	5,186	216	1,522
22) Andere nicht genannte Getreidearten .	„	3.033,493	1,399,186	3,567,129
23) Hülsenfrüchte .		1.254.529	1,027,081	1,717,826
24) Kartoffeln .		21,501	11,745	43,850
25) Mehl .		824,873	1,001,859	393,835
26) Obst .		708,595	299.736	301,377
27) Spirituosen .		9,449	7,000	392
28) Wein . .		224,415	18.017	31,850
29) Flachs. Hanf. Jute . .		Flachs 105	Hanf 33	381[5]
30) Hopfen .	„	—	7	—
31) Roher Tabak .	„	5,380	—	13.858

[1] Excl. weibliche Büffel.   [2] männl.   [3] Frisches.   [4] Excl. Malz.   [5] Excl. Flachs

IX.

liche Erzeugnisse, „Ausfuhr" von 1882 1888.

Menge.

1885		1886		1887		1888	
verzollt	unverzollt	verzollt	unverzollt	verzollt	unverzollt	verzollt	unverzollt
3,400	51[1]	4,590	—	4,212	—	3,302	—
19,871	899	19,156	—	24,162	—	17,351	
11,604	31	5,629	1	2,900	1[2]	5,535	
2,077	277	1,480	—	2,550	9	2,040	3
302		1,178	3	1,412	—	1,126	
150,917	17,785	231,956 Schafe 5		313,011	651	286,956	1,519
8,997	615	41,219	—	22,531	1,112	33,389	1,514
27,719	2,166	12,010	8	17,549	843	16,825	—
15,592	138	2,733	-	5,719	846	5,568	
89,145	10,832	122,585	15[3]	177,566	24,213	15,111	193,021
1,817	--	4,699	15	7,062	58	71	90
78	3,690	7,178	—	2,566		2,880	414
136,392	16,277	119,458	4,374	106,821	14,781	13,945	72,972
1,070,526	145,418	1,578,569	18,040	1,758,296	100,944	60,677	1,718,325
135,673,829	49,816	182,440,771	85,127	102,131,314	1,869,687	158,594,137	63,857,728
20,850,242	3,576	18,510,392	36,632	18,494,108	42,442	29,489,981	7,921,130
1,551,144	83	876,645	96	66,418	579	463,848	7,090
16,059,287	35,953	14,762,197	909	8,662,205	166,189[4]	18,205,862	6,040,843
104,333,065	1,386	43,168,651	33,496	18,476,957	246,498	13,559,136	58,568,182
18,802,174		17,308,695	—	19,158,103	345,494	30,258,385	9,139,716
5	2,473	442	530	20,817	18,404	6,874	19,879
6,079,138	—	9,244,164	—	29,096,135	12,020	15,185,759	11,472,913
1,473,012	541,942	3,582,852	134,353	1,067,399	999,754	110,132	2,123,026
41,402	203	7,439	120,438	107,251	76,495	20,675	120,477
743,950	32,347	2,899,789	14,804	3,630,705	1,780,704	176,826	4,207,059
52,875	245,473	14,329	36,421	3,459	277,871	4,396	46,094
5	1,261	402	6,681	625	19,590	633	22,820
8,359	30,993	2,929	829,920	1,706	856,020	1,809	1,836,583
378[5]	—	Hanf 32		Hanf 433	33[6]	Hanf 20	
—	372	—		—	—	70	-
18,325	83,676	16,123	294,045	14,286	104,872	10,247	100,174

[6] Excl. Jute.

4

b) Handels-

Waaren-Verzeichniss	1882	1883	1884
	Fr.	Fr.	Fr.
1) Büffel	797.060	2.286,707	1,120,279
2) Rindvieh und Kleinvieh	1.598.307	4.740,086	2.828,255
3) Pferde und Füllen	927,018	1.349,854	1,398,233
4) Esel .	72,443	96,292	114,393
5) Maulthiere	34,665	40,486	56,278
6) Schafe .	2,460.163	2,215.269	2.278,484
7) Lämmer . .	70,335	34.680	74,590
8) Ziegen	341,555	334,539	317,142
9) Schweine	552,555	397,831	230,690
10) Frisches, gesalzenes, geräuchertes Fleisch, Würste etc.	--	116,855	101,452
11) Schweine-, Gänsefett, Schweineschmalz	207	2,266	716
12) Milch und Molke	153	298	2,666
13) Butter, frische und künstliche	227.411	303,593	189,551
14) Käse .	821,325	917,657	993,736
15) Weizen	10,026.112	15,123,836	10,419,329
16) Roggen	1,222.306	865,096	1.215,633
17) Hafer	81,905	19,445	1,915
18) Gerste und Malz . .	2,280.368 Malz 2.714	1,242,156 Malz 5,905	886,982 Malz 8.012
19) Mais .	4,500.100	8.265.146	4.241,658
20) Buchweizen	573.295	364,393	2,134,490
21) Reis	1.755	80	517
22) Andere nicht genannte Getreidearten	125.550	56,885	459.579
23) Hülsenfrüchte	206,051	179,061	279,070
24) Kartoffeln	2.926	1,845	5,125
25) Mehl	170.966	170,432	74,465
26) Obst	126,540	44,278	53,384
27) Spirituosen	6,826	9,928	258
28) Wein	64,119	5,918	7,831
29) Flachs, Hanf, Jute	Flachs 209	Hanf 45	241²
30) Hopfen		100	—
31) Roher Tabak	12,592	—	12,111

¹ Excl. weibl. Büffel.   ² Excl. Flachs.   ³ Excl. Jute.

Werthe.

1885		1886		1887		1888	
verzollt	unverzollt	verzollt	unverzollt	verzollt	unverzollt	verzollt	unverzollt
Fr.	Fr.	Fr.	Fr.	Fr.	Fr.	Fr.	Fr.
732,561	8,640[1]	778,219	—	613,078	—	392,994	—
2,533,464	97,223	1,883,302	—	1,935,102	—	1,243,401	—
1,361,286	4,550	588,618	60	325,174	100	569,583	
99,941	3,760	60,204	—	107,237	270	75,392	61
33,902	—	128,790	340	151,866	—	107,486	—
1,501,578	164,032	2,340,528	35	2,942,619	7,230	2,639,613	13,676
40,539	3,106	236,542	-	122,162	6,146	144,375	4,542
228,694	18,893	115,800	24	144,672	8,276	123,876	—
192,514	1,612	34,406	-	69,368	10,804	69,024	
65,623	8,996	86,235	12	131,463	14,618	19,491	144,149
3,372	—	6,537	60	6,870	113	96	114
17	673	1,414	—	364	—	561	88
144,750	19,542	144,588	4,521	143,034	19,668	18,356	99,693
725,685	92,061	1,237,676	21,039	1,484,438	68,736	57,326	1,526,741
18,349,777	7,115	24,577,897	11,236	13,826,538	225,109	20,968,406	8,452,720
1,222,563	279	1,064,052	2,023	1,201,500	2,668	1,642,233	447,024
59,358	4	31,883	15	2,778	27	18,313	323
804,470	1,983	726,371	52	433,246	8,717	889,684	303,889
6,693,854	106	2,698,997	4,457	2,978,964	16,877	860,977	3,760,438
2,546,955	—	2,315,943	—	2,554,363	43,681	3,862,867	1,216,914
3	967	146	148	8,119	5,343	2,971	7,023
619,281	—	1,139,901	—	3,785,172	445	1,932,003	1,485,871
235,958	86,835	547,786	203,052	172,415	165,625	21,548	403,467
3,557	24	891	20,207	13,879	7,619	1,649	14,717
154,769	5,514	552,524	2,348	637,216	234,416	40,007	697,057
8,446	31,968	2,316	6,152	361	38,242	820	8,456
3	837	919	6,280	1,099	17,661	430	17,182
1,427	5,405	2,873	248,833	605	278,589	583	587,639
250[2]	—	Hanf 13	—	Hanf 142	31[3]	Hanf 24	—
—	2,000	—	—	—	—	43	—
15,275	65,391	13,648	245,270	21,959	86,786	13,356	110,827

4*

Tabelle X.

Uebersichts-Tabelle der Durchschnitts-Marktpreise für Haus- und Nutzthiere, der wichtigsten Lebensmittel und der Tagelöhne von Nord- und Süd-Bulgarien pro Monat September 1886.

Stückzahl. Gewicht	Benennung	Nord-Bulgarien		Süd-Bulgarien	
		Fr.	Ctm.	Fr.	Ctm.
1	Männlicher Büffel	136	19	152	95
1	Weiblicher Büffel	100	93	115	71
1	Ochse	102	1	107	7
1	Kuh	61	43	67	72
1	Männliches Pferd .	142	73	131	31
1	Stute	86	32	90	35
1	Esel . .	40	5	39	—
1	Maulesel	221	11	170	—
1	Schafbock . . .	9	95	12	86
1	Schaf mit Lamm	12	1	13	33
1	Schaf ohne Lamm .	6	85	7	89
1	Lamm . .	4	59	6	13
1	Ziegenbock . .	10	—	11	42
1	Ziege mit Zieglein .	11	5	9	37
1	Ziege ohne Zieglein	7	7	8	5
1	Zieglein	4	7	4	91
1	Schwein	30	91	28	46
1	Ferkel	5	70	10	47
1	Gans .	1	13	1	35
1	Ente .	—	74		68
1	Huhn .		60		62
1	Truthahn .	2	27	1	97
1	Paar Tauben	1	51	2	3
Oka					
1	Rindfleisch		57		58
1	Kalbfleisch .		86		79
1	Schöpsenfleisch		56		71
1	Hammelfleisch		54		70
1	Ziegenfleisch .		57		59
1	Schweinefleisch		87		92
1	Geräuchertes Pökelfleisch	2	8		
1	Rohes Pökelfleisch .	1	32	1	47
1	Rinderfett	1	22	1	30
1	Schaffett		82	1	30
1	Ziegenfett		86	1	15

Stückzahl, Gewicht	Benennung	Nord-Bulgarien		Süd-Bulgarien	
Oka		Fr.	Ctm.	Fr.	Ctm.
1	Schweinefett	1	85	1	84
1	Ungeschmelzte Kuhbutter	1	62	1	92
1	Geschmelzte Kuhbutter .	2	26	2	35
1	Rahm	1	40	—	
1	Molke	1	59	1	05
1	Frische Milch .	—	28		34
1	Fetter Käse .	—	82		94
1	Quarkkäse .	—	57	—	59
1	Art Molke .	1	52	1	56
1	Karpfen .	1	8		88
1	Hecht .	1	2		88
1	Forelle . .	2	15	1	91
1	Tschiga . .	1	31	—	—
1	Salm	1	18	1	24
1	Somiana	1	19	1	22
1	Lachs-Forelle . .	2	17	2	18
1	Schwarzer Caviar . .	15	83	10	5
Stück					
100	Krebse	1	64	1	22
100	Eier	2	60	2	26
Oka					
100	Honig	75	45	74	98
100	Sommerweizen . . .	18	27	18	20
100	Winterweizen	18	38	17	33
100	Sommerroggen	13	49	12	5
100	Winterroggen . . .	14		12	16
100	Sommergerste . . .	12	8	13	74
100	Wintergerste . . .	12	77	14	1
100	Hafer . .	10	5	10	82
100	Mais .	14	47	12	69
100	Hirse . .	12	26	10	89
100	Spelz . . .	13	89	14	33
100	Colos	25	77	17	25
100	Wicke	—	—	13	75
100	Reis	62	13	66	54
100	Bohnen . . .	22	92	21	4
100	Linsen . .	22	76	15	64
100	Erbsen	26	5	13	96
100	Kartoffeln	12	5	9	85
100	Weizenmehl	22	27	21	12
100	Maismehl	16	38	15	2
100	Roggenmehl	16	55	14	29
100	Gemischtes Mehl	17		14	20

Stückzahl, Gewicht	Benennung	Nord-Bulgarien		Süd-Bulgarien	
Oka		Fr.	Ctm.	Fr.	Ctm.
100	Gerstenmehl	—	—	12	51
1	Weizenbrot . . . . ;	—	32	—	29
1	Roggenbrot	—	21	—	17
1	Gemischtes Brot.	-	21	—	20
1	Oliven	1	15	1	1
100	Frische Pflaumen	15	35	—	—
100	Getrocknete Pflaumen	15	46	27	6
100	Frische Aepfel	21	35	25	27
100	Getrocknete Aepfel	—	—	30	5
100	Frische Birnen	21	38	23	55
100	Getrocknete Birnen	32	30	35	33
100	Nüsse	28	76	24	76
100	Grüne Zwiebeln	13	87	10	75
100	Reife Zwiebeln	13	42	12	57
100	Knoblauch	48	32	27	36
Häupter					
100	Lauch	—	88	—	94
100	Süsser Kohl	9	47	7	53
100	Runkelrüben	4	79	3	84
100	Rüben	3	3	1	91
Oka					
100	Frischer Pfeffer	—	36	—	44
100	Reifer Pfeffer	—	53	—	64
100	Seesalz	16	4	22	23
100	Steinsalz	18	70	31	25
1	Kaffee	2	41	2	28
100	Zuckerhüte	116	64	106	15
100	Würfelzucker	105	66	111	88
100	Klarer Zucker	93	16	92	66
1	Bier	—	80	—	89
1	Wein	—	38		36
1	Zwetschkenschnaps (Sliwowitza) . .	1	21	1	47
1	Pfirsichschnaps	1	11	1	10
1	Sprit	1	65	1	49
1	Essig	—	39	—	36
1	Baumöl	1	83	1	62
1	Nussöl	2	16	1	86
1	Tabak (roher)	1	58	1	42
1	Flachs	1	3	1	99
1	Hanf	1	7	—	—
100	Heu	7	8	7	16
100	Weizenstroh	3	69	3	85
100	Roggenstroh	3	21	3	30

Stückzahl, Gewicht	Benennung	Nord-Bulgarien		Süd-Bulgarien	
Oka		Fr.	Ctm.	Fr.	Ctm.
100	Gerstenstroh . .	3	94	3	88
100	Hirsenstroh .	4	--	3	30
100	Haferstroh . . .	4	7	2	94
Fuhre					
1	Holz	4	61	4	56
Oka					
100	Holzkohlen	8	7	6	72
100	Steinkohlen	6	67		—
100	Katran	42	16	36	84
100	Gas	47	8	45	66
1	Fischöl	2	36	2	32
1	Talg	1	12	1	6
100	Wachs	488	11	471	
1	Talgkerzen	1	59	1	49
1	Stearinkerzen	2	97	2	52
1	Waschseife	1	15	1	22
1	Ungelöschter Kalk	5	98	6	15
Stück					
1	Ochsenfell	21	84	23	45
1	Kuhfell	15	54	17	57
1	Büffelfell	31	45	33	42
1	Schweinefell	4	66		----
1	Schaffell . . . . -	1	79	1	78
1	Lammfell	1	51	1	47
1	Ziegenfell	2	24	2	43
1	Ziegleinfell	2	22	1	91
1	Fuchsfell	3	23	2	79
1	Hasenfell	--	46		41
Oka					
100	Weisse ungewaschene Wolle . . .	169	64	205	76
100	Schwarze ungewaschene Wolle . .	174	85	208	61
100	Weisse gewaschene Wolle	257	19	287	95
100	Schwarze gewaschene Wolle . .	270	27	307	5
100	Haare von Thieren	120	52	130	36
100	Blausse	206	22	268	33
1	Durchschnittlicher Tagelohn ohne Kost	1	95	1	74
1	Mäher ohne Kost	2	37	2	5
1	Pflüger mit zwei Ochsenpflügen ohne Kost	3	86	3	43
1	Maurer ohne Kost	2	76	2	61

Grössere Heerden von Gross- und Kleinvieh sind nach den amtlichen Berichten in fast allen Kreisen anzutreffen. Der Kreis von Vidin weist ausschliesslich zahlreiche Ziegenheerden auf, aus denen jährlich circa 40,000 Ziegen zur Abschlachtung gelangen. Das Fleisch wird eingesalzen und im Inlande consumirt, der gewonnene Talg exportirt. Im Kreise von Burgas trifft man wenig Heerden an und zwar ausschliesslich solche von Schafböcken, welche im Herbst auf dem Markt von Constantinopel zum Verkaufe gelangen. Auch im Kreise Trn finden sich ausschliesslich Heerden von Schafböcken in der Stärke von 10—15,000 Stück vor, welche gleichfalls meistentheils nach der Türkei exportirt werden.

Im Kreise von Svištov giebt es nur Heerden von Grossvieh (Ochsen, Kühe, Büffel) in der ungefähren Stärke von circa 3000 Stück. Man pökelt das Fleisch ein und gewinnt Talg. In den übrigen Kreisen des Landes sind hauptsächlich Schaf-, Ziegen- und Büffelheerden; fast überall findet ein bedeutender Export derselben nach Constantinopel statt.

Die Bienenzucht wird zwar im ganzen Fürstenthume, jedoch überall in verhältnissmässig beschränktem Umfange betrieben. Klimatische und Bodenverhältnisse, Mangel an genügender Sachkenntniss der Einwohner, auswärtige Einfuhr u. s. w. mögen die Ursache hierfür sein. Auch soll der Tabak für die Bienenzucht schädlich sein; so hat man z. B. in dem Kreise von Haskovo die Erfahrung gemacht, dass die Bienen nach Benutzung der Tabakblüthen zu Grunde gingen.

Die Honig- und Wachsproduktion wird in den meisten Kreisen in dem Umfang betrieben, als es die Bedürfnisse der Bevölkerung erheischen; nur in denjenigen von Varna, Kjüstendil, Razgrad, Rusčuk (resp. im Bezirke von Balbunar) und in Tusluk (Kreis von Tirnova) und vor Allem im Kreise von Slivno steht die Bienenzucht in grösserer Blüthe und vermag auch Ueberschüsse zu erzielen. Slivno exportirt jährlich ein bedeutendes Quantum an Honig und Wachs nach Constantinopel. Aus einem Bienenstock

gewinnt man z. B. in der Umgegend von Varna 30—40 Oka Honig
und 3—4 Oka Wachs.

Ueber den Durchschnittspreis der Oka Honig und Wachs
vergleiche Tabelle X.

Die Seidenzucht wird mit Ausnahme der Kreise von Burgas
und Trn im ganzen Fürstenthume betrieben. Nach den statistischen
Berichten von 1888 gedeihen die Maulbeerbäume in den meisten
Kreisen des Landes, wiewohl eine eigentliche Cultur derselben aus-
geschlossen erscheint. Maulbeerplantagen (Gärten) werden nur für
den Kreis Haskovo ausdrücklich erwähnt. Die Ursachen dieser
Erscheinung sind in Krankheiten der Seidenraupen und der
Grains (Eier) zu suchen, wodurch die Gewinnung der Cocons
sehr vermindert wurde. So züchtete man z. B. in dem Kreise von
Vraca fast in jedem Hause Seidenraupen. Jetzt liegt die Seidenindustrie darnieder, da man anfing, italienische Grains mit den
einheimischen zu vermischen; erstere schädigten letztere und hatten
die Vernichtung der Raupen zur Folge.

In der Umgegend von Lovča, Lom und Tirnova suchte die
Regierung im Jahre 1884 diese Missstände mittelst Einführung
von Eiern aus Europa und Asien zu heben. In Lovča war das
Ergebniss nicht befriedigend, während in Tirnova und Lom der
Seidenbau hierdurch gebessert wurde. So führt jetzt z. B. Tirnova
einen Theil der Seidenprodukte nach der Türkei aus. In dem
Bezirk von Dubnica (Kreis von Kjüstendil) hatten in den letzten
15 Jahren Krankheiten der Grains die Seidencultur sehr beein-
trächtigt. Trotz dieser Erscheinung und dem Umstande, dass die
Maulbeerbäume theils abgehauen wurden, theils von selbst eingingen,
ist die Zucht der Seidenraupen derartig, dass nach Deckung des
einheimischen Bedarfes noch ein Theil der filirten Seide exportirt
wird. Auch in den Kreisen von Philippopel, Plevna, Tatar-Pazardžik und besonders in Haskovo wird die Seidenindustrie in be-
deutenderem Masse betrieben.

Im Allgemeinen werden dort die Seidenprodukte für den
häuslichen Bedarf verwandt, sodass die Seidenausfuhr eine

geringe ist. Der Kreis von Philippopel producirt jährlich 30 bis
60.000 Oka Cocons und exportirt seinen Ueberschuss nach Constantinopel bezw. nach Europa. Die Bezirke von Čirpan und
Stara-Zagora erzeugen circa 8—9,000 Oka Cocons und führen sie
nach der Türkei aus. Der Kreis von Sevlievo producirt circa
19—20,000 Oka Cocons; früher war hier die Seidenzucht viel
bedeutender.

In Ost-Rumelien betrug nach den amtlichen statistischen
Angaben die Produktionsmenge der Cocons für

       1882: 67,154 Oka im Werthe von 875,466 Piaster
       1883: 156,913 Kgr. „   „   „ 1,451,952 „

Die Butter- und Käsebereitung deckt nach amtlichen Berichten in fast sämmtlichen Kreisen des Landes — mit Ausnahme
desjenigen von Silistra — den einheimischen Bedarf und liefert zum
grössten Theile Produkte mittlerer Güte. Die Qualität der Butter
und des Käses wird in den Kreisen von Sofija, Stara-Zagora als
eine gute bezeichnet, während in der Umgegend von Philippopel
die Butter und in derjenigen von Lom der Käse besonders ge-
rühmt wird.

Die Ausfuhr an Butter und Käse ist eine geringe. Eine solche
findet statt aus den Kreisen von Burgas, Varna, Vidin, Vraca; von
einer jährlichen Produktionsmenge von circa 40.000 Oka Käse und
30.000 Oka Butter wird die Hälfte nach der Türkei und den
Nachbarkreisen exportirt. Die Bezirke von Dubnica, Izvor und
Kjüstendil erzeugen jährlich circa 112,260 Oka Butter, 180,000 Oka
Quarkkäse, 250,000 Oka fetten Käse; hiervon werden 70,000 Oka
Butter, 80,000 Oka Quarkkäse und 150,000 Oka fetter Käse
nach Constantinopel exportirt.

Der Kreis von Philippopel erzeugt jährlich circa 200,000 Oka
Butter, 500,000 Oka Käse und „Kaškaval" (eine Art Molke);
ein bedeutender Theil dieser Produkte geht nach der Türkei.
Auch Razgrad und Sofija führen ihren Ueberschuss nach Constantinopel bezw. der Türkei aus, ebenso betheiligt sich Šumla mit
circa 70,000 Oka Kaškaval und 40,000 Oka Käse an der Ausfuhr.

Tatar-Pazardžik resp. die Bezirke von Peštera, Ihtiman und Panagjurište produciren jährlich circa 9—10,000 Oka Butter, 25—30,000 Oka Käse und 20,000 Oka Kaškaval. Die eine Hälfte dieser Produktionsmengen wird zum häuslichen Gebrauche verwandt, die andere Hälfte nach der Türkei exportirt.

Schliesslich bleibt der Kreis von Trn mit einer bedeutenden Butter- und Käsebereitung zu erwähnen. Die Bezirke von Trn und Zaribrod erzeugen circa 150—200,000 Oka Butter, während in dem Bezirk von Bresnik die Butterproduktion hinter der Käsebereitung zurückbleibt.

Aus den amtlichen Berichten ist nicht zu ersehen, ob unter „Butter" nur Kuhbutter oder auch andere zu verstehen sei. In der Tabelle über die Marktpreise ist allerdings ausdrücklich Kuhbutter angegeben.[1]

Die Ackergeräthe, deren sich die Landleute bei ihren Feldarbeiten bedienen, sind fast durchweg primitiver Art, nämlich Holzpflüge und einfache Eggen.

In manchen Kreisen, wie in denen von Burgas, Vraca, Lovča, Razgrad, Sevlievo und Trn bedient man sich ausschliesslich noch der alten Holzpflüge, während in den Kreisen von Vidin, Kjüstendil, Lom, Plevna, Silistra, Sofija neben den einheimischen Holzpflügen auch eiserne modernen Systemes verwandt werden. Letztere werden aus dem Auslande, zumeist aus Oesterreich, bezogen, aber vorläufig noch in sehr geringer Anzahl, da die Bauern, welche sehr conservativ an ihren Gewohnheiten festhalten, den einheimischen Pflug dem neuen eisernen vorziehen. Auch sind in mehreren Kreisen des Landes ausser eisernen Pflügen noch Schneide-, Mäh-, Säe- und Dreschmaschinen vom Auslande (hauptsächlich aus Oesterreich, z. Th. auch aus Deutschland) bezogen worden.

---

[1] Ich erinnere mich, dass zur Zeit meiner Anwesenheit in Bulgarien (1885/86) die Büffel- und Ziegenbutter eine grössere Rolle spielte, da die bulgarischen Bauern die eigenthümliche Ansicht hatten, man dürfe den Kälbern die Milch nicht durch Melken der Kühe entziehen. In Sofija konnte man damals nur auf der fürstlichen Farm in Jukeri-Bani bei Knjaževo, woselbst prächtiges holländisches Rindvieh gehalten wurde, Kuhbutter erhalten.

Die Resultate bei den einzelnen Versuchen standen jedoch weit
hinter den gehegten Erwartungen zurück. Die Landbevölkerung
verhielt sich diesen modernen Geräthen als etwas Neuem und Un-
gewohntem gegenüber ziemlich misstrauisch. Auch konnten sich
die Bauern nicht an die Benutzung derselben gewöhnen, und im
Falle einer nothwendigen Ausbesserung wussten sie sich nicht zu
helfen. Aus diesen Gründen liess man z. B. in dem Kreise von
Slivno Schneidemaschinen verschiedenen Systems, welche von
Philippopel bezogen waren, schliesslich unbenutzt verrosten, und
im Kreise von Haskovo waren die Landwirthe, welche sich vor
2—3 Jahren der europäischen Pflüge und Schneidemaschinen
bedienen wollten, gezwungen, zu den alten Pflügen zurückzugreifen,
da sie sich nicht daran gewöhnen konnten, die schadhaften Stellen
der neuen Geräthe auszubessern.

Die Bodenbeschaffenheit des Fürstenthumes ist eine mannig-
faltige. Der Kreis von Slivno weist z. B. nach den amtlichen statistischen Angaben 10 verschiedene Bodenclassen auf, während
die übrigen Kreise mit 4—5 verschiedenen Classen vertreten sind.

Den Hauptbestandtheil des Ackerbodens bildet der zum Theil
kalkhaltige humose Lehm- und Thonboden; vorherrschend und
sehr ergiebig ist er namentlich in den Kreisen von Lom, Razgrad,
Rahova, Svištov, Silistra, Sevlievo und Stara-Zagora. Daneben findet
sich Thon-, Sand-, Kalk- und Steinboden in einzelnen Kreisen vor.

Nach den amtlichen Berichten sind die Kreise von Rahova und
Silistra die einzigen, in denen der Boden selten gedüngt wird.
In Rahova ist es deswegen unnöthig, weil der Boden fast ganz in
der Ebene liegt, sodass Regengüsse, Wolkenbrüche u. s. w. nicht
im Stande sind, dem Boden den natürlichen Fettgehalt zu entziehen.
In Silistra geschieht die Düngung wegen des sehr grossen Fett-
gehaltes des Bodens ausnahmsweise. Mehrere Ernten können auf
einander folgen, ohne den Boden zu erschöpfen. Auch in den Kreisen
von Burgas, Varna, Lom, Plevna, Razgrad, Rusčuk,[1] Svištov, Šumla

---

[1] Da wo die Landwirthschaft entwickelter ist, düngt man nur die Aecker
und Weinberge von schwächerer Bodenqualität.

wird wenig oder nur theilweise gedüngt wegen des humushaltigen
Bodens. In den übrigen nicht genannten Theilen des Fürstenthumes findet eine regelmässige Düngung des Bodens statt.

Als Düngemittel werden hauptsächlich verwendet der Dünger
von Gross- und Kleinvieh[1] und von Pferden, zum Theil auch
Träber wie bei Kjüstendil und Razgrad, ferner Dung von Ochsen
wie in Stara-Zagora, im Kreise von Sevlievo auch Stroh, Laub,
Späne und sonstige Abfälle, in der Gegend von Tirnova wohl
auch Strassenkehricht und Seifenasche.

Ein jährlicher Saatenwechsel (Fruchtwechsel) findet statt in
den Kreisen von Varna, Vidin, Vraca, Lom, Philippopel, Lovča
(nur in den Bezirken von Trojan, Teteven und theilweise in Lovča),
Plevna, Silistra, Svištov, Sevlievo, Trn, Tirnova (mit Ausnahme der
sogenannten „Löki", welche ständig mit Mais bebaut sind), Haskovo und Šumla (in den beiden letzten Kreisen wegen geringer
Ausdehnung der bestellbaren Fläche). Der Saatenwechsel tritt
daher in mehr als der Hälfte aller Kreise des Fürstenthumes ein.

In den Kreisen von Burgas und Kjüstendil werden die Saaten
nur auf armem Boden jährlich gewechselt, während auf reichem
Boden 2—3 Jahre ohne Unterbrechung gesäet werden kann. Nur
bei Tabak- und Flachsfeldern macht man eine Ausnahme inso-
fern, als man da, wo grosse Strecken bestellbaren Bodens vorhanden
sind, wie in Kjüstendil, die Felder ein Jahr lang brach liegen lässt.
In dem Kreise von Razgrad ist der jährliche Saatenwechsel nur
bei den ergiebigeren Feldern üblich, während man ihn in demjenigen
von Rahova theils jährlich, theils nach längeren Zeiträumen ein-
treten lässt. In dem Kreise von Sofija ist im Allgemeinen der
Saatenwechsel nicht üblich und in der Umgegend von Slivno wechselt
man nicht die Saaten auf den Feldern, sondern die Felder
selbst. So sät man z. B. in dem einen Jahre alle Getreidearten
auf einer Seite und im folgenden auf der gegenüberliegenden.

Im Allgemeinen ist in Bulgarien die einfache Dreifelder-

---

[1] Am häufigsten derjenige von Rindvieh, Schafen und Ziegen.

wirthschaft hauptsächlich vertreten. Hierbei kommen in der
Fruchtfolge beziehungsweise in dem Saatenwechsel Abweichungen
vor, welche theils durch die Bodenbeschaffenheit, theils durch Klima
und örtliche Verhältnisse bedingt werden.

In allen Kreisen wird die Brache mehr oder weniger ange-
wendet und fast überall umgebrochen und je nach den Verhältnissen
im Frühjahre oder im Herbste für die Sommer- oder Wintersaat
vorbereitet. Nur in Varna, Vidin und Plevna werden die Brach-
felder gar nicht umgebrochen.[1]

---

[1] J. Samuelson hat in seinem Werke „Bulgaria past and present"
der Landwirthschaft des Landes ein interessantes Capitel (16) gewidmet. Auch
bei Laveleye, „Die Balkanländer" Bd. II. finden sich bemerkenswerthe
Einzelheiten in Capitel 9, welches die landwirthschaftlichen Zustände Bulgariens
behandelt.

Drittes Capitel.

Forstwirthschaft und Fischerei.

Bewaldetes Areal. — Zustand der Waldungen. — Fischerei.

Nach den Angaben des statistischen Bureaus in Sofija bezw. nach den Abmessungen, welche von Seiten der Kreisforstinspektoren für jeden einzelnen Kreis vorgenommen wurden, soll das gesammte bewaldete Areal des vereinigten Fürstenthumes 28,730,462 Deunum betragen. Da jedoch, wie amtlich zugestanden wird, diese Schätzung ungenau ist und ein Kataster mangelt, so sei auf die approximative Schätzung, welche Herr Forstmeister SEYD in Darmstadt angiebt, der von 1883—1884 die Abtheilung für Forsten im bulgarischen Finanzministerium leitete, hingewiesen. Darnach soll das bewaldete Areal des Fürstenthumes Bulgarien circa 15—20% der Gesammtfläche betragen. Für Süd-Bulgarien (Ost-Rumelien) ist nach den statistischen Berichten der Procentsatz ein bedeutend günstigerer, da hier das bewaldete Areal etwa 60—65% der Gesammtoberfläche ausmachen dürfte.

Die Wälder sind im Allgemeinen in einem schlechten Zustande. In den dichter bevölkerten Gegenden, namentlich im Hügellande, sind die Waldungen durch unvernünftige Ausnutzung und durch zahllose Heerden von Ziegen, Schafen, Büffeln und Pferden gänzlich verwüstet, während in den Ur-

wäldern des unzugänglichen, schwach bevölkerten Hochgebirges
die werthvollsten Stämme ungenutzt verfaulen. Erst vor einigen
Jahren hat man durch das Forstgesetz vom December 1883,
ferner durch Prohibitivmassregeln, wie Regelung der Besitz-
grenzen, Verbot des Ausrodens, Einschränkung der Viehweide,
Aufsicht über Gemeinde- und Privatwaldungen, sowie durch eine
Bestimmung über die Wiederaufforstung der kahlen Gebirge ver-
sucht, die bestehenden Missstände zu beseitigen. Erfreuliche Resultate jedoch sind nach dieser Richtung bisher leider noch nicht
zu constatiren. Die Waldproduktion Bulgariens ist trotz der geschilderten Verhältnisse mannigfaltig.

Als specielle Produkte sind hauptsächlich Sumach (circa
800,000 Oka im Kreise von Plevna) und Eicheln hervorzuheben.
Ersteres wird theils für den einheimischen Bedarf verwandt, theils
ins Ausland, namentlich in die Türkei exportirt; letztere dienen
als Viehfutter oder auch wohl zur Saat. Andere Erzeugnisse
wie Bast, Harz, Theer, Pech u. s. w. werden hauptsächlich aus
den Wäldern von Tatar-Pazardžik gewonnen und die über Bedarf
vorhandenen Vorräthe nach der Türkei ausgeführt.

Ueber die Fischzucht ist Folgendes zu bemerken:

Der Seefischfang zunächst wird längs der ganzen Küste
des Schwarzen Meeres, soweit sie zu bulgarischem Gebiete gehört, in grossem Massstabe betrieben. An dem zum Kreise von
Burgas gehörigen Küstenstrich z. B. werden in sehr grosser Menge
Alsen (circa 1.500.000 Stück jährlich), Makrelen (9,000,000),
ferner eine besondere Art Karpfen, Weissfische, Döbeln, Störe,
gemeine Breitfische, Meerbarben, Delphine u. s. w. gefangen.
In Sosopolis giebt es 14 sog. „Daljani" (Plätze zum Fischfang,
welche mit Netzen aus Holz oder Schilfrohr umgeben sind) für
Alsen und 16 ebensolche für Lachse. In Mesemvria sind sechs
Daljani für Alsen und fünf für Makrelen. Diese Fische werden
eingesalzen und ein Theil derselben nach verschiedenen Plätzen
des Staates, bezw. der Türkei, Griechenland und Rumänien
exportirt. Der Preis der Makrelen beläuft sich auf etwa 18 Lewa

(1 Lewa = 1 Frc.) das Tausend, der Alsen auf 60 Lewa. Die jährlich der Regierung zu entrichtende Miethe (Pachtsumme) beträgt für den Seefischfang längs der Küste des ganzen Kreises 40.000 Lewa.

Der Seefischfang sowie die sonstige Fischerei des Kreises von Varna weist mit Ausnahme der Alsen dieselben Fischarten auf, wie derjenige von Burgas. Hier deckt der Fischfang nicht nur den Bedarf, sondern ergiebt auch einen Ueberschuss, der in den verschiedenen Plätzen des Landes zum Verkaufe kommt. Die an die Regierung zu entrichtende Miethe beträgt für die Küstenfischerei des ganzen Kreises 8.000 Lewa. Sonstige Fischerei wird hauptsächlich an der Donau betrieben. Der Fischfang in dem zum Kreise von Vidin gehörigen Theile der Donau ist der ergiebigste des ganzen Stromufers. Die hier gefangenen Hausen wiegen 300—600 Oka. Aus denselben und auch aus den Stören wird ein vorzüglicher Caviar gewonnen, der dem russischen an Güte gleichkommt.

Die Donau liefert an Fischen jährlich 100,000 Oka, der vierte Theil davon wird nach Rumänien exportirt. Der Fischfang im Innern des Landes beschränkt sich auf die dasselbe durchziehenden Flüsse und Bäche, sowie auf einige kleine Sümpfe und Teiche. Die Fischarten sind dieselben wie in der Donau. Im Gebirge fängt man z. Th. sehr schmackhafte Forellen und Salme, in der Marica und Struma auch Aale.

Die Gesammtsumme, welche die Regierung aus der Fischereiverpachtung im ganzen Lande bezieht, beträgt 225.900 Lewa.

Viertes Capitel.

Gewerbe und Industrie.

Gewerbe. — Gewerbliche Vereine (Innungen). — Industrielle Etablissements.
Hausindustrie. — Aufgegebene Gewerbe und nicht mehr im Betrieb befindliche
industrielle Etablissements. — Existenzbedingungen der Gewerbtreibenden.
Ansicht der Bevölkerung über das Gewerbe. — Absatzverhältnisse der einheimischen
und der fremden Erzeugnisse.

Diejenigen Gewerbe, welche für den täglichen Bedarf und
den Verbrauch am Orte selbst arbeiten, wie Schneider, Schuh-
macher, Bäcker, Fleischer, kommen naturgemäss in allen
Kreisen vor.[1] Besonders häufig sind ausserdem diejenigen
Gewerbe, welche die Produkte der zahlreichen Heerden des
Landes verarbeiten und welche die landwirthschaftlichen Geräthe liefern.

Es möge auch noch hervorgehoben werden, dass namentlich
die Tuchfabrikation (Abá- und Šajak[2]-Weberei) und die Gajtanindustrie (Schnürbänder) in den verschiedenen Kreisen des Landes

---

[1] Vgl. Bericht des Finanzministeriums, Abtheilung für Staatsgüter, Ackerbau und Handel, 1888.

[2] Šajak ist der volksthümliche Stoff, welcher aus reiner Wolle hergestellt
und dann in verschiedenen Farben gefärbt wird; derselbe zeichnet sich besonders durch seine Haltbarkeit und Geschmeidigkeit aus. Abá ist das aus gröberer
Wolle verfertigte Tuch.

zu einer hohen Entwicklung gelangt sind, während die Teppichfabrikation speciell in Vidin durch die Massenauswanderung
der türkischen Bevölkerung eingegangen ist. In Samokov, Zlatica,
Pirdop und Etropol bildet die Abä- und Šajak-Weberei fast die
ausschliessliche Beschäftigung der Bevölkerung. In Pirdop fertigt
man auch baumwollene Morgenröcke.

Die Messerschmiedekunst stand früher in Gabrovo in grosser
Blüthe. Jetzt vermögen diejenigen Messerfabriken, welche Eisen
aus Samokov verarbeiten, der Einfuhr von Europa nicht mehr
Stand zu halten. In fast allen Städten des Landes finden sich
Gerber, Böttcher, Seifensieder, Lichtzieher, Kürschner,
Pantoffelmacher, Besenbinder, Kupfer-, Messer- und Eisen-
schmiede vor.

Gewerbliche Vereine (Innungen) haben zur Zeit der türkischen Herrschaft fast allenthalben in Bulgarien bestanden,
jetzt ist ihre Zahl in Folge des starken Niederganges der einheimischen Industrie, welcher durch die mächtige Concurrenz des
Auslandes Abbruch geschieht, bedeutend zusammengeschmolzen.

Aus obigen Gründen giebt es in den Kreisen von Burgas,
Varna, Vraca, Lovča, Rahova, Svištov, Sevlievo und Silistra keine
Innungen mehr. In Vidin ist für jedes einzelne Gewerbe eine
besondere Innung. An ihrer Spitze steht ein Vorsitzender
(Usta-Bašija), ein Gehülfe (Gid-Bašija) und ein Diener (Čaaš).

Der Vorsitzende und der Gehülfe werden mittelst offener
Abstimmung in den jährlichen Innungsversammlungen (Londži)
aus den älteren und verdienten Mitgliedern, der Diener aus den
jüngsten Mitgliedern gewählt. Die einzelnen Mitglieder des
Vereins sind gleichberechtigt. Um ein handwerktreibendes
Mitglied der Innungen werden zu können, muss der Betreffende
einige Jahre bei einem alten Mitgliede als Lehrling und als
Geselle dienen und schliesslich die Meisterwürde erwerben.

Jeder als Innungsmitglied eintretende Meister muss eine
bestimmte Summe Geldes (Avaet) in der Vereinskasse (Kutija)
niederlegen. Die so gesammelten Beträge (Avaetite) bilden den

5*

Innungsfonds, welcher vornehmlich zur Unterstützung der armen Vereinsmitglieder dient.

Die äussere und innere Verwaltung wird durch besondere Vorschriften geregelt. Die Regeln sind nicht aufgeschrieben, sondern werden mündlich von Geschlecht zu Geschlecht überliefert. Jedes Mitglied, welches diese Vorschriften übertritt, wird mit Ausweisung bezw. Ausstossung aus der Innung und mit Entziehung des Credites bei allen Kaufleuten bestraft. Die Innungen traten für ihre gegenseitigen materiellen Interessen ein. Bei dem gänzlichen Mangel eines Schutzes von Seiten der früheren (türkischen) Regierung war dies für die Existenz und Selbsterhaltung der einzelnen Innungsgenossen unbedingt erforderlich. Dank einer solchen Organisation vermochten sich auch die Innungen lange zu halten. In der Gegenwart aber führen sie ein kümmerliches Dasein. Die Möglichkeit ihrer Wiederbelebung wäre jedoch gegeben, wenn die einzelnen Gewerbetreibenden ihre Erzeugnisse in technisch vollkommenerer Weise herstellen würden, wenn ferner durch Herabsetzung des Zolles die Ausfuhr der einheimischen Erzeugnisse auf denselben Stand gebracht würde, wie dies vor dem letzten russisch-türkischen Kriege der Fall war, und wenn endlich gute und genügende Verbindungen hergestellt würden zwischen den Städten und Dörfern des Kreises einerseits und zwischen Sofija und Vidin andererseits.

In der Stadt Kjüstendil bestehen Innungen der Schuster, Töpfer, Kürschner, Schmiede, Kesselschmiede, Packsättelfabrikanten, Schneider, Specereihändler, Weinhändler, Abá-Weber, Bäcker, Manufacturwaarenhändler, Zimmerleute, Böttcher und der Fleischer.

Ihre Organisation und Verwaltung ist die nämliche wie diejenige in Vidin, aber auch sie sind wegen der unvollkommenen Ausführung der einzelnen Gegenstände und der drückenden Concurrenz des Auslandes in stetem Rückgange begriffen.

Aus gleichen Gründen sind auch in den Kreisen von Lom, Plevna und Razgrad die noch bestehenden Innungen in der Auf-

lösung, während bis zum russisch-türkischen Kriege das Innungs-
wesen in diesen Kreisen in hoher Blüthe stand.

Die nämlichen betrübenden Erscheinungen sind fast in
allen übrigen Kreisen des Landes zu beobachten. So bestehen
z. B. im Kreise von Sofija Innungen nur noch in den Städten
Samokov, Pirdop, Etropol; aber auch diese gehen in Folge des
stockenden Handels mit einheimischen Produkten, des Mangels
an Innungscapitalien und der drückenden ausländischen Concurrenz dem gänzlichen Verfall entgegen.

Im Kreise von Stara-Zagora besteht nur noch eine Innung in
Čirpan und je eine Schuster-, Schneider-, Böttcher-, Kürsch-
ner- und Eisenschmiede-Innung in Stara-Zagora. In Tatar-Pazardžik, Peštera, Brazigovo und Panagjurište vermag nur die Innung
der Gerber und Ziegenhaarverarbeiter sich dauernd mit Erfolg
zu halten. In Haskovo blüht nur die Schuhmacher-Innung,
wegen der hohen Zölle, welchen die ausländischen Schuhwaaren
unterworfen sind.

In den Städten Šumla, Eski-Džumaja und Osman-Pazar sind
mit Ausnahme der Gerber-Innung alle übrigen Innungen im
Niedergang begriffen. Auch in Philippopel bestehen für die einzelnen Industriezweige noch Innungen. Kein Mitglied derselben
darf Rohstoffe oder Halbfabrikate ohne Vorwissen des Vor-
stehers und aller Mitglieder kaufen. Niemand ist berechtigt,
unter dem von der Innung in Tarifen festgesetzten Preise seine
Waaren zu verkaufen. Uebertretungen ziehen Geldstrafen
nach sich. Die Strafgelder werden zur Unterstützung ver-
armter Innungsgenossen und derjenigen Gesellen verwandt,
welche ein selbständiges Geschäft gründen wollen. Trotz
dieser an sich wirthschaftlich berechtigten Massnahmen sind auch
in Philippopel sämmtliche Innungen im Niedergang begriffen;
auch hier ist der Mangel technischer Vervollkommnung die
Ursache ihres Verfalls. In Karlovo ist ein Gajtan- (Posamentirer-)
Verein. Zweck desselben ist:

1. Alle Gajtanmacher Karlovos zu vereinigen, um mit vereinten Kräften auf die Vervollkommnung der Gajtanherstellung, sowie auf die Hebung des Handels mit demselben hinzuarbeiten, indem man Schüler im Auslande die Gajtanproduktion lernen lässt und gute Qualität und genaues Mass der Waaren sichert;

2. die Vereinsmitglieder materiell und moralisch zu unterstützen.

Geldstrafen werden allen denjenigen Mitgliedern auferlegt, welche in irgend einer Weise dem guten Rufe der Gajtanindustrie geschadet haben oder ohne triftigen Grund den Versammlungen fern geblieben sind. Die Strafgelder kommen den städtischen Schulen zu gute.

Laut statistischen Angaben des Finanzministeriums für 1888 befinden sich in Bulgarien folgende industrielle Anstalten:

In allen Kreisen sind Mühlen, kupferne Siedekessel für Branntweinbrennerei und Walkmühlen für Filzbereitung.

In den einzelnen Kreisen sind noch zu nennen:

1. Burgas.

a) 2 Dampfmühlen (in Burgas und im Dorfe Kajalii).

b) 2 Tabakfabriken (in Burgas).

2. Varna.

a) 2 gutgebaute Mühlen für Mehl,

b) 1 Bierbrauerei,

c) 15 Tabakfabriken,

d) 2 Teppichwebereien,

e) 1 kleine Tahin- (besondere Mehlart) Fabrik,

f) 2 Druckereien,

g) 1 lithographische Anstalt,

h) 1 Schuhsohlenfabrik.

3. Vidin.

a) 1 moderne Mühle an der Donau,

b) 3 Dampfmühlen (1 in Novo-Selo, 2 in Vidin).

c) 1 Bierbrauerei.

d) 2 Druckereien.

e) 2 Sodafabriken,

f) 1 Schreinerwerkstatt,

g) 4 Tabakfabriken.

Im Dorfe Bukovez (Bezirk Vidin) ist vor 3 Jahren eine Pulver-
fabrik errichtet worden, um dem deutschen Pulver Concurrenz
zu machen. Das Rohmaterial wird von Oesterreich beschafft.
Die tägliche Produktion beträgt 100 Oka Pulver, welches um
2 Lewa das Oka an die einheimische Bevölkerung verkauft wird.

4. Vraca.

a) 1 Tabakfabrik in der Stadt Vraca.

5. Kjüstendil.

a) 1 Tabak- und Schnupftabakfabrik in Kjüstendil, die an
Schnupftabak jährlich 3000 Oka liefert und zum Theil nach
Serbien ausführt.

6. Lom.

a) 3 Tabakfabriken und

b) 1 gut gebaute Mühle in Lom.

7. Philippopel.

a) 3 Branntweinbrennereien,

b) 5 Druckereien,

c) 3 lithographische Anstalten in Philippopel,

d) 1 Bierbrauerei,

e) 2 Mehlfabriken,

f) 8 Tabakfabriken,

g) 3 Destillationen,

h) 3 Wollkämmereien,

i) 600 einzelne „Čarki‟ (Radscheiben) für Gajtan (nur in
Karlovo, Sopot und Kalofer),

j) 1 Seifenfabrik.

Die 3 Spiritusfabriken führen von ihrer jährlichen Produktion von circa 400.000 Oka einen bedeutenden Theil nach der
Türkei aus, ebenso exportiren die Mehlfabriken von ihrer Pro-

duktion, welche circa 800,000 — 1,500,000 Oka jährlich beträgt, einen namhaften Theil derselben.

An Gajtan werden circa 1.700,000 „Topa" (besonderes Mass) verarbeitet und nach der Türkei, Serbien und dem ganzen Lande ausgeführt. Früher war diese Industrie in dieser Gegend sehr bedeutend (jährlicher Umsatz circa 60,000 türkische Lire), jetzt ist sie in Folge der hohen Zölle und der Concurrenz Macedoniens und Serbiens sehr zurückgegangen.

8. Plevna.

a) Einige nicht bedeutende Wollkämmereien.

b) Destillationen.

9. Razgrad.

a) 4 Dampfmühlen.

b) 5 Tabakfabriken.

10. Rusčuk.

a) 4 Dampfmühlen,

b) 5 Destillationen.

c) 10 gut gebaute Mühlen und

d) 1 Schuhsohlenfabrik bei Rusčuk,

e) 1 Druckerei,

f) 2 Bierbrauereien,

g) einige Spiritusfabriken in Rusčuk,

h) Seifen- und Kerzenfabriken.

11. Svištov.

a) 5 Tabakfabriken,

b) 1 Dampfmühle.

12. Sevlievo.

a) 2 Šajak- und Garn-Fabriken,

b) 6 Tabakfabriken.

c) 800 Gajtanwebereien in Gabrovo.

d) 1 Möbelfabrik in Sevlievo.

13. Silistra.

a) 18 Dampfmühlen (1 in Silistra).

b) 3 Tabakfabriken,

c) 3 Seifenfabriken.

14. Slivno.

a) 4 Tuchfabriken,

b) 1 Druckerei in Slivno,

c) 10 Tabakfabriken,

d) 11 Spiritusbrennereien,

e) Wollkämmereien.

Eine der Tuchfabriken gehört dem Gouvernement und wird von einer besonderen Gesellschaft geleitet; sie liefert namentlich den Bedarf für die Armee.

15. Sofija.

a) 3 gut gebaute Mühlen (in Knjaževo, Vladaja und Samokov),

b) 5 Bierbrauereien[1] (2 in Sofija, 1 in Samokov, Mirkovo, Knjaževo),

c) 3 Branntweinbrennereien (in Samokov, Knjaževo, Vladaja),

d) Gajtan-Fabriken (nur in Samokov und Pirdop),

e) 5 Tabakfabriken,

f) 7 Druckereien,

g) 4 lithographische Anstalten,

h) 1 Seifenfabrik.

i) 3 Sodafabriken (in Sofija),

j) 1 Mehlfabrik (in Sofija).

16. Stara-Zagora.

a) Spiritusfabriken,

b) Gjulhani (Rosenölsiedekessel),

c) Tabakfabriken,

---

[1] Paul Dehn, „Deutschland und der Orient", meint, dass in der Hochebene von Sofija der Hopfenbau und damit die Brauereien zu hoher Entwicklung gebracht werden könnten. Auch seien an vielen Orten die Vorbedingungen für den Anbau von Zuckerrüben und den Betrieb von Zuckerfabriken gegeben.

d) Gajtan-Anstalten,

e) 1 Glasfabrik (in Kazanlik),

f) 1 Druckerei (in Stara-Zagora).

Gajtanwaaren und vor Allem das Rosenöl bilden einen Hauptausfuhrartikel dieses Kreises.

17. Tatar-Pazardžik.

a) Gjulhani (für Rosenöl),

b) 1 gut gebaute Mühle (Panagjurište).

c) einige Tabakfabriken.

d) einige Wollkämmereien (in Tatar-Pazardžik).

18. Trn.

a) Eine Brauerei im Besitze eines Serben.

19. Tirnova.

a) 1 Mehlfabrik   in Tirnova,

b) 1 Spiritusfabrik ,,

c) 1 Druckerei   ,,   ,,

d) 3 Tabakfabriken ,,

e) 1 Gajtanfabrik ,,   ,,

f) 5 Wollkämmereien in Elena,

g) 1 Tabakfabrik in Drenovo,

h) 1 Mehlfabrik   ,,   ,,

i) 4 Tabakfabriken in Gornja-Orehovica.

In Trevna einige Gajtananstalten, eine Fabrik für Wollspinnerei und Šajak-Weberei.

20. Haskovo.

a) Einige Tabakfabriken.

21. Šumla.

a) 2 Bierbrauereien.

b) 2 Spiritusfabriken.

Die Besitzer bezw. Leiter dieser industriellen Etablissements sind Einheimische, mit wenigen Ausnahmen. Deutsche Obermaschinisten sind in den beiden Mehlfabriken und in der Spiritusfabrik in Tirnova.

Die verarbeiteten Rohstoffe werden zum grössten Theile aus dem Lande selbst bezogen, der Rohtabak aber wird z. Th. aus Serbien und der Türkei, der Spiritus aus Russland, Oesterreich, Rumänien importirt, ebenso müssen die Druckerei-Utensilien, die lithographischen Materialen und Parfümerien aus dem Auslande beschafft werden.

Bezüglich der Hausindustrie ist Folgendes zu bemerken: In den Kreisen von Burgas und Varna werden Šajak (Wollstoffe), Baumwollstoffe, Strümpfe und dicke Teppiche zum häuslichen Bedarfe fabricirt. Man verfertigt im Bezirke von Kula: weisse Šajak-Stoffe zu Kleidungsstücken, in denjenigen von Belogradžik: Baumwoll-, Leinenstoffe und Šajak, in dem von Vidin: Abá (dicker Wollenstoff), Šajak, Strümpfe, Baumwoll- und Seidenstoffe theils für häusliche Bedürfnisse, theils für den Verkauf. Angefertigt werden in Vraca: Šajak, Abá, baumwollene und seidene Stoffe, Strümpfe, Hausseife (aus Talg, Asche und Kalk). Im Dorfe Rilo bei Dubnica bereiten die Mönche einen besonderen Wollstoff (Bálo) von mittlerer Güte; sie fertigen zum Verkauf nach Griechenland jährlich 20,000 Arschin[1] Balo, 2—3000 Arschin wollenen und 250—500 Arschin seidenen Šajak.

In Lovča werden Abá, Šajak und Strümpfe in grossen Mengen producirt und auch nach der Türkei verkauft; ferner werden wollene Teppiche (Kilims), in Teteven Seidenstoffe gefertigt; im Kreise von Lom erzeugt man dieselben Stoffe, jedoch nur zum eigenen Bedarf. Philippopel producirt hauptsächlich Šajak (100,000 Arschin jährlich) und Gajtani (6,800,000 Arschin jährlich). Der grössere Theil dieser Waaren gelangt nach der Türkei, der Rest vertheilt sich über das ganze Land. Daneben werden Abá, sonstige Stoffe, Strümpfe und kleine Teppiche gewoben. Die hauptsächlichsten Erzeugnisse in Plevna sind: Šajak, Teppiche, baumwollene und seidene Gewebe und Strümpfe. Nur Plevna führt seinen Ueberschuss an Baumwollstoffen (5—10,000 Arschin) nach Rumänien aus.

[1] 1 Arschin = 28 Zoll.

Die Bewohner der Kreise von Razgrad, Rahova, Svištov und Silistra bereiten Šajak, Abá, Teppiche, wollene und seidene Gewebe und Strümpfe nur für den häuslichen Bedarf.

Die ländliche Bevölkerung von Rusčuk fertigt mit einfachen Drehbolzen (Pivots) und Weberstühlen dicke Šajakstoffe oder Abá, Baumwollgewebe aus mit Hanf vermischtem europäischen Garne, Strümpfe u. s. w. an. Nur in der Stadt Rusčuk macht man Gewebe aus mit Seide vermischtem, importirtem Garne für die Bevölkerung im Preise von 4–5 Lewa pro Arschin (= 28 Zoll). Die Bevölkerung des Kreises Sevlievo beschäftigt sich mit der Bereitung von Šajak und Gajtani, deren Ueberschuss nach Rumänien und Constantinopel gelangt, ferner mit der Herstellung von Strümpfen, Teppichen und verschiedenen Geweben für den häuslichen Bedarf.

In Slivno ist das Haupterzeugniss Šajak und Abá (jährlich ca. 1.200.000 Arschin), welche zum grössten Theile nach der Türkei ausgeführt werden. Daneben sind verschiedene Gewebe, Strümpfe, Teppiche u. s. w. anzuführen.

Sofija und Stara-Zagora produciren neben sonstigen Stoffen, Strümpfen, Gürtelwaaren u. s. w. Šajak und Gajtani, namentlich in Samokov und Pirdop. In Stara-Zagora wird nur Gajtan und zwar circa 4.000.000 Arschin jährlich erzeugt. In Tatar-Pazardžik bestehen die Produkte der Hausindustrie in wollenen und seidenen Šajakstoffen, Abá, Teppichen, baumwollenen und seidenen Geweben, Strümpfen u. s. w. für den häuslichen Bedarf; an Abá und Šajak werden circa 200.000 Arschin nach der Türkei und Serbien ausgeführt. Charakteristisch für den Kreis Trn ist besonders die Anfertigung des Balo, welches zum Theil nach Bosnien und Serbien ausgeführt wird. Daneben werden feine und grobe Baumwollstoffe, Strümpfe, Teppiche angefertigt. In Tirnova findet die Produktion von Šajak (Ausfuhr nach der Türkei), Gajtan, wollenen und baumwollenen Strümpfen, orientalischen Teppichen, Gürteln u. s. w. für den eigenen Bedarf statt. Man fertigt in Šumla und Haskovo: Šajak, baumwollene und seidene Gewebe, Abá, Strümpfe,

Teppiche u. s. w., nur die Stadt Haskovo verkauft Strümpfe, Gürtel, Teppiche.

In folgenden Theilen des Landes sind einzelne Industriezweige aufgegeben worden bezw. industrielle Etablissements eingegangen.

Burgas: Die Abá-Weberei wurde aufgegeben in Folge der hohen Zölle, welche jegliche Ausfuhr unmöglich machen. Bis zum russisch-türkischen Kriege fand eine ziemlich bedeutende Ausfuhr statt. Gleichfalls ging in Folge der Entmuthigung, welche nach den grossen, durch eine Krankheit der Raupen hervorgerufenen Verlusten eintrat, die Seidenzucht ein.

Vidin: Mangelnder Absatz vernichtete völlig die Seidenindustrie. Vor 12—13 Jahren gab es in Vidin 6—7 „Djugani“, welche seitdem Gajtani verfertigen. Auch die Teppichfabrikation, welche nach Paul Deux früher in hoher Blüthe stand und durch Auswanderung der türkischen Bevölkerung vernichtet wurde, schwand.

Kjüstendil: Vor 25 Jahren bestand im Dorfe Bożinzi (Bezirk Izvor) eine Eisenhütte von vorzüglicher Qualität: sie ging aus Mangel an Betriebsmitteln und in Folge der drückenden ausländischen Concurrenz ein.

4—5 Schnupftabakfabriken stehen in Dubnica wegen ungenügender Nachfrage still.

Lovča: Die vor dem Krimkrieg bestehende Astardži-Weberei (baumwollene und Flachsgewebe, Morgenröcke u. s. w.) wurde von der ausländischen Concurrenz vernichtet.

Lom: Die bei dem Dorfe Kutlovica befindlichen Reismühlen wurden bei der Einstellung der Reiscultur geschlossen.

Philippopel: Die Pulvermühle bei dem Dorfe Sotir (Bezirk von Philippopel) wurde im Jahre 1877 auf Befehl der türkischen Regierung von Grund aus zerstört.

Razgrad: Vor dem letzten russisch-türkischen Kriege befanden sich in der Umgegend von Razgrad 20 Werkstätten, in welchen Salpeter zur Pulverbereitung für die türkische Regierung verfertigt wurde. Jetzt sind sie eingegangen.

Rusčuk: Einige Schneidemühlen sind geschlossen worden wegen Mangel an Holz.

Slivno: Unter dem Drucke der ausländischen Concurrenz wurden aufgegeben: die Seifensiederei, Kerzenfabrikation, Seidenzucht, Gewehrfabrikation, Teppichweberei, Šarlagan-Destillation (Nussöl).

Sofija: In Samokov sind Eisenhütten im letzten russischtürkischen Kriege vollständig vernichtet worden.[1] In Etropol haben die Schmelzöfen wegen der ausländischen Concurrenz den Betrieb eingestellt.

Stara-Zagora: In der Stadt Stara-Zagora bestand früher eine Seidenspinnerei, die 1877 abbrannte. Ein anderes industrielles Etablissement „Železarski Kurs" wurde nach dem Staatsstreich vom 6./18. September 1885 geschlossen. Aufgegeben wurden die Abá-Webereien in Stara-Zagora, die Seifen- und Kerzenfabrikation und die Gerberei in Kazanlik.

Tatar-Pazardžik: Eingegangen sind: die Messerschmiederei, die Verfertigung von flachen Steinen zum Beschlagen des Grossviehs und die Wirkwaarenindustrie wegen der ausländischen Concurrenz.

Tirnova: Die Astardži-Weberei stellte den Geschäftsverkehr wegen der auswärtigen Concurrenz, die Bierbrauereien in Tirnova und Orehovica wegen schlechter Kellereien und mangelnden Absatzes, zwei Dampfmühlen wegen Vertheuerung des Brennholzes und der Concurrenz der Wassermühlen ein.

Aus den vorliegenden statistischen Angaben über die Existenzbedingungen der Gewerbetreibenden ist ersichtlich, dass nur in 2 von 23 Kreisen des ganzen Fürstenthumes (Svištov und Šumla) sich die Gewerbetreibenden ausschliesslich von ihrem Gewerbe ernähren können. Ferner vermögen in 9 Kreisen sich

---

[1] Nach Émoé, „En Bulgarie et en Roumélie", Cap. 22, S. 246, sollen um das Jahr 1860 bei Samokov mehr als 80 Schmelzöfen und 14 Eisenhämmer bestanden haben, sämmtlich mit hydraulischen Kräften und zwar längs des Isker bis Gorubesban in der Hochebene von Sofija.

einzelne Classen von Gewerbetreibenden allein von ihrem Geschäfte zu ernähren.[1] In den übrigen 14 Kreisen müssen die
Gewerbetreibenden ihren Lebensunterhalt neben ihrem Hand-
werk durch anderweite Beschäftigungen (Handel, Ackerbau, Viehzucht, Weinbau u. s. w.) zu erwerben suchen.

Diese betrübende Erscheinung, wie überhaupt der starke
Niedergang der Gewerbe, hat ihre Ursache in folgenden Gründen:

1. Im empfindlichen Mangel an Capitalien, wodurch eine
Vervollkommnung der Technik unmöglich wird.

2. In dem grossen Aufwand an Zeit, Mühe und Geld bei
dem Betriebe der Gewerbe.

3. In den hohen Zöllen, welche jeglichen Export, namentlich
nach der Türkei, fast unmöglich machen. So bestand z. B. vor dem
letzten russisch-türkischen Kriege eine bedeutende Ausfuhr aus
dem Kreise von Vidin nach Serbien, Vlaško nach der Türkei.

4. In dem Umstand, dass die Gewerbetreibenden bei dem
geringen Preise, welchen die Käufer zu zahlen vermögen, nur
grobe und kunstlose Waare liefern können.

5. In der Thatsache, dass die auswärtige Concurrenz mit
ihren billigen, aber sehr verführerischen Waaren das Luxus-

[1] In Kjüstendil: Die Zimmerleute, welche im ganzen Lande arbeiten.
In Razgrad: Gerber, Schuster, Schneider, Schmiede, Kupferschmiede,
Sattler, Bäcker und Pantoffelmacher.
In Rusčuk: Schuster, Kürschner, Schmiede und Färber.
In Sevlievo: Gerber, Gajtaufabrikanten, Pantoffelmacher, Tischler, Seifen-
sieder, Kupferschmiede, Schmiede, Goldarbeiter, Müller, Backsteinbrenner.
In Silistra: Alle Gewerbetreibenden, ausgenommen die Kürschner und
Abá-Weber.
In Stara-Zagora: Schuster und Schneider.
In Tatar-Pazardžik: Nur in der Stadt gleichen Namens: Schuster,
Tischler, Hufschmiede, Zimmerleute, Kaftanweber, Böttcher, Stellmacher und
Schmiede, weil sie weniger als die übrigen Gewerbetreibenden unter der aus-
wärtigen Concurrenz zu leiden haben.
In Tirnova: Schuster, Gerber, Kürschner, Eisenschmiede, Tischler, Kupfer-
schmiede, Färber, Sattler.
In Haskovo: Schuster, Eisenschmiede, Gerber, Stellmacher, Töpfer, Be-
arbeiter von Ziegenhaaren.

bedürfniss der Bevölkerung befriedigen kann und so den einheimischen Erzeugnissen den Absatz entzieht.

6. In den mangelhaften Verkehrswegen zwischen den einzelnen Kreisen.

Aus den eben geschilderten Gründen, welche den allgemeinen Niedergang der Gewerbe verursachen, ist es zu erklären,
wenn die Ansicht und die Stimmung der Bevölkerung dem Gewerbe gegenüber eine ungünstige ist. Nach den amtlichen statistischen Angaben ist die Bevölkerung von fast zwei Drittel
aller Kreise (von 15 unter 23) dem Gewerbe abgeneigt und ver-
achtet die Handwerker. In Folge dessen ergreift die Jugend
lieber den Beamten-, Lehrer- oder Kaufmannsberuf.

Nur in 6 Kreisen (Philippopel, Rahova, Svištov, Sevlievo,
Sofija, Trn) geniessen die Gewerbetreibenden Achtung und
Vertrauen.

In dem Kreise von Vidin erfreuen sich die Gewerbetreibenden
der Stadt Vidin nur dann der Achtung der Bevölkerung, wenn sie
einem Handwerkerverein (Innung) angehören. Im Bezirk von
Panagjurište (Kreis von Tatar-Pazardžik) ist der Handwerker-
beruf wegen der Blüthe seines Standes allgemein geachtet. In
den Kreisen von Tirnova und Šumla galt das Gewerbe bis zum
Jahre 1877 als ein sehr sicherer und hochangeschener Beruf.

Ungefähr in zwei Drittel der Kreise des Landes (in 14 von
23 Kreisen) zieht die ländliche Bevölkerung die einheimischen
Erzeugnisse wegen ihrer grösseren Haltbarkeit den ausländischen
vor, während in den Städten der billigere Preis und das ge-
fälligere Aussehen für die eingeführten Waaren entscheiden.

In den Kreisen von Rahova und Sofija (die Stadt Sofija ausgenommen) gebraucht die gesammte Bevölkerung ausschliesslich
die einheimischen Erzeugnisse wegen ihrer grösseren Dauer-
haftigkeit. Im Kreise von Varna zieht die gesammte Bevölkerung
die ausländischen Waaren ihrer grösseren Billigkeit wegen den
einheimischen vor. In den übrigen Kreisen (Vidin, Razgrad,
Svištov, Tatar-Pazardžik, Trn und Kjöstendil) schwankt die Wahl

der Bevölkerung noch zwischen den gewohnten, einheimischen, theueren, aber dauerhaften Erzeugnissen und den billigen und gleichzeitig geschmackvollen Waaren des Auslandes. Bei dem äusserst entwickelten Sparsamkeitssinn des bulgarischen Volkes trägt gewöhnlich der billige Preis der ausländischen Waaren den Sieg davon. Auf diese Weise aber hört nicht nur der Export auf, sondern es wird auch der heimische Markt den Erzeugnissen des Landes streitig gemacht. Dazu kommt, dass die Auswanderung der meist wohlhabenden Muhammedaner, der Uebertritt zahlreicher intelligenter oder kräftiger Leute in den Staatsdienst, bezw. das Heer die Produktionsfähigkeit der Bevölkerung geschwächt hat.

Fünftes Capitel.

Bergwerke, Salinen, Mineralquellen.

Erze (Mineralien). — Seesalz. — Mineralquellen.

Nach den statistischen Berichten (1888) sind in den einzelnen Kreisen bis jetzt folgende Erzarten u. s. w. entdeckt bezw. constatirt worden:

1. Burgas: Galenit, Markasit (Schwefel-Eisenkies), Chalkopyrit und Steinkohlen (bei Hodžamar, Bezirk Anhialos).

2. Varna: Ocker, Manganit, Limonit, Psylomelan und Gyps.

3. Vidin: Ocker, schwarze Steinkohlen (bei der Stadt Belogradžik; es ist dies bis jetzt der einzige Ort in ganz Bulgarien, wo man solche getroffen hat) und Pyrit.

4. Vraca: Bornit, Markasit und Chalkopyrit.

5. Kjüstendil: Dieser Kreis ist reich an Mineralien und besitzt Galenit, Pyrit, Chalkopyrit, Magnetit, Limonit, Malachit, Steinkohlen (bei Bohovo, Bezirk Dubnica), Lignit. Goldwäschereien befinden sich bei dem Dorfe Gorljano und bei Razmetica; zu diesem Zwecke kommen alljährlich viele Eingeborene aus Nevrokopsko in Macedonien nach diesen genannten Plätzen. Ausserdem sind zwei Marmorbrüche bei dem Dorfe Gorni-Korten und in der Nähe von Gorno-Uino bei Izvor.

6. Lovča: Eisen und Hämatit (Blutstein): letzterer kommt in grosser Menge im Trojan-Balkan[1] vor.

7. Lom: Goldwäscherei ist in geringem Masse in dem durch Wolkenbrüche angeschwollenen Flusse Raganičska (Bezirk Berkovica) und ein Marmorbruch bei Berkovica.

8. Philippopel: Graphit. Galenit. Sphalerit vermengt mit Galenit, Chalkopyrit, Manganit und Marmor (bei dem Dorfe Eni-Kjoi, Bezirk von Philippopel, und bei der Stadt Čepelare im Bezirk von Rupča).

9. Plevna: Pyrit, Ocker, Gyps.

10. Rahova: Nur Steinkohlen bei dem Dorfe Kunino im Bezirke von Rahova.

11. Rusčuk: Bis jetzt sind nur Marmorbrüche bei den Dörfern Pirgos und Krasen entdeckt worden.

12. Svištov: Ausser Steinbrüchen bei dem Dorfe Kravenik zur Gewinnung von Mühl- und Schleifsteinen kommen keine anderen Mineralien vor.

13. Silistra: Kaolin (Porzellanerde) findet sich an vielen Orten in grosser Menge.

14. Slivno: Galenit, reiner Thon (zu Fayence-Waaren verwandt), Gyps und Marmor (im Bezirke von Kavakli).

15. Sofija: Am Vitoš:[2] Galenit, Turmalin, Amethist, Kaolin, Torf, Pyrit, Bornit, Markasit, Chalkopyrit, Magnetit (bei Samokov), Quarz in schönen Krystallen, Smektit, Gyps, Malachit, Steinkohlen (bei Mošino, Vladaja, Pernik, Raljevo, Bezirk Sofija, Dospeji,

---

[1] Vgl. JEAN ERDŐ: En Bulgarie et en Roumélie. S. 60 u. 61.

[2] TROXARD, ein belgischer Ingenieur, welcher eine Zeitlang die Bergwerke im Fürstenthume leitete, sagt: „Am Vitoš trifft man eine besondere Art von Eisenerz. Die Syenitmassen desselben enthalten kleine Theilchen titanenhaltigen Eisens. Der Regen und das Wasser des schmelzenden Schnees spülen einen eisenhaltigen Schlamm herab, der sich in einer dünnen schwärzlichen Schicht absetzt und 60—70% magnetisches Eisen enthält. Dieser Schlamm wird gereinigt und in katalanische Oefen geleitet. Die Reichhaltigkeit dieser Ablagerungen, welche in gleicher Weise in Schweden vorkommen, hängt wesentlich davon ab, ob der Vitoš mehr oder weniger mit Schnee bedeckt ist.

Bezirk Samokov), Braunkohlen[1] (Lignit) bei Paničerevo und Čikurevo.

16. Stara-Zagora: Graphit, Gyps und Steinkohlen (bei dem
Dorfe Selce, Bezirk Kazanlik).

17. Tatar-Pazardžik: Galenit, Pyrit, Steinkohlen (bei Mo-
mino, Bezirk Pazardžik, und bei dem Dorfe Gabrovica, Bezirk
Ihtiman); im Flusse Topolnica wird von Seiten der Bulgaren aus
Nevrokopsko (in Macedonien) Goldwäscherei betrieben.

18. Trn: Kupfer (im Berge Sveti-Ilija bei dem Dorfe Sersan,
Bezirk Bresnik, welches bis jetzt der einzige Ort in ganz Bul-
garien ist, wo Kupfer entdeckt wurde), Galenit, Pyrit, Markasit,
Chalkopyrit, Ocker, Gyps und Steinkohlen (bei dem Dorfe Vlasi,
Bezirk Zaribrod).

19. Tirnova: Pyrit, Limonit, Steinkohlen (im Trjavna- und
Elena-Balkan[2] bei den Dörfern Botura, Korsenlik, Stevrek u. s. w.).

20. Haskovo: Steinkohlen trifft man nur bei dem Dorfe Ko-
vanlik, Bezirk Haskovo.

In 9 von 23 Kreisen ist man bis jetzt auf Steinkohlenlager
gestossen; demnach dürfte Bulgarien, wie überhaupt an unter-
irdischen Schätzen, so insbesondere als ein an Steinkohlen reiches
Land gelten. Nur müssen diese Schätze in regelrechtem Abbau

---

[1] Das 90 qkm grosse Becken von Čerkovo (wohl auch Čikurevo) enthält eine sehr gute Braunkohle. Da das Lager nur 28 km von Sofija entfernt
ist, so liefert es Brennmaterial für die Hauptstadt, was bei den sehr hohen und
mit jedem Jahr steigenden Holzpreisen eine grosse Annehmlichkeit ist. Die
jährliche Produktion beträgt wegen des kostspieligen Transportes nur circa
16000 Tonnen; die Tonne kostet dort 24 Franken. Ein Herr Grosef hat von
der Regierung das Betriebsrecht auf 15 Jahre erhalten und es wäre sehr vor-
theilhaft, wenn für Betriebszwecke eine schmalspurige Eisenbahn angelegt würde.

[2] E. de Laveleye, „Balkanländer", II. 98 ff. Der belgische Ingenieur Tho-
sand erwähnt, dass die Schichten des Kohlenlagers bei Trijavna sich bis nach
Gabrovo und Elena erstreckten und diejenigen am Südabhang des Balkan bei
Slivno und im Nordwesten von Kazanlik zu demselben Becken gehören sollen.
Vor dem russisch-türkischen Kriege wären drei Lager von den Türken betrieben
worden, welche Kohlen von guter Qualität lieferten. In Folge der ungenügenden Verkehrswege und der hohen Transport-Kosten sei der Betrieb später
eingestellt worden.

gehoben und ihnen durch geeignete Verkehrswege ein entsprechendes Absatzgebiet geschaffen werden.

Ausser den oben erwähnten Mineralien giebt es in Bulgarien noch viele andere, welche wegen ihrer geringen wirthschaftlichen Bedeutung nicht besonders erwähnt werden.[1]

Folgende Bergwerke sind im Betriebe:

Galenit bei dem Dorfe Lukovica, Bezirk Rupča.

Steinkohlen bei dem Dorfe Mošino, Bezirk Sofija, bei dem Dorfe Dospeji, Bezirk Samokov, und im Triavna-Balkan.

Magnetit (Eisen) im Bezirke Samokov.[2]

Ocker bei dem Dorfe Čelopeč, Bezirk Zlatica.

Seesalz wird in der Nähe der Stadt Anhialos aus einem Salzwasser enthaltenden See und bei der Stadt Balčik aus dem schwarzen Meere gewonnen. Das Recht der Salzgewinnung steht hier der Regierung, in Anhialos dagegen schon seit türkischen Zeiten Privatpersonen zu. Zum Verkauf des Salzes war nur die Regierung berechtigt, bis 1887 die Volksversammlung das Salzmonopol aufhob. Jetzt können die Concessionäre bei Balčik wie die Besitzer der Kellereien bei Anhialos freien Handel mit Salz treiben.

In Anhialos giebt es 6390 Salzsiedereien, welche 10 bis 15 Millionen kgr Salz produciren, in Balčik 200 Salzsiedereien mit einer Salzgewinnung von circa 600,000 kgr im Jahre.

Bulgarien ist sehr reich an heissen Mineralquellen, welche in grossen Bassins gesammelt, als Heilbäder und überhaupt als

---

[1] Nach Thoxard's Aussage wären silberhaltige Bleierze bei Elena, Kjüstendil, Trojan und Etropol anzutreffen. Insbesondere liessen sich bei Ciprovica noch Spuren jener sächsischen Bergleute erkennen, welche durch türkische Uebergriffe vertrieben wurden. Schliesslich ist auch Thoxard der Ansicht, dass es nur eines regelrechten Strassennetzes bedürfe, um unermessliche, jetzt ruhende Schätze dem Schoosse der Erde abzugewinnen.

[2] Nach Deus findet sich Eisen auch bei Dubnica und Radomir, hier auch lithographische Steine; Schiefer bei Sofija am Isker-Durchbruch, Porzellanerde bei Trojan.

Volksbäder[1] benutzt werden. Es giebt verhältnissmässig viele
Städte und Ortschaften, in denen man solche Volks-Mineral-
bäder antrifft.[2]

---

[1] Diese Bäder sind sehr primitiv gebaut, meist rund mit einem Kuppel-
dach, das Bassin ist umgeben von einem Kreise von Ankleidezellen. **J. Erbič**
vergleicht diese Bäder mit Moscheen ohne Minarets.

[2] Aus den mir vorliegenden statistischen Berichten (1888) sind folgende Einzelheiten zu entnehmen.

Burgas: Es giebt warme Quellen bei dem Dorfe Medovo und namentlich bei Lödža-Kjoi; die letzteren werden in den Sommermonaten Mai bis
August aus dem ganzen Kreise besucht.

Kjüstendil: In der Stadt Kjüstendil sind 9 Volksbäder vorhanden,
2 Wäschereien und viele Privatbäder, welche von heissen Quellen gespeist
werden; ferner im Dorfe Banja im Bezirke Dubnica. In Kaimarlok besitzt fast
jedes Haus heisse Mineralquellen.

Lom: In der Nähe des Dorfes Beršez (Bezirk Berkovac) entspringt mitten
im Flusse Botunja eine schwefeleisenhaltige Quelle. Bis zum Jahre 1877
wurde diese Heilquelle nur von den Bewohnern der umliegenden Ortschaften
benutzt, während seitdem die Zahl der aus allen Städten und Ortschaften des
Kreises zusammenströmenden Besucher bedeutend zugenommen hat. Einige
Rheumatismus-Kranke haben dort Heilung gefunden trotz des Mangels an Wohn-
häusern und sonstigen Bequemlichkeiten. Die Quelle ist mit Schaum bedeckt,
die Besucher sind allen atmosphärischen Einflüssen ausgesetzt.

Philippopel: Heisse Mineralquellen sind in Hisár und Banja (Bezirk Karlovo) und Krasnovo (Bezirk Ovče-Helme); lauwarme in Narječen (Bezirk Rupča) und Hisár.

Alle diese Quellen sind mit Ausnahme derjenigen von Narječen in grosse
Bassins gefasst, welche mit einer Kuppel überdeckt und mit Ankleide-
räumen rings umgeben sind.

Die Mineralwässer von Hisár und Banja werden von Seiten des Gou-
vernements verpachtet; die Quellen von Krasnovo sind von der Gemeinde
exploitirt.

Das bedeutendste und schönste dieser Bäder ist Hisár. Man findet
dort ein gutes Gasthaus, sonstige Bequemlichkeiten, schöne Anlagen und eine
reizende Umgebung. Aus ganz Bulgarien und auch aus dem Auslande
kommen dorthin Kurgäste.

In den Kreisen von Razgrad, Rahova und Silistra entspringen kalte Bitter-
wasserquellen und zwar bei dem Dorfe Kainadža (Bezirk Razgrad), bei Rahova (2 Quellen) und bei dem Dorfe Merzjak (Bezirk Kurt-Bunar).

Trn: In der Nähe des Dorfes Zvonzi (Bezirk von Trn) ist eine heisse
Schwefelquelle.

Sumla: Eine salzhaltige Quelle entspringt im Bezirke von Osman-Pazar.

Haskovo: Es giebt nur heisse Mineralquellen an verschiedenen Orten
des Bezirkes von Haskovo.

Bei dem Dorfe Karan-Verbovka (Bezirk von Rusčuk) befindet sich ein Wasser mit Namen Ajasmata na Sveta Marina; dieses Wasser und sein Schlamm sollen heilbringend sein. Es kommen deshalb im Juni Leute dorthin, welche Heilung suchen.

Zwei Stunden von Slivno befinden sich heisse Mineralbäder an der Tundža, welche von der Verwaltung der Stadt Slivno an Privatpersonen verpachtet werden. Im Sommer kommen dorthin aus vielen Orten des Kreises Leute, welche an Rheumatismus und ähnlichen Krankheiten leiden, um Heilung zu suchen.

Im Bezirke von Kotel trifft man verschiedene Mineralquellen, welche Barutni Kladenčeta heissen und stark schwefelhaltig sind. Die Einheimischen benutzen das Wasser zum Baden.

In der Stadt Sofija, sowie in den benachbarten Ortschaften Gornja-Banja, Knjaževo und Bankja giebt es mehrere heisse Mineralbäder, welche in Gornja-Banja und Knjaževo von der Regierung, in Sofija und Bankja von den Gemeinden betrieben werden.

Im Dorfe Bjelčin (Bezirk Samokov) ist eine heisse Mineralquelle, welche nicht benutzt wird, da jede Bequemlichkeit für den Besucher fehlt.

Zwei und eine halbe Stunde westlich von Stara-Zagora befindet sich bei dem Dorfe Sungurlari ein heisses eisenhaltiges Mineralbad, welches von der Stadtverwaltung ausgebeutet und im Sommer von den Einwohnern Stara-Zagoras und der umliegenden Ortschaften zur Heilung gegen Rheumatismus und ähnliche Krankheiten besucht wird. Ausserdem giebt es im Bezirke von Kazanlik noch 3 heisse Mineralbäder bei den Dörfern Canakčievo, bei dem Dorfe Banja-Pavel unter dem Namen „Karagitliska", und das grösste mit 8 Ankleiderräumen ist 4 km von Kazanlik entfernt. Dieses letztere Bad vermag bei dem grossen Andrang der Heilung Suchenden den Anforderungen nicht zu genügen. Bei dem Dorfe Miričleri (Bezirk von Čirpan) trifft man auch kalte Mineralquellen.

Tatar-Pazardžik: Heisse Mineralquellen kommen in allen vier Bezirken vor, die Hauptbestandtheile sind Schwefel und Eisen; in Eli-Dene und Varvara (Bezirk von Tatar-Pazardžik) sind einige Quellen, ferner in Banja, Kamenica und Lödženi (Bezirk von Peštera), bei Vasilica, Kostenec, Dolnja-Banja und Sulu-Dervent (Bezirk Ihtiman), endlich bei Böta-Banja und Strelča (Bezirk Panagjurište). Alle diese Quellen sind in mehr oder weniger primitive und halbverfallene Bassins gefasst. Viel besucht werden aus den umliegenden Städten und Ortschaften die Bäder von Dolnja-Banja und diejenigen in Banja; sie gelten als besonders heilkräftig und wirkungsvoll.

Tirnova: Es sind nur kalte Mineralquellen an 3 Orten. 1. Kalarunski Dol in der Nähe von Stojuvci, 2. bei Karadžovo (im Bezirke Trevna), 3. in der Nähe von Elena an der Strasse nach Tirnova „Hadži-Panajotav most" anzutreffen; diese Quellen werden trotz angeblicher Heilkraft nicht benutzt.

Sechstes Capitel.

Handel.

Ueber Art und Stand des Handels in den einzelnen Provinzen des Landes sind folgende Bemerkungen zu machen:

Im Kreis von Burgas wird hauptsächlich Handel getrieben
mit Körnerfrüchten (Getreide) und Colonialwaaren (Reis, Kaffee,
Zucker u. s. w.). Der Handel in letzteren liegt ausschliesslich
10 in Burgas befindlichen Handelshäusern ob, deren Inhaber
zumeist Bulgaren sind, und welche einen jährlichen Umsatz von
5,800,000 Lewa aufweisen. Ausserdem ist Handel mit Gross- und
Kleinvieh, Seesalz, Fischen, Caviar, Fellen, Wolle, Käse, Butter,
Holzmaterial, Wein, Rakia, ausländischen Spirituosen, Manufakturwaaren, rohem und halbverarbeitetem Eisen, Saffian (verarbeitetes
Leder), gegerbtem Leder u. s. w. Der Handel ruht in den Händen
von ansässigen Bulgaren, Juden und namentlich Griechen.

In den einzelnen Kreisen Bulgariens gestaltet sich der Handel
verschiedenartig.

Kreis Varna:

In der Stadt Varna ist grosser Handel mit Getreide, Manu-

faktur- und Colonialwaaren, ferner, wenn auch in geringerem Masse,
mit Körnerfrüchten, Wolle, Käse, rohen Fellen, Vieh, Reis, Kaffee,
Zucker, Biscuit, verschiedenen Seifen.

Der Haupthandel mit den einheimischen Produkten ruht in
den Händen von einigen Handelshäusern, welche Fremden gehören und die einen jährlichen Umsatz von circa $2^1/_2$—$3^1/_2$ Millionen
Lewa machen, während die einheimischen Handelsleute — Tataren
und Türken — in geringem Masse mit Colonial- und Manufakturwaaren Handel treiben.

Kreis Vidin:

Im Bezirk von Kula beschränkt sich der Handel ausschliesslich auf landwirthschaftliche Erzeugnisse und Vieh, im Bezirk von
Vidin nur auf Getreide, Mais, Gerste, rohe Felle, Saffian, ge-
gerbtes Leder, Sohlen, Wolle, Wein, Rakia, verschiedene Manufaktur-
und Colonialwaaren. Der Handel wird wenig von Fremden, mehr
von Bulgaren und vor Allem von Juden betrieben.

Im Kreis von Vraca finden sich alle bereits erwähnten Handelsartikel. Der Handel ruht daselbst in den Händen von einheimischen
Bulgaren mit Ausnahme von 10 Zinsaren.[1]

Der Kreis von Kjüstendil hat sehr guten Handel mit rohem
Tabak, Wein, eingemachten Pflaumen, Vieh (Gross- und Kleinvieh),
Wolle, Fellen, Käse, Butter (Fette); mittelmässig ist der Handel
mit Körnerfrüchten, Colonial- und Manufakturwaaren, Eisen- und
Gerberwaaren.

Im Bezirk von Kjüstendil ruht der Handel in Händen der
Juden; in den Bezirken von Radomir und Izvor sind die Handeltreibenden ausschliesslich einheimische oder türkische Bulgaren.

Der Kreis von Lom handelt in der Hauptsache mit Körnerfrüchten, Steinsalz und mit Grossvieh. Geringer ist der Handel
mit den übrigen einheimischen Erzeugnissen, Colonial- und Manufakturwaaren und verschiedenen einheimischen und ausländischen
industriellen Produkten. Mit Körnerfrüchten treiben ausschliesslich

---

[1] Zinsaren sind Abkömmlinge der Rumänen.

Bulgaren Handel, mit Vieh hauptsächlich Zigeuner, hier „Džam-bazi" genannt, mit der Einfuhr von Steinsalz ein Türke, ein Grieche (bulgarische Unterthanen) und ein Ausländer, mit der Einfuhr von Colonialwaaren nur Bulgaren und mit derjenigen von Manufakturwaaren Juden, Bulgaren und Muselmänner.

In Philippopel sind dieselben Handelsartikel wie in den übrigen Kreisen, dazu kommt noch Rosenöl, Abá und Gajtani-(Posamentir-)Erzeugnisse. Der Innenhandel in Getreide wird von Bulgaren, der Aussenhandel von Griechen betrieben. Haupt-handelsleute sind ausser diesen noch die Juden.

In Stanimaka liegt der Handel vorwiegend in Händen der Griechen. Dagegen sind es in den Städten Karlovo, Kalofer und Sopot die Bulgaren, die mit Rosenöl, Gajtani, Wein und Šajak, den wichtigsten einheimischen Produkten, Handel treiben.

Im Kreis von Plevna blüht der Handel mit Körnerfrüchten, aller Art von Vieh, Fellen von Lämmern und Zicklein, Wein, Spirituosen, Manufaktur- und Colonialwaaren, verschiedenen anderen einheimischen und fremden Waaren. Der Handel wird vorwiegend von Bulgaren betrieben, während die vorhandenen Türken und Juden mehr Detailhandel in den Dörfern treiben.

Razgrad weist einen besseren Handel auf in Körnerfrüchten, Gerberwaaren, Rinder- und Büffelfellen, Gross- und Kleinvieh, thie-rischen Produkten (Talg, Fleisch, Pökelfleisch, Würsten). Handel treiben ausschliesslich einheimische Türken, Griechen, Juden und hauptsächlich Bulgaren.

Im Kreise von Rahova beschäftigen sich mit der Ausfuhr von Getreide und der Einfuhr von Steinsalz ausschliesslich zwei in der Stadt Rahova befindliche Handelshäuser, welche Bulgaren gehören und deren jährlicher Umsatz circa 1.250.000 Lewa beträgt.

Gegenstände des Handels im Kreise Rusčuk sind ausser den genannten noch Tabak, Sumach, Wolle, Haare von Thieren, Butter, Fett, Käse, Colonialwaaren, einheimische und ausländische Pro-dukte. 11 Handelshäuser in Tutrakan und Rusčuk (5 von ihnen gehören bulgarischen Unterthanen, 6 Fremden) handeln in Getreide und Manufakturwaaren; ihr jährlicher Umsatz beträgt circa 1.500,000 Lewa.

Ein Jude in Ruščuk treibt einen sehr grossen Colonialwaarenhandel, während der Handel mit den übrigen Waaren in den Händen von Einheimischen ruht.

In der Stadt Svištov im Kreise Svištov existiren 16 Handelshäuser in grossem Massstabe für Getreide, Salz, Holzmaterial und Colonialwaaren, welche ausschliesslich von Bulgaren geleitet werden und einen Jahresumsatz von 4—600,000 Lewa aufweisen.

Sevlievo's Handel (Kauf und Verkauf) erstreckt sich unter anderem auch auf getrocknetes Obst, Saffian, Sohlen, Šajakstoffe, Gajtanwaaren, während im Kreise von Silistra namentlich Gross- und Kleinvieh, Wein, Abá und Sajakstoffe verhandelt werden. Die grössere Zahl der Handeltreibenden besteht hier aus Bulgaren, sofern sie im Besitze grösserer Capitalien sind.

Der Handel von Slivno weist die bereits erwähnten Artikel auf, ausserdem „Kaškaval" (eine Art Molke), Eisen und andere Industrieprodukte.

In Sofija blüht der Handel in Gross- und Kleinvieh, thierischen Produkten und Manufaktur- und Colonialwaaren. Ein kleiner Theil der einheimischen bulgarischen Bevölkerung beschäftigt sich damit. Vorwiegend sind es Juden, bulgarische Unterthanen, sowie Fremde verschiedener Nationalität, die hier Handel treiben.

Der Ausfuhrhandel des Kreises Stara-Zagora besteht hauptsächlich in der Ausfuhr von verschiedenen Getreidearten nach Constantinopel, von Rosenöl (nur aus dem Kreise von Kazanlik circa 300.000 Muskale), Gajtanwaaren (circa 250,000 Topa), Wein, Rakia, Kleinvieh (namentlich Schafen).

Der Einfuhrhandel erstreckt sich auf Manufaktur-, Colonialwaaren und Droguerien, Baumwollengarne, Eisen, verschiedene Farben, Glas, Fische, Fayence-Geräthe, chemische Seifen, Schuhmacher-Utensilien, verschiedene fertige eiserne und stählerne Geräthe für Haus und Feld.

Der En-gros-Handel ist in Händen von Bulgaren, während Griechen und Juden mehr Detail-Handel in Colonial-, Manufakturwaaren und Spezereien treiben.

Der Kreis von Tatar-Pazardžik zeichnet sich durch bedeutenden Handel in Getreide, Holzmaterial, Abá- und Šajakstoffen und Wein aus. Mittelmässig ist der Handel in Tabak, Rakia, Butter, Käse, Saffian, gegerbtem Leder, thierischen Produkten, Manufaktur- und Colonialwaaren und anderen gewerblichen Erzeugnissen. Mit Ausnahme von einigen Juden und Türken in der Stadt Tatar-Pazardžik sind alle Handelsleute Bulgaren.

Im Kreis von Trn wird unter Anderem auch mit Töpferwaaren gehandelt; der Colonial- und Manufakturwaarenhandel ist hier sehr bedeutend.

Ausschliesslich von Bulgaren wird im Kreise Tirnova Handel getrieben in den schon aufgeführten Artikeln, sowie in feinem Mehl, frischem und getrocknetem Obst (Pflaumen und Aepfel), Reis, Kaffee, Zucker und anderen gewerblichen Erzeugnissen.

In Haskovo bemerken wir dieselben Handelsobjekte, dazu kommt noch Anis, Baumwolle, Cocons, Senf, Sesam, Sumach. Der Getreidehandel sowie der Handel in Manufaktur- und Colonialwaaren wird von Ausländern geleitet, während der Handel mit Tabak, Anis, Cocons u. s. w. sowie der Detailverkauf von einheimischen Bulgaren und Juden betrieben wird.

Unter den Handelsartikeln des Kreises Šumla befinden sich auch „Dikani“, das sind Steine zum Dreschen, eine Art Egge, dreieckig mit spitzen Steinen darunter. Die Handelsleute dieses Kreises sind vorwiegend einheimische Bulgaren, Armenier und Juden.

Bezüglich der Beschaffenheit des bulgarischen Handels im Allgemeinen constatiren die statistischen Berichte einen mehr oder minder fühlbaren Stillstand bezw. Niedergang. Dies ist zurückzuführen sowohl auf die politischen Verhältnisse als auch auf den fast gänzlichen Mangel an Capitalien, das ungenügende

und z. Th. schlechte Wegenetz, auf die starke amerikanische und
russische Concurrenz in Getreide, und die hohen Zölle, mit
denen die zum Export bestimmten inländischen Produkte belastet
werden. In Folge dieser Verhältnisse traten mannigfache Zahlungs-
einstellungen in der jüngsten Zeit ein.

Messen werden hauptsächlich abgehalten in Aitos — (1 Woche
im Mai jeden Jahres), in Karnabat — dieselbe findet 1 Woche
nach derjenigen in Aitos statt und wird von circa 20,000 Personen
besucht — in Provadija, hauptsächlich für Gross- und Kleinvieh.
Die jährliche Messe in Sovlievo wird am Charfreitag eröffnet und
dauert 2 Tage; diejenige in Gabrovo beginnt am 14. September und
dauert 2 Wochen. Sie ist stark besucht und bedeutend in Eisen-
produkten, Šajak, Gajtan u. s. w. Weitere Messen werden abgehalten in den Städten Philippopel (im April und September),
Karlovo (im August). Stanimaka (in der zweiten Hälfte des August),
Dubnica und Trn (Anfang: 14. Oktober. Dauer: 5 Tage), in den
Orten Babošovo und Rilo, ferner im Kloster von Trojan (Trojanski
Monastir) u. s. w. Eine der bedeutendsten Messen für Gross-
und Kleinvieh, einheimische Erzeugnisse, Manufaktur- und Colonialwaaren ist diejenige in Eski-Džumaja (Kreis Sumla).[1]

Bedeutendere Märkte sind in der Stadt Vidin (wöchentlich,
2 Tage lang), in Orhanjé und Vraca (wöchentlich je 1 Mal). In
einigen Ortschaften des Kreises von Vraca und in allen Ortschaften des Bezirkes von Orhanjé finden 1 bis 2 Mal im Jahre
kleinere Märkte statt, auf denen Kurzwaaren verkauft werden. Auf
diese kleinen Märkte in den grösseren Ortschaften kommen Einwohner von Pirdop mit Gajtan, von Etropol mit Saftian (verarbei-
tetem Leder), von Kalofer mit Kupfergeräthen und Kaufleute aus
verschiedenen Orten Südbulgariens zum Ankauf von Hornvieh.

Wochenmärkte werden in fast allen grösseren Städten und Ortschaften des Fürstenthumes abgehalten. Einer der bedeutendsten
unter ihnen ist der von Gornja-Orehovica: zu demselben kommen

---

[1] Vgl. auch Austria 1875. 1. Semester S. 525 ff.

ungefähr 10—15,000 Personen aus den Kreisen von Plevna, Lovča, Sevlievo, Svištov und aus Süd-Bulgarien.

Unter den Gegenständen, die auf allen diesen Märkten und Messen in den Handel gebracht werden, sind namentlich zu nennen: Gross- und Kleinvieh, Körnerfrüchte, Getreide, Colonial- und Manufakturwaaren, Seile, Teppiche, Šajak, Abá-Stoffe, sonstige Gewebe, Strümpfe, Gürtel, Seide, Kalpaks (Mützen) von Fellen, Mehl, Bauholz, Eisen- und Holzfabrikate für den ländlichen Bedarf, mit Deckel versehene Holzgefässe, Schaufeln, Heugabeln, Sattlerwaaren, Gajtan, gewerbliche Erzeugnisse und Esswaaren.

Bulgarien war durch den Berliner Vertrag (Artikel 8) an die 1878 türkischen Handelsverträge von 1861 gebunden. Nachdem die Pforte die Absicht hatte, dieselben theils zu kündigen, theils zu ändern, nahm Bulgarien in einer Circularnote an die Mächte vom 28. Januar 1884 das Recht in Anspruch, neue Handelsconventionen einzugehen, beziehungsweise neue Zolltarife festzusetzen. Ein am 17. Dezember 1887 sanctionirtes Gesetz nimmt Handelsverträge in Aussicht mit allen denjenigen Staaten, welche eventuell geneigt sind, Handelsbeziehungen mit Bulgarien anzuknüpfen.

Am 1. Januar 1890 ist nun eine Verordnung betreffend die Regelung der Handelsbeziehungen zwischen Bulgarien und England in Kraft getreten. Hiernach unterliegen englische nach Bulgarien eingeführte Waaren einem Zolle von 8 % ad valorem. Ausserdem sind für dieselben eine Gebühr von 1 / 2 % und die gesetzlichen Communalabgaben zu entrichten. Für Spiritus, Tabak, Salz, Pulver und andere der Verzehrungssteuer unterworfene oder ein Monopol bildende Artikel sind ausser den eben erwähnten Zollgebühren noch die betreffenden Specialabgaben zu zahlen. Nach England eingeführte bulgarische Boden- und Industrieprodukte werden wie die Waaren einer meistbegünstigten Nation behandelt. Die Verordnung bleibt bis zum 1./13. Januar 1891 in Kraft und gilt, falls Seitens der Contrahenten bis zum 1. Oktober jenes

Jahres keine Kündigung erfolgt, als bis zum 1. 13. Januar 1892 verlängert.

Die Verhandlungen wegen eines Handelsvertrages mit Serbien hatten in Belgrad im vorigen Jahre begonnen, sind aber bis jetzt noch nicht zum Abschluss gelangt.

Bezüglich der Handelsbilanz von 1879—1889 sei auf Tabelle XI hingewiesen; jedoch sei hervorgehoben, dass die Zahlen der Jahre 1879—1881 bei der Ausfuhr nicht zutreffend sind. Denn bei dem aus der Zeit der Türkenherrschaft stammenden Systeme der Werthzölle werden gerade bezüglich der Exportartikel viel zu niedrige Werthe zu Grunde gelegt. Auch der Direktor des statistischen Büreaus zu Sofia, Herr SARÁFOFF, hat in dem Vorwort zu der „Statistique de la principauté de Bulgarie II. Commerce extérieur de la principauté pendant les années 1880 et 1881" von der Getreideausfuhr nachgewiesen, dass der Unterschied zwischen den wirklichen Marktpreisen und dem officiellen Zollwerth 35,9 und 60.5 % beträgt. Die äusserst günstige Bilanz für 1888 ist grössten Theiles auf eine ausgezeichnete Ernte zurückzuführen. Ferner sei erwähnt, dass bei dieser wie bei den übrigen Handelstabellen die Jahrgänge 1879—1885 incl. nur den Handel des Fürstenthumes, 1886—1889 dagegen den Handel des vereinigten Fürstenthumes (Nord- und Süd-Bulgarien) wiedergegeben. Ausserdem ist zu bemerken, dass seit 1885 bei der Ein- und Ausfuhr die verzollten Waaren von den unverzollten getrennt angegeben sind, was in den früheren Handelsberichten nicht der Fall ist.

Ueber den ostrumelischen Handel standen nur die officiellen Angaben aus den Jahren 1882 und 1883 zur Verfügung. Im Uebrigen ist Tabelle XI den officiellen statistischen Berichten der betreffenden Jahrgänge entnommen und bedarf keines weiteren Commentars.

Die Tabellen XII. XIII, XIV und XV enthalten detaillirte Auszüge des Aus- und Einfuhrhandels Bulgariens, welche den officiellen statistischen Berichten vom Jahre 1882—1888 entnommen

Tabelle XI.

Vergleichende Tabelle des bulgarischen Handels von 1879—1889 (1889 v. 1. Jan. bis 1. Nov.).

	1879	1880	Unterschied für 1880		1880	1881	Unterschied für 1881		1881	1882	Unterschied für 1882
	Fr.	Fr.	Fr.		Fr.	Fr.	Fr.		Fr.	Fr.	Fr.
Einfuhr	32,137,800	48,223,637	+ 16,085,837	Einfuhr	48,223,637	58,467,100	+ 10,243,463	Einfuhr	58,467,100	41,564,966	— 16,902,134
Ausfuhr	20,092,854	33,118,200	+ 13,025,346	Ausfuhr	33,118,200	31,819,900	— 1,298,300	Ausfuhr	31,819,900	34,252,421	+ 2,432,521

	1882	1883	Unterschied für 1883		1883	1884	Unterschied für 1884		1884	1885	Unterschied für 1885
	Fr.	Fr.	Fr.		Fr.	Fr.	Fr.		Fr.	Fr.	Fr.
Einfuhr	41,564,966	48,929,575	+ 7,364,609	Einfuhr	48,929,575	46,359,033	— 2,570,542	Einfuhr	46,359,033	38,831,652	— 7,527,381
Ausfuhr	34,252,421	46,126,405	+ 11,873,984	Ausfuhr	46,126,405	35,297,160	— 10,829,245	Ausfuhr	35,297,160	42,065,129	+ 6,767,969

	1885	1886	Unterschied für 1886		verzollt u. unverzollt 1886	verzollt u. unverzollt 1887	Unterschied für 1887				
	Fr.	Fr.	Fr.		Fr.	Fr.	Fr.				
Einfuhr	38,831,652	46,906,526	+ 8,074,874	Einfuhr	64,285,309	64,742,481	+ 457,172				
Ausfuhr	42,065,129	46,844,231	+ 4,779,102	Ausfuhr	50,404,314	45,747,247	— 4,657,067				

Vergleichende Tabelle des Ostrumelischen Handels 1882—1885.

	verzollt u. unverzollt 1882	1883	Unterschied für 1885
	Fr.	Fr.	Fr.
	34,386,178	54,749,868	+ 20,363,690
	6,875,236	10,949,974	4,074,738
	40,547,707	64,099,964	+ 23,552,257
	8,109,541	12,819,993	4,710,452

	verzollt u. unverzollt 1887	verzollt und unverzollt 1888	Unterschied für 1888
	Fr.	Fr.	Fr.
Einfuhr	64,742,481	66,362,431	+ 1,619,950
Ausfuhr	45,747,247	64,198,634	+ 18,451,387

	verzollt u. unverzollt v. 1. Jan. bis 1. Novbr. 1888	verzollt u. unverzollt 1889	Unterschied für 1889
	Fr.	Fr.	Fr.
Einfuhr	66,362,431	59,976,189	— 6,386,242
Ausfuhr	64,198,634	62,923,539	— 1,275,095

Anhang.

Verhältniss der Einfuhr zur Ausfuhr in Procenten der Einfuhr.

1882	1883	1884	1885	1886	1887	1888
82,41	94,27	76,14	108,33	78,41	70,66	96,74

wurden. Gleichzeitig füge ich eine allgemeine Tabelle (XVI)
der Gesammt-Handelswerthe von 1879 bis zum letzten mir
zugänglichen Zeitpunkte bei mit einem Vergleich der 4 wichtigsten
Grossstaaten. Die Tabellen XVII, XVIII, XIX, XX und XXI
haben den Ein- und Ausfuhrhandel mit Deutschland, den
bulgarischen Handel von 1881—1889[1] nach Staaten geordnet
und den bulgarischen Handel von 1883 und 1884 bezw. ostrumelischen Handel von 1882 und 1883, sowie denjenigen von 1886,
1887 und 1888 als der drei letzten vollständigen Jahrgänge nach
Waaren geordnet, zum Gegenstande. Die Tabelle XIX enthält
die einzigen officiellen statistischen Handelsberichte, welche bis
jetzt für 1889 erschienen sind.[2]

Vergleicht man unter specieller Berücksichtigung des seit der
Vereinigung beider Bulgarien verstrichenen Zeitraumes die einzelnen
Staaten bezüglich ihrer Betheiligung an der Einfuhr, so ergibt sich, dass England, Oesterreich (bis 1855 nahm Oesterreich die erste Stelle ein, seitdem hat England mit seiner bedeutenden Einfuhr an Baumwollgarnen, Geweben, Eisen,
Kupfer u. s. w. den Vorrang) und die Türkei am stärksten daran
betheiligt sind, demnächst kommen Deutschland, Frankreich,
Russland, Rumänien, Italien.

---

[1] Die biesbezüglichen Handelsberichte für 1889 enthalten nur den Zeitraum vom 1. Januar bis 1. November.

[2] Bezüglich des deutschen Exportes nach Bulgarien dürften, nach Paul
Dehn's Ansicht, die Zahlen aus den Jahren 1880 und 1881 nicht ganz den that-
sächlichen Verhältnissen entsprechen, indem der Import aus Deutschland nach
Bulgarien vielfach in demjenigen von Oesterreich-Ungarn und theilweise auch
in demjenigen von Grossbritannien enthalten sei. Paul Dehn sagt, dass sich
unter den nach den bulgarischen Zolllisten als aus Oesterreich-Ungarn und
Grossbritannien importirt bezeichneten Waaren viele deutsche befänden, welche
aus Mangel an directen deutschen Handels- und Verkehrsbeziehungen durch
englische oder österreichische Zwischenhändler und auf englischen, beziehungsweise österreichischen Schiffen nach Bulgarien gelangten, so z. B. Damenkleider
aus Berlin, Nürnberger Kurzwaaren, Petroleumlampen, Cigarettenpapiere, Eisen-
waaren aus Remscheid, Solingen, Maschinenbestandtheile aus Chemnitz, Chemi-
kalien aus Stuttgart und Hamburg, Schafwollwaaren aus Berlin und Sachsen.

7

Ausfuhr.

Waaren-Verzeichniss	1882	1883	1884
	Fr.	Fr.	Fr.
1. Abfälle	78,958	35,714	60,517
2. Brennmaterial	60,674	26,986	17,032
3. Chemische Produkte, Droguerien	456,642	550,536	355,144
a) Schwefel-, Salz- und Salpetersäure, Soda etc.	2,221	2,158	2,102
b) Gerbsäure, Tannin, Farbstoffe und Farben	192,637	239,575	147,476
c) Gerbstoffe u. sonstige (chem.) Produkte, Eis	810	544	628
d) Droguerie,Arzeneiwaaren,Gesichtsschwämme	10,736	459	113
e) Harze, Theer	3,915	3.240	7,594
f) Mineralöle, ätherische Oele, Essenzen . .	1,122	478	859
g) Lacke, Lackfirnisse, Leim, Kitte	302	558	2,311
h) Oel anderweit nicht genannt, Fette . . .	211,587	295 373	125,670
i) Kerzen, Seifen, Parfumerien	31.788	6,175	68,372
k) Zündwaaren	1,524	1,976	19
4. Eisenbahnmaterial, Fahrzeuge und Möbel mit Polsterarbeit	24,249	276.094	83,734
5. Holzwaaren, Schnitzwaaren und Flechtwaaren .	323,214	306,566	213,858
a) Bau- und Nutzholz	157,643	100,816	50,100
b) Schnitz- und Flechtstoffe	64.282	46,838	23,533
c) Holz-, Schnitz- und Flechtwaaren	101,289	158.912	140,225
6. Kautschuk, Guttapercha, Wachstuch	805	160	89
a) Kautschuk	—	—	—
b) Kautschukfäden, Leinwand und Wachstuch	805	150	81
c) Kautschukwaaren	—	10	8
7. Kurze Waaren, Quincaillerien u. s. w.	2,319	147	314
8. Leder, Lederwaaren, Pelzwerk (Kürschnerarbeit)	1,348,281	1,570,840	1,493,163
a) Häute und Felle	872,961	996,716	894,827
b) Leder	350,080	415,190	510,294
c) Lederwaaren	102,974	76.165	70,909
d) Pelzwerk (Kürschnerarbeiten) . .	22,266	82,769	17,133
9. Literarische und Kunstgegenstände	4,354	4,843	7.632
10. Maschinen, Instrumente und Zubehör	1,504	1,807	5,764
11. Metalle und Metallwaaren	228,016	589,592	218,276
a) Erze	525	294	5
b) Unedle Metalle, roh und gemünzt	55,689	349,188	90,706
c) Metalle oder Metalllegirungen als Bruch .	8.177	10,007	3,359
d) Eisen- und Eisenwaaren	110,367	160.221	84,764
e) Anderweite Waaren aus unedlen Metallen	52,297	69.882	35,882
f) Edle Metalle gemünzt	961	—	3,560
Latus:	2,529,016	3,363.285	2,455,523

XII.

Handelswerthe.

1885 verzollt 1%	1885 unverzollt	1886 verzollt 1%	1886 unverzollt	1887 verzollt 1%	1887 unverzollt	1888 verzollt	1888 unverzollt
Fr.	Fr.	Fr.	Fr.	Fr	Fr.	Fr.	Fr.
38,147	5,199	45,251	479	33,869	9,545	16,105	29,903
15,240	277	67,115	65	40,994	872	14,619	22,553
294,534	582,168	1,002,332	119,826	2,340,664	32,379	1,991,768	99,009
2,721	2,146	4,424	635	2,218	812	2,688	568
176,223	805	263,336	2,181	171,300	3,355	111,387	1,378
320	—	144	—	—	—	450	9
975	16	3,406	806	177	220	246	20
1,821	4,297	6,072	602	10,054	107	927	7,846
16	1,057	4,563	445	20,620	959	708	22,489
—	47	300	64	2,172	3	898	10
47,492	42,222	49,112	2,138	22,137	8,619	4,512	38,609
19,812	531,268	673,873	112,155	2,080,734	18,241	1,856,568	27,813
45,154	310	605	—	31,252	63	13,384	267
15,365	40,950	2,695	96,417	34,537	74,021	30,412	45,840
77,965	87,643	340,204	47,407	688,556	105,105	126,485	513,553
27,049	640	273,573	585	627,238	44,719	85,447	454,521
19,256	2,226	16,995	1,800	21,092	80	32,115	661
31,660	84,777	49,636	45,022	40,226	60,306	8,923	58,371
—	30	316	89	—	12	100	225
—	30	316	—	—	12	100	30
—	—	—	89	—	—	—	195
130	2,424	443	1,566	2,122	424	3,555	1,126
867,337	438,882	1,007,584	239,855	1,189,829	248,723	1,338,125	288,468
751,639	41,787	959,227	14,419	1,168,706	8,406	1,314,278	22,505
93,858	338,242	45,551	215,674	16,553	227,156	21,344	262,262
10,438	46,296	2,199	7,315	3,630	12,461	2,303	3,701
11,402	12,557	607	2,447	940	700	200	-
1,825	12,365	95	5,604	550	12,779	1,436	5,322
106,400	6,311	3,648	3,505	17,750	11,154	4,375	5,984
43,087	119,949	592,806	53,586	103,975	81,522	6,937	54,916
—	—	—	—	—	—	—	1,007
14,873	56,210	583,503	3,197	82,413	413	3,199	4,666
1,608	645	1,053	155	1,311	4,328	1,099	1,488
12,582	57,139	4,808	38,449	10,113	53,263	1,904	43,684
14,024	5,955	2,742	11,775	6,721	17,776	440	9,876
—	—	700	10	3,417	5,742	295	195
1,460,030	1,296,198	3,062,489	568,399	4,452,846	576,536	3,533,917	1,066,899

Waaren-Verzeichniss	1882	1883	1884
	Fr.	Fr.	Fr.
Transport:	2.529,016	3,363,285	2,455,523
12. Nahrungsmittel und andere Consumtibilien .	21,810,743	28,549,108	21,885,297
a) Thierische Produkte	1.680,944	1,730,129	1.658,226
b) Getreide, Malz, Hülsenfrüchte u. Kartoffeln	19,023,082	26,123,348	19,652,311
c) Mehl- und Mahlprodukte	171,336	171,675	75,346
d) Früchte und Gemüse	556,505	366,535	263,837
e) Kochsalz und Specereiwaaren	66.724	45.238	81,691
f) Kaffee, Cacao, Thee	1.630	994	897
g) Zucker, Zuckersyrup und Melasse . . .	13,443	4,781	2,386
h) Gegohrene Getränke, Mineralwasser u. Speiseöl	239.026	92,198	108,876
i) Confect, Conditorwaaren	45,270	8,976	23,335
k) Tabak und Tabakfabrikation	12,783	5,234	18,398
13. Nutzthiere	7,568,376	11,987,298	8,768,765
14. Papier- und Pappwaaren	12,776	1,661	15.419
a) Lumpen und Halbzeug (Halbstoff zur Papierfabrikation)	12,133	1,411	15,107
b) Papier und Pappe	643	250	312
c) Papier und Pappwaaren	—	—	—
15. Sämereien und Vegetabilien, welche nicht zur menschlichen Nahrung dienen . . .	100.892	124,517	149,409
16. Steine, Steinwaaren, Thon, Glaswaaren	162,620	108.852	114,305
a) Erden, Steine	100.183	60.672	68,287
b) Steinwaaren	22,071	19,734	22,149
c) Thonwaaren, Porzellanwaaren	34.464	26.542	19,421
d) Glaswaaren	5,902	1.904	4.448
17. Textilindustrie, Haare und Waaren daraus, Kleider, Leibwäsche	2,067,998	1,992,179	1,908,442
a) Haare von Pferden (Rosshaare) und von Menschen u. Federn u. sonst. Polstermaterial	40.555	36,022	48.894
b) Baumwolle	1,059,358	884 692	713,936
c) Baumwollwaaren und Watte	121.905	104.210	218,611
d) Seilerwaaren (Seile, Taue, Stricke) . . .	2.864	50,082	3,656
e) Fussdecken, Filz, Wirkwaaren	144,327	115,789	77,299
f) Stoffe, Gewebe	288,203	330,735	306,537
g) Strumpfwaaren	1,017	1,127	805
h) Posamentir- und Knopfmacherwaaren . .	367,564	411,696	459,541
i) Spitzen, Blonden, Stickereien . . .	10,078	71	32
k) Kleider, Leibwäsche, Putzwaaren	30.939	56,891	78,882
l) Hüte, Schmuckfedern, künstliche Blumen .	1.188	864	949
Summa:	34.252,421	46,126,405	35,297,160

1885		1886		1887		1888	
verzollt 1%	unverzollt	verzollt 1%	unverzollt	verzollt 1%	unverzollt	verzollt	unverzollt
Fr.	Fr.	Fr.	Fr.	Fr.	Fr.	Fr.	Fr.
1,460,030	1,296,198	3,062,489	568,399	4,452,846	576,536	3,533,917	1,066,899
32,222,991	448,038	35,808,804	831,831	28,272,097	1,407,785	30,969,389	19,545,007
1,285,873	135,773	1,816,622	31,452	2,235,415	104,299	498,668	1,786,578
30,535,776	97,313	33,103,867	241,390	24,976,974	476,111	30,200,651	16,092,386
156,145	6,210	554,295	2,390	640,396	235,954	41,828	689,582
78,257	57,682	113,280	53,046	91,480	170,177	82,838	131,689
51,480	26,775	134,192	35	252,466	4,286	107,576	24,150
—	1,955	1,486	145	189	612	3	1,024
1,469	11,394	1,471	97	576	4,867	686	2,978
95,575	44,576	68,103	257,598	35,220	301,194	20,583	613,063
3,141	774	1,007	396	4,160	1,580	2,910	578
15,275	65,586	14,481	245,282	35,221	108,705	13,646	193,979
7,327,728	284,692	6,762,123	567	7,023,982	32,943	5,819,835	18,317
9,956	665	309	137	4,473	1,782	850	4,491
2,988	190	189	16	1,856	—	800	—
16	475	120	118	2,605	1,629	50	4,491
6,952	—	—	3	12	153	—	—
111,262	9,334	100,900	9,281	57,956	3,204	46,068	77,207
84,649	14,627	81,316	2,506	59,630	2,835	18,336	5,686
56,375	439	75,021	326	48,193	240	12,593	2,973
24,057	2,087	4,418	872	10,601	619	4,893	1,399
3,277	6,377	1,163	1,010	796	1,302	650	487
940	5,724	714	298	40	674	200	827
848,513	756,068	1,028,290	2,147,362	1,461,880	2,389,298	741,786	2,350,846
40,919	275	23,090	4	43,715	—	34,979	3,225
615,406	35,324	756,603	3,676	1,242,579	377	634,715	13,345
33,217	72,347	134,875	126,744	80,639	45,660	45,956	108,121
3,007	450	4,084	8,011	1,248	828	4,367	1,303
19,661	40,780	7,428	42,332	13,212	49,545	1,102	36,333
24,215	212,997	54,055	1,275,187	67,613	1,525,616	13,762	1,411,548
40	3,558	14,569	12,114	1,387	5,473	389	4,543
98,763	286,831	28,445	629,849	3,598	718,820	2,100	693,613
64	254	—	16	513	—	100	1,642
13,174	103,052	5,079	49,239	7,121	42,667	4,316	75,082
47	200	62	190	255	312	—	91
42,065,129	2,809,622	46,844,231	3,560,083	41,332,864	4,414,383	41,130,181	23,068,453

Tabelle

Einfuhr.

Waaren-Verzeichniss.	Gewicht	1882	1883	1884
1. Abfälle	Kilogr.	50,049	32,328	27,898
2. Brennmaterial	„	4,377.751	5,445,461	4,191,366
3. Chemische Produkte, Droguerien	„	6,056,258	6.366.770	8,761,840
a) Schwefel. Salz u. Salpetersäure, Soda etc.	„	302,931	333.626	428,194
b) Gerbsäure. Tannin, Farbstoffe u. Farben	„	558,322	590,902	663,083
c) Gerbstoffe u. sonst. (chemische) Produkte, Eis	„	929	6,700	1,692
d) Droguerie. Arzeneiwaaren, Gesichtsschwämme	„	36,102	46,050	35,080
e) Harze, Theer	„	1.024.526	1.078.341	1.152,643
f) Mineralöle, ätherische Oele, Essenzen	„	2.695,243	2,452,130	4,826,270
g) Lacke, Lackfirnisse, Leim, Kitte	„	118.602	150,988	122,204
h) Oel anderweit nicht genannt. Fette	„	94,194	106.586	125.112
i) Kerzen, Seifen, Parfümerien	„	1,051,107	1,356,290	1,236,043
k) Zündwaaren	„	174,302	245,157	171,519
4. Eisenbahnmaterial, Fahrzeuge u. Möbel mit Polsterarbeit	„	12,553	7,410	9,662
5. Holzwaaren, Schnitzwaaren u. Flechtwaaren	„	10,766,769	13,627,375	17,660,544
a) Bau- und Nutzholz	„	8,734,988	11,790,084	16,934.388
b) Schnitz- und Flechtstoffe	„	64,953	242.229	57,360
c) Holz-, Schnitz- und Flechtwaaren	„	1,966,828	1,595,062	668,796
6. Kautschuk. Guttapercha. Wachstuch	„	18.096	23,096	34,431
a) Kautschuk	„	308	154	775
b) Kautschukfäden	„	10,358	12,357	23,271
c) Kautschukwaaren	„	7,430	10,585	10,385
7. Kurze Waaren. Quincaillerien u. s. w.	„	30,728	24,485	17,906
8. Leder, Lederwaaren. Pelzwerk (Kürschnerarbeit)	„	1,319,153	1,516,136	1,304,819
a) Häute und Felle	„	776,900	866,618	740,280
b) Leder	„	388,150	508.499	341,441
c) Lederwaaren	„	149,035	126,521	215,523
d) Pelzwerk (Kürschnerarbeiten)	„	5,068	14,498	7,575
9. Literarische und Kunstgegenstände	„	11,800	13,493	13,150
10. Maschinen, Instrumente und Zubehör	„	84,739	64,412	179,690
11. Metalle und Metallwaaren	„	5,124,998	5,850,154	6,558,459
a) Erze	„	6,900	8,644	9,272
b) Unedle Metalle, roh und gemünzt	„	2,221,001	2,807,948	2,783,936
c) Metalle oder Metalllegirungen als Bruch	„	1,385,314	1,366,007	1,854,136
d) Eisen u. Eisenwaar. excl. v. Masch., Instr. u.s.w.	„	1.509,288	1.541.856	1,784,448
e) Anderweite Waaren aus unedlen Metallen	„	102,153	124,875	126,597
f) Edle Metalle gemünzt	„	342	824	70
Latus:	Kilogr.	27,852,894	32,974,120	38,759,765

XIII.

Waarenmenge.

1885		1886		1887		1888	
verzollt	unverzollt	verzollt	unverzollt	verzollt	unverzollt	verzollt	unverzollt
26,473	17.496	71,837	481	48,547	2,770	90,666	4,007
3,191,783	3,128,869	3,686,465	6,085,985	5,436,918	5.368.098	5,217,558	6,636,346
8,360,613	83,486	10,089,370	2,544,686	10,780.518	2,347.210	10,632,159	1,487,666
394,594	2,747	520,795	162,983	677,837	217.361	703,891	215,735
658,174	7,887	604,673	112,682	605.594	297.705	732,983	605,890
1,409	37	1.554	231	1,340	100	1,785	1,217
38,118	6.558	45,594	13,162	39,792	12,321	50.118	4.355
1,063,136	7,153	1,603,185	142,905	1,319.140	26,302	1,454.239	120,085
4,605,922	35,761	5,007,483	1,423,051	6,276,339	1,551.901	6,153.396	215,680
106,500	394	132,321	15,443	150.803	32.327	182.989	6.720
132,028	10,757	284,796	155,205	354,962	66,677	290,459	65,043
1,166,062	2,268	1,596,609	437,683	1,118,982	75,324	760,912	240,033
194,670	9,924	292,450	81,341	235,729	67.192	304.387	12,908
4,426	93	4.578	26	7.070	1,864	23,105	227,984
14,257,357	6,071,736	11,912,007	571,799	19,046,876	164.973	20.203,548	7,601,537
13,595,202	6,017,972	11,249,871	483.927	17,017.047	109.192	18,379.215	7,452,987
45,763	756	12,812	583	77,557	1.586	42.914	6.314
616,392	53,008	649.324	87,289	1,952,272	54.195	1,781,419	142,236
27.908	3.015	32,317	9,325	23,905	12.877	47,887	3,653
440	40	719	69	420	69	493	55
14,560	347	17,407	2,460	10.995	4.190	24.132	1.632
12,908	2,628	14,191	6,796	12,490	8,618	23.262	1.966
11,982	2,359	13,366	5.100	22,957	4.952	30,830	2.375
590,983	727,724	1.030,633	1,254,770	870.804	512.877	1,015.006	571,478
165.358	706,763	305,779	1,083,545	402,978	359,898	159.209	420,804
354.190	11,778	459,742	124,698	405,185	119,216	553.146	89,620
63,706	6,770	260,044	44,966	59.723	32.499	297.175	60.792
7,729	2,413	5,068	1,561	2.918	1,264	5.476	262
22.987	49,038	9.736	14,271	11.939	35.479	19.778	29,359
73.864	366,516	67,532	357.262	95.766	565.177	117,518	599.678
5,618,934	546,892	6,123,830	1.952.017	6,560.477	11,457.358	9.932.900	1,500.470
4,284	10	2,979	172	213	635	3.905	2
2,321,684	416,075	1,235,650	548,016	1,374.626	299,455	2,262.240	100.153
1,380,772	10.081	2,929,605	949,431	3,035,703	1.262.122	4.382.576	326,299
1,823.144	91,069	1.815.781	393,858	1,965.824	9,800.460	3.000.969	1.039,112
89,043	29,657	139.799	60,531	184.026	93.644	283.244	34,903
7	400	16	9	85	1.042	6	1
32,187.310	10,997.224	33.032,671	12,795.722	42,905,777	20,473,635	47.330.955	18,664.553

Waaren-Verzeichniss.	Gewicht	1882	1883	1884
	Kilogr.			
Transport:	,,	27,852,894	32,971,120	38,759,765
12. Nahrungsmittel und andere Consumtibilien . .	,,	42,044,144	48,572,791	39,396,511
a) Thierische Produkte	,,	810,950	919,916	1,105,381
b) Getreide, Hülsenfrüchte u. Kartoffeln .	,,	2,540,774	2,914,594	3,329,928
c) Mehl- und Mahlprodukte	,,	583,226	410,939	401,357
d) Früchte und Gemüse	,,	2,433,137	2,617,020	2,155,607
e) Kochsalz und Specereien	,,	23,409,138	29,320,253	22,548,401
f) Kaffee, Cacao, Thee	,,	559,521	656,325	752,835
g) Zucker, Zuckersyrup und Melasse	,,	3,155,310	3,282,628	4,199,604
h) Gegohrene Getränke, Mineralwasser u. Speiseöl	,,	7.770,751	7.706,879	4,309,463
i) Confect, Conditorwaaren	,,	433,158	520,124	480,551
k) Tabak und Tabakfabrikation . . .	,,	348,179	224,113	113,384
13. Nutzthiere	Stück-zahl	16.140	21,022	12.567
14. Papier- und Pappwaaren	Kilogr.	668,087	904,046	778,108
a) Lumpen u. Halbzeug (Halbstoff zur Papier-fabrikation)	,,	44.377	3,980	3,999
b) Papier und Pappe	,,	586,518	829,606	708,696
c) Papier und Pappwaaren	,,	37,192	70.460	65,413
15. Sämereien und Vegetabilien, welche nicht zur menschlichen Nahrung dienen	,,	121,308	246,890	247.786
16. Steine, Steinwaaren, Thon, Glaswaaren . . .		3.421,462	4,521,050	3,902,979
a) Erden, Steine		1,573,993	1,673,440	1,273,985
b) Steinwaaren		591,908	457.460	441,422
c) Thonwaaren, Porzellanwaaren		454,510	987,415	1.152,100
d) Glaswaaren		801.051	1,402,735	1,035.472
17. Textilindustrie, Haare u. Waaren daraus, Kleider, Leibwäsche	,,	3,322,084	4,755,712	3,966,209
a) Haare v. Pferden (Rosshaare) u. v. Menschen, Federn und sonst. Polstermaterial . . .	,,	1,692	3,733	937
b) Baumwolle	,,	249,947	266,715	265,024
c) Baumwollwaaren u. Watte	,,	1,275,133	2,127,300	1,677,606
d) Seilerwaaren (Seile, Taue, Stricke) . .	,,	296,677	292,881	245,571
e) Fussdecken, Filz, Wirkwaaren . .	,,	40.196	84.407	66,055
f) Stoffe, Gewebe	,,	1,234,589	1.753,137	1,497,180
g) Strumpfwaaren	,,	32,380	60,362	42,424
h) Posamentir- und Knopfmacherwaaren . .	,,	16,304	14.772	17,153
i) Spitzen, Blonden, Stickereien	,,	8.903	8,507	11.567
k) Kleider, Leibwäsche, Putzwaaren	,,	154,400	134,626	129,406
l) Hüte, Schmuckfedern, künstliche Blumen .	,,	11,863	9,272	13,286
Summa:	Kilogr.	77.435,878	91,972.406	87,052,268

1885		1886		1887		1888	
verzollt	unverzollt	verzollt	unverzollt	verzollt	unverzollt	verzollt	unverzollt
32,187,310	10,997,224	33,032,671	12,795,722	42,905,777	20,473,635	47,330,955	18,664,553
39,332,733	4,322,611	52,567,473	4,367,742	48,992,995	3,266,786	43,812,007	2,292,302
920,173	79,398	1,633,753	286,009	2,373,044	182,801	1,797,284	173,203
2,719,152	681,963	4,573,619	1,384,988	4,977,487	1,011,118	4,692,937	561,597
364,279	112,713	106,686	53,195	353,273	61,184	360,953	24,058
1,541,475	310,622	2,140,888	341,370	2,270,000	9,877	2,335,563	430,810
7,007,523	51,392	32,158,655	65,680	30,636,747	83,722	24,471,060	31,171
776,378	5,791	723,879	241,944	623,387	243,426	845,518	81,087
2,386,648	1,620	5,347,752	1,241,733	3,853,514	1,267,039	5,330,569	368,790
3,137,398	3,057,529	4,794,902	573,294	3,225,380	381,825	3,459,599	385,190
412,416	2,682	473,272	178,827	670,182	19,296	498,332	233,106
67,291	18,901	14,067	702	9,981	6,498	20,192	3,290
11,928	9,459	9,461	3,252	17,931	4,960	19,147	3,432
845,473	5,986	1,024,651	167,624	1,257,465	311,460	1,516,854	129,835
1,974	2,266	587	500	4,176	32	7,824	959
787,212	2,769	968,962	160,043	1,211,895	290,904	1,457,397	126,312
56,287	951	55,102	7,581	41,394	20,524	51,633	2,564
169,377	29,150	548,114	242,265	457,347	40,366	348,117	125,247
4,805,665	510,070	2,994,453	1,482,812	4,831,016	1,386,883	5,052,553	538,044
2,305,604	272,138	691,594	1,074,561	1,414,614	866,157	1,107,462	291,022
463,848	68,942	696,085	81,119	1,167,238	24,735	1,005,607	105,587
1,029,579	162,046	742,393	62,772	860,780	131,719	805,249	52,487
1,006,634	6,944	864,381	264,360	1,388,384	364,272	2,134,235	88,948
3,836,843	295,915	5,115,257	1,250,656	4,313,353	1,589,119	6,491,040	552,415
2,281	1,332	2,527	2,294	2,918	65	1,709	94
267,704	74,775	538,703	63,099	535,886	12,663	488,699	30,032
1,548,892	986	1,920,727	619,126	1,850,672	762,894	2,619,445	256,380
231,447	582	472,138	17,095	383,190	9,080	448,941	4,532
44,368	9,282	90,449	17,740	78,979	48,694	178,484	4,218
1,561,275	115,110	1,833,807	495,643	1,891,335	708,141	2,552,922	235,920
23,970	96	16,600	2,900	22,491	7,956	33,577	1,904
14,465	59,542	9,822	1,878	10,805	4,874	12,758	1,522
6,597	30	6,191	2,605	6,802	4,732	13,403	1,106
126,166	30,779	219,861	24,650	121,252	27,675	127,998	21,617
9,678	3,016	4,432	3,620	9,023	2,345	13,104	1,090
81,184,730	16,161,609	95,291,841	20,306,821	103,358,401	27,068,249	104,551,526	22,302,398

Tabelle
Ausfuhr.

Waaren-Verzeichniss	Gewicht und Stück- zahl	1882	1883	1884
	kgr	kgr	kgr	kgr
1. Abfälle	„	940.844	412,028	553,509
2. Brennmaterial	„	409.986	431.462	221.563
3. Chemische Produkte. Droguerien	„	1,905.471	2,482.051	1,730.378
a) Schwefel-, Salz- und Salpetersäure, Soda etc.	„	3.274	3,072	2,360
b) Gerbsäure, Tannin, Farbstoffe und Farben	„	1,675.105	2,178.311	1,578,590
c) Gerbstoffe u. sonst. (chemische) Produkte, Eis	„	51	2,775	66
d) Droguerien, Arzeneiwaaren, Gesichtsschwämme	„	674	218	1,440
e) Harze, Theer	„	15.205	13,201	32.695
f) Mineralöle, ätherische Oele, Essenzen . .	„	2,681	1,437	3.079
g) Lacke, Lackfirnisse, Leim, Kitte	„	173	136	1,851
h) Oel, anderweit nicht genannt, Fette . . -		197,576	273.999	102,596
i) Kerzen, Seifen, Parfümerien		9.244	7.981	7,667
k) Zündwaaren		1.488	921	34
4. Eisenbahnmaterial, Fahrzeuge und Möbel mit Polsterarbeit	„	Zahl 242	Zahl 5,781	1,372
5. Holzwaaren, Schnitzwaaren und Flechtwaaren .	„	2.816.859	1,351.818	894.868
a) Bau- und Nutzholz	„	1,251.532	337.616	174,044
b) Schnitz- und Flechtstoffe . . .	„	1.137.824	609.565	349.638
c) Holz-, Schnitz- und Flechtwaaren . .	„	227,503	404,637	371.186
6. Kautschuk, Guttapercha, Wachstuch . . .	„	581	9	22
a) Kautschuk	„	—	—	—
b) Kautschukfaden, Leinwand und Wachstuch	„	581	7	22
c) Kautschukwaaren	„	—	2	—
7. Kurze Waaren, Quincaillerien u. s. w.	„	93	84	39
8. Leder, Lederwaaren, Pelzwerk (Kürschnerarbeit)	„	908.735	1,079,322	1,021.354
a) Häute und Felle	„	695,927	828.230	729,317
b) Leder	„	184.720	223,286	268.200
c) Lederwaaren	„	25,880	18,679	20,910
d) Pelzwerk (Kürschnerarbeiten) .	„	2.208	9.117	2.927
9. Literarische und Kunstgegenstände . .	„	1.000	2.056	1.787
10. Maschinen, Instrumente und Zubehör . .	„	1.259	726	4,961
11. Metalle und Metallwaaren	„	211.251	300.629	172.834
a) Erze	„	135	303	11
b) Unedle Metalle roh und gemünzt	„	94.208	137.785	84.414
c) Metalle oder Metalllegirungen als Bruch .	„	12.768	10.696	3,333
d) Eisen u. Eisenwaaren excl. Masch., Instrum. etc.	„	88.720	128.583	73.405
e) Anderweite Waaren aus unedlen Metallen .	„	15,408	23,262	11,589
f) Edle Metalle gemünzt	„	12	--	82
Latus:	kgr	7.196,079	6,060.185	4,602,687

XIV.
Waarenmenge.

1885		1886		1887		1888	
verzollt	unverzollt	verzollt	unverzollt	verzollt	unverzollt	verzollt	unverzollt
kgr	kgr	kgr	kgr	kgr	kgr	kgr	kgr
240,866	3.784	517,479	1.241	216,664	191.548	165.895	244,917
148.257	3,007	1,513,396	2.896	2,676,450	63.962	1,395.865	553.554
2,210,361	64,223	3,017,174	24,670	2,142,863	27.138	1,515.679	185.708
24.274	2,408	2,124	499	2,332	1.137	1.682	795
1,933,082	3,183	2,877,686	317	1,925,065	2.749	1,434.473	5,378
20	—	15	—	—		192	22
1,250	513	1,212	269	137	63	41	4
7,243	15,494	32,533	777	53,638	453	3,560	45,842
15	3,799	126	1,539	33,298	3.113	98	28,408
—	76	28	82	1.679	2	494	64
38,705	34,151	47,107	3,762	21,600	7.676	2.691	30,976
3,515	4,235	55,756	17,425	75,684	11,883	4.691	73,917
202,256	364	587	—	29,430	62	67,757	312
300	14	Zahl 20	Zahl2,493	2,650	Zahl1.576	800	Zahl 1,150
491,135	245,633	4,723,680	315,487	12,973,406	1,168,839	1,531.199	8,795.959
107,830	4.390	4,074,363	2,846	12,433,302	865,486	1,058,208	8,544.830
294,497	2.714	300,898	300	244,715	1	443,597	10.414
88,808	238,529	348,419	312,341	295,389	303,352	29,394	240,715
—	6	44	20	—	1	30	40
—	—	—	—	—		—	—
—	6	44	—	—	1	30	30
—		—	20	—	—	—	10
9	267	1	7	25	6	13	17
658,832	232,439	973,650	119,247	1,182,769	139,763	1,320.445	153,504
689,903	38,394	950,324	2,872	1,169,364	10,647	1,309,262	8,070
62,122	181.300	22,425	114,942	12,413	126,290	8,729	114,807
2.744	11,597	759	1,153	847	2,696	2,452	627
4.063	1.148	142	280	145	130	2	—
465	2,777	8	1.212	110	2.292	34	2.101
150,848	6,983	2,966	362	41,104	3,866	1.440	4,049
56,735	81.629	2,015,670	43,316	358,163	86,437	7,639	60,871
—	—	—	—	—		—	298
35,537	30.183	2,009,575	1,838	344,628	787	3,437	6,729
2.024	704	602	271	1,668	11,711	2,609	1.693
12,156	46.727	4,609	38,376	10,176	66,785	1.397	50,285
7.018	4.015	880	2,231	1,673	7,120	189	1,684
—	—	4	200	18	34	7	182
3,957,802	640,762	12,764,068	508,458	19,594,204	1,683,852	5,942,039	10,060,720

Waaren-Verzeichniss	Gewicht und Stück- zahl	1882	1883	1884
	kgr	kgr	kgr	kgr
Transport:	..	7.196.079	6,060.185	4,602,687
12. Nahrungsmittel und andere Consumtibilien		225,981,030	288,369,531	206,838,566
a) Thierische Produkte	,.	2,553,921	2.364,793	2,366,840
b) Getreide, Hülsenfrüchte und Kartoffeln	.,	219.166.588	283,124.563	202,355,944
c) Mehl und Mahlprodukte . . .	..	825.297	1.003,630	397.033
d) Früchte und Gemüse		2.435,627	1,527.259	1,065.221
e) Kochsalz und Spezereien . .		331,234	223,416	482.650
f) Kaffee, Cacao, Thee		2,486	385	1,175
g) Zucker, Zuckersyrup und Melasse . .		16,318	6,140	2,852
h) Gegohrene Getränke, Mineralwasser u. Speiseöl	..	407,494	91.224	107,128
i) Confect, Conditorwaaren . . .	..	236.625	26.390	44,882
k) Tabak und Tabakfabrikation	.,	5.440	1.731	14,841
13. Nutzthiere	Stück-zahl	1,102.318	879,256	721,622
14. Papier und Pappwaaren	kgr	123,320	9.610	99,973
a) Lumpen und Halbzeug (Halbstoff zur Papierfabrikation)	.,	122,800	9.520	99.615
b) Papier und Pappe	..	520	90	358
c) Papier und Pappwaaren	.,	—	—	—
15. Sämereien und Vegetabilien, welche nicht zur menschlichen Nahrung dienen . . .	..	760.183	716,670	1,491,483
16. Steine, Steinwaaren, Thon. Glaswaaren . .	..	4.767.821	11,318.671	8.945.887
a) Erden, Steine	.,	3.984.587	10,624.716	8.388,955
b) Steinwaaren	..	205.676	222.697	174.670
c) Thonwaaren	..	569.152	468.050	374,683
d) Glaswaaren	..	8.406	3,213	7.579
17. Textilindustrie, Haare und Waaren daraus. Kleider, Leibwäsche	..	1.082.116	987.939	866.678
a) Haare v. Pferden (Rosshaare) u. v. Menschen. Federn u. sonst. Polstermaterial	,.	19.106	14.724	7.370
b) Baumwolle	,.	871.189	737.987	640,081
c) Baumwollwaaren und Watte	..	18,943	14,187	33.282
d) Seilerwaaren (Seile, Taue, Stricke) . .	..	1.199	42.582	1,993
e) Fussdecken. Filz. Wirkwaaren . . .	,.	44.256	29,447	16,677
f) Stoffe. Gewebe	..	48.040	56,987	48.861
g) Strumpfwaaren	..	154	212	255
h) Posamentir- und Knopfmacherwaaren .	..	73.886	83,797	95.878
i) Spitzen. Blonden. Stickereien	.,	216	7	4
k) Kleider. Leibwäsche, Putzwaaren . .	.,	4.617	7,363	11,547
l) Hüte. Schmuckfedern, künstl. Blumen	..	510	640	780
Summa:	kgr	239.925,763[1]	307,464.106[2]	222.845.274

[1] + 15.211 kgr Gewicht f. d. Thiere.   [2] + 1.500 kgr Gewicht f. d. Thiere.   [3] + 2,495 kgr

1885		1886		1887		1888	
verzollt	unverzollt	verzollt	unverzollt	verzollt	unverzollt	verzollt	unverzollt
kgr	kgr	kgr	kgr	kgr	kgr	kgr	kgr
3,957,802	640,762	12.764.068	508,458	19,594.204	1.683,852	5,942,039	10.000.720
308.198,008	1.584.695	296,115.426	3.145,505	234,674.349	7.665.168	267.559.865	168.234.847
1.876,331	195.766	2,414.925	28.825	2.818,843	142,109	840,380	2.021.571
304.863.298	635,432	289,902,248	1.617.581	227,280,707	3,777,559	265,894,789	159.270,984
749,104	33,211	2,904,687	15,022	3,643,489	1,783,867	180,486	4,258.968
329,470	360,771	438,339	347,064	198,627	919,352	171,756	548.442
277,836	170,311	308,192	61	621,012	29,353	391.271	128,475
—	1,312	836	70	131	282	1	494
1,499	15,304	580	118	604	7,145	343	4,722
76,326	81,913	126,347	842,561	85,809	892,409	67.157	1.876,103
5.819	6,962	1.014	154	5,774	398	3,410	1,036
18.325	83.713	18.258	294,049	19,353	112,694	10,272	124,052
910,061	22,475	939,638	17	1,105.222	3.553	961,290	3,059
30,013	603	767	107	12.236	588	5,128	2.185
18,420	283	731	3	11,069	- -	5,128	—
6	320	36	103	1,166	552	--	2,185
11,587	—	—	1	1	36	—	—
800,401	35,651	754.298	35,298	516,927	23.603	538.904	434.427
9.518,595	80.020	24.027,481	21,553	4.192,378	33.682	1,795,967	41,475
9,013.514	9,024	23.983 475	12,112	3.081,698	7.057	1.278,774	23,844
438,459	10.323	15,969	2,944	1,100,836	4,448	489,773	9.238
64,847	53.107	26,064	6,036	9,839	21,486	32,000	7,560
1,775	7,566	1,973	461	5	691	420	233
680,204	187,342	236,173	431,544	568,670	515,832	424,093	487,650
14,561	206	8,212	2	11,660	—	9.393	830
632,579	38,007	194,085	342	525,399	407	406,867	14.016
4,878	15,274	6,491	4,072	4,533	2,387	1,891	6,524
1.466	202	1,991	4.277	635	671	1,929	785
4,017	9,061	1,348	7,951	7,527	16,375	417	6.366
3,296	50,828	14,086	276,949	17,290	334,039	2,837	302.582
10	1,347	1,074	1,000	135	515	48	475
17.264	59,312	5,977	129,775	740	155,422	389	145.410
9	2	--	2	103	—	3	119
2.124	12.983	2.907	7.122	643	6.005	319	10,559
147	120	2	52	5	11		4
823,287,518[3]	2,529.117	333,898,213	4,142,559	259.559,059[4]	9,922,725	276,267,269[5]	179,201.304

Gewicht f. d. Thiere. [4] + 295 kgr Gewicht f. d. Thiere. [5] + 1.273 kgr Gewicht f. d. Thiere.

Tabelle
Einfuhr.

Waaren-Verzeichniss	1882	1883	1884
	Fr.	Fr.	Fr.
1. Abfälle	22,728	22,401	37,972
2. Brennmaterial	108,488	153,772	142.084
3. Chemische Produkte, Droguerien	3,022,366	3.451,925	4,262,755
a) Schwefel-, Salz- und Salpetersäure, Soda etc.	191.137	182,824	206,017
b) Gerbsäure, Tannin, Farbstoffe und Farben	564,354	670,849	593,327
c) Gerbstoffe u. sonstige (chem.) Produkte, Eis	2.066	6,438	5,452
d) Droguerie,Arzeneiwaaren,Gesichtsschwämme	114,873	150.360	129,495
e) Harze, Theer	223,262	205.442	242,275
f) Mineralöle, ätherische Oele, Essenzen . .	801,717	740,868	1,336,264
g) Lacke, Lackfirnisse, Leim, Kitte	91,689	109.097	100,904
h) Oel, anderweit nicht genannt, Fette . . .	106,079	134.461	146,869
i) Kerzen, Seifen, Parfümerien	716,820	952,349	1,243.055
k) Zündwaaren	210,369	299.237	259.097
4. Eisenbahnmaterial, Fahrzeuge und Möbel mit Polsterarbeit	84,467	141,676	127,343
5. Holzwaaren, Schnitzwaaren und Flechtwaaren .	1,503,152	1,609,409	2,246,966
a) Bau- und Nutzholz	793,581	1,010,304	1,652.498
b) Schnitz- und Flechtstoffe	31,301	40.300	51.072
c) Holz-, Schnitz- und Flechtwaaren	678,270	558,805	543,396
6. Kautschuk, Guttapercha, Wachstuch	102,937	151,408	133,396
a) Kautschuk	1.517	632	1,748
b) Kautschukfäden, Leinwand und Wachstuch	53.688	72,278	50,359
c) Kautschukwaaren	47.732	78.498	81,289
7. Kurze Waaren, Quincaillerien u. s. w. . . .	312.616	346.275	266,631
8. Leder, Lederwaaren, Pelzwerk (Kürschnerarbeit)	3,069,886	3.591,814	3,191,746
a) Häute und Felle	965.327	964,189	794,720
b) Leder	1,321,755	1,748,872	1,317,750
c) Lederwaaren	730.403	703,721	988,941
d) Pelzwerk (Kürschnerarbeiten)	52.401	175,082	90,335
9. Literarische und Kunstgegenstände	36,142	32,573	36,019
10. Maschinen, Instrumente und Zubehör	251,166	257,175	306,375
11. Metalle und Metallwaaren	3,241,278	3,796,937	4,083,644
a) Erze	6,168	5,999	6,067
b) Unedle Metalle roh und gemünzt . . .	726,244	815,718	777,274
c) Metalle oder Metalllegirungen als Bruch .	938,139	1,321,449	1,517,872
d) Eisen u. Eisenwaaren (exel.Masch., Instr. etc.)	1,258,708	1,301,619	1,383,561
e) Anderweite Waaren aus unedlen Metallen	307,222	350,798	398,636
f) Edle Metalle gemünzt	4.797	1,354	234
Latus:	11,755.226	13,555,365	14,834,931

XV.

Handelswerthe.

1885		1886		1887		1888	
verzollt 8°/₀	unverzollt	verzollt 8°/₀	unverzollt	verzollt 8°/₀	unverzollt	verzollt	unverzollt
Fr.	Fr.	Fr.	Fr.	Fr.	Fr.	Fr.	Fr.
31,315	9,874	24,404	10,882	37,570	18,211	67,658	26,557
103,557	123,389	145,087	188,619	182,240	155,238	141,779	189,689
4.009,615	219,604	5,030,159	1.820,872	4,689,135	1,603,054	4.530,730	762,567
184,263	3,699	232,025	73,120	274,904	107,723	302,915	50,148
559,132	7,619	835,503	290,939	684,299	537,035	991,839	185,811
4,473	127	4,271	469	4,965	263	5,242	2,271
152,667	41,379	158,480	79,145	161,105	64,463	184,006	21,956
248,611	1,639	359,340	76,702	338,195	19,354	309,354	40,470
1,105,431	60,923	1,093,042	399,460	1,251,754	452,345	1,194,802	65,399
86,404	498	99,657	22,558	116,834	43,183	134,723	7,548
168,106	12,930	309,886	194,084	460,708	78,031	402,193	119,593
1,266,793	71,700	1.650,658	535,616	1.148,197	193,581	644,150	253,458
233,735	19,090	287,697	148,779	248,174	107,076	361,506	15,913
65,216	31,679	60,947	2,884	65,631	22,302	166,354	1.072,263
1,717,206	618,378	1,533,636	231,323	2.112,286	133,813	2,118,123	901,594
1,276,040	595,332	1,058,185	47,734	1,340,225	11,010	1.369,086	748,711
38,315	967	21,307	1,961	33,556	9,404	28,448	6,831
402,851	22,079	454,144	181,628	738,505	113,399	720,589	146,049
138,065	3,445	145,069	72,949	135,650	92,927	224,565	17,749
2,112	81	4,002	878	1,845	852	4,038	425
45,950	1,664	36,736	16,068	44,535	23,914	61,930	6,238
90,003	1,700	104,331	56,003	89,270	68,161	158,597	11,086
187,456	9,246	217,285	136,123	336,758	189,004	401,560	42,050
2,136,580	755,270	3,941,689	2,686,620	2,731,819	1,057,650	3,928,427	1,048,386
205,384	661,215	369,879	1,002,833	549,219	386,647	388,938	351,375
1,395,304	47,023	1,723,931	727,285	1,609,479	543,499	2,012,670	336,123
46,587	34,984	1,807,625	942,988	529,020	116,652	1,496,773	357,774
75,305	12,048	40,254	13,514	44,101	10,852	30,046	3,114
102,786	187,771	26,494	64,677	28,033	101,918	45,550	93,860
278,750	469,599	234,628	668,406	406,056	792,468	480,588	1.221,966
3,391,135	254,171	3,129,806	1,419,109	3,588,481	3,466,439	4,776,612	936,518
3,000	20	1,098	244	396	728	3,051	42
631,052	55,594	432,113	234,391	507,275	143,592	673,256	43,196
1,180,748	10,174	1,136,660	655,091	1,340,752	842,393	1,621,557	151,544
1.273,229	93,293	1,194,595	367,888	1,282,337	2,050,646	1,941,331	619,148
302,943	95,078	364,654	159,520	451,653	273,967	537,451	122,308
163	12	686	1,975	6,068	155,113	266	250
12.161,681	2.682,426	14,489,204	7,302,464	14.313,659	7,633,024	16.881,946	6,313,196

Waaren-Verzeichniss	1882	1883	1884
	Fr.	Fr.	Fr.
Transport:	11,755.226	13,555,365	14,834,931
12. Nahrungsmittel und andere Consumtibilien	14,959,847	15,422,342	13,326.010
a) Thierische Produkte	539.197	637.428	715,918
b) Getreide, Malz, Hülsenfrüchte u. Kartoffeln	856.298	946.777	1.005,836
c) Mehl und Mahlprodukte	285,254	244.962	207,489
d) Früchte und Gemüse	744.972	712.131	888,172
e) Kochsalz und Specereiwaaren	2.580.446	3,241.357	2.561,803
f) Kaffee, Cacao, Thee	876.215	1,066,473	1,102.874
g) Zucker, Zuckersyrup und Melasse	2.753.221	2.581.329	2.568.507
h) Gegohrene Getränke, Mineralwasser u.Speiseöl	5,354.665	5,080,437	3.427.913
i) Confect, Conditorwaaren	253.872	346,764	368,594
k) Tabak und Tabakfabrikation	715.707	564.684	478,954
13. Thiere	647,023	592,873	664,119
14. Papier und Pappwaaren	679,506	888.475	840.259
a) Lumpen und Halbzeug (Halbstoff zur Papierfabrikation)	2.802	1,334	4,360
b) Papier und Pappe	594.140	772,489	706.707
c) Papier- und Pappwaaren	82.564	114.652	129.192
15. Sämereien und Vegetabilien, welche nicht zur menschlichen Nahrung dienen	48,728	64.808	80.408
16. Steine, Steinwaaren, Thon-, Glaswaaren	841.685	1.037.076	987.932
a) Erden, Steine	145.834	122,131	117.627
b) Steinwaaren	85.463	67.809	105,544
c) Thonwaaren, Porzellanwaaren	155.221	212.172	191.023
d) Glaswaaren	455.167	634.964	573.738
17. Textilindustrie, Haare und Waaren daraus, Kleider, Leibwäsche	12.632,950	17.368.636	15,625,344
a) Haare von Pferden (Rosshaare) und von Menschen, Federn und sonst. Polstermaterial	3.629	6,730	2,567
b) Baumwolle	338.632	348,781	340,729
c) Baumwollwaaren und Watte	3.788.959	6.190.604	5,025,681
d) Seilerwaaren (Seile, Taue, Stricke)	321.679	317,668	408.657
e) Fussdecken, Filz, Wirkwaaren	245.467	279,453	245.192
f) Stoffe, Gewebe	5.887,056	7.986.234	7.370,371
g) Strumpfwaaren	217.395	424.790	313,154
h) Posamentir- und Knopfmacherwaaren	119.564	142.372	176.721
i) Spitzen, Blonden, Stickereien	116.405	164.916	183.387
k) Kleider, Leibwäsche, Putzwaaren	1.463.548	1.358.047	1.389.941
l) Hüte, Schmuckfedern, künstliche Blumen	130.616	149.140	168.944
Summa:	11.564.966	48.929.575	46.359.033

1885		1886		1887		1888	
verzollt 8%	unverzollt	verzollt 8%	unverzollt	verzollt 8%	unverzollt	verzollt	unverzollt
Fr.	Fr.	Fr.	Fr.	Fr.	Fr	Fr.	Fr.
12.161.681	2.682.426	14,489,204	7,302,464	14,313,659	7,633,024	16,881.946	6,313,196
10.180.760	1.095.233	12,602,668	3,059,504	10,918,338	2,453,590	12,065,231	1,469,525
671,512	76,496	959,297	230,653	1,453,993	146,296	1,191,237	142,705
782,435	90,417	1,175,948	468,136	1,128,886	341,309	1,286,258	154,053
177,393	39,287	304,493	53,455	218,861	47,858	212,467	22,796
716,093	94,785	964,600	273,089	1,086,358	8,805	753,423	170,742
2,001,477	35,713	1,625,844	65,196	1,416,366	60,583	1,371,294	39,521
1,173,531	4,369	1,121,085	395,909	983,581	486,838	1,334,938	157,855
1,349,173	1,116	2,780,682	875,695	1,806,476	906,886	2,996,753	252,551
2,492,443	620,920	3,173,298	549,654	2,230,173	372,524	2,342,573	355,517
322,529	3,976	377,828	144,914	490,483	41,336	400,260	152,119
494,074	127,354	119,593	2,823	103,161	41,155	176,028	21,666
527,127	218,524	380,150	165,413	586,821	91,307	522,594	534,829
768,331	9,187	1,008,519	200,896	1,231,012	329,648	1,220,698	123,137
1,101	927	1,267	7	1,451	8	3,884	643
660,227	5,200	921,134	180,770	1,162,294	276,882	1,118,394	112,439
107,003	3,060	86,118	20,119	67,267	52,758	98,420	10,055
112,838	11,468	82,571	82,922	94,293	23,494	55,429	63,695
941,168	49,407	797,123	367,769	1,225,866	446,166	1,464,299	161,037
168,304	20,980	62,152	91,944	118,961	62,241	109,679	31,670
87,821	14,823	154,243	23,618	186,070	9,108	113,981	20,993
184,932	7,171	110,518	44,988	173,023	100,634	197,060	25,979
500,111	6,433	470,210	207,219	746,812	274,183	1,013,579	82,395
14,139,747	1,142,317	17,545,891	6,199,795	17,666,373	7,728,890	23,170,850	2,315,965
3,326	4,674	2,950	6,123	2,994	618	3,629	272
357,256	109,381	677,201	88,030	636,786	44,509	515,963	50,688
4,572,848	1,309	5,671,425	1,873,638	5,336,745	2,495,024	7,670,736	747,664
423,217	1,275	673,747	29,197	737,557	19,926	819,976	11,471
183,955	23,704	322,306	44,795	240,352	63,071	854,105	9,752
6,790,957	577,972	7,971,598	3,618,295	8,782,061	4,363,587	11,416,085	1,253,697
189,096	543	129,870	38,391	181,262	75,776	275,650	15,998
135,069	428,675	93,179	39,224	113,736	69,153	125,163	21,065
148,856	1,481	121,263	48,603	127,658	97,050	243,538	21,018
1,206,018	81,269	1,761,520	340,016	1,330,283	396,250	1,427,473	142,994
129,149	2,064	120,742	73,483	176,939	103,896	248,532	41,346
38,831,652	5,208,562	46,906,526	17,378,783	46,036,362	18,706,119	55,381,047	10,981,384

Tabelle XVI.

Vergleichende Tabelle der Gesammt-Handelswerthe des bulgarischen Staates mit den vier wichtigsten Gross-staaten von 1879—1889 (1. Januar bis 1. November).

Einfuhr.

Jahre	Total	Oesterreich	England	Frankreich	Deutschland
	Fr.	Fr.	Fr.	Fr.	Fr.
1879	32,137,800	—	—	—	—
1880	48.223,637	6,237,038[1]	4,336,725[1]	1,037,312[1]	50,150[1]
1881	58.467,100	14,721,238	13.555,718	3,019,800	286,875
1882	41,564,966	14,133,404	9.021,480	2,181,722	624.820
1883	48.929,575	15,275,949	13,050,315	2,757,379	1,215.426
1884	46,359,033	13,979,901	12,026,160	2 272.710	1,812.254
1885	38.831,652	10.332,589	11.116,611	1.995,039	1.950.094
1886	64,285,309	17,055,785	18,290.539	3,783,783	2.116,839
1887	64,742,481	15,276,658	21,923,776	4.140,080	2,940,161
1888	66,362,431	18,186,754	19,519,326	3,891,592	4,390,403
1889[2]	59,976,189	17,478.049	18,343,460	2,834,927	3,368.635
	569,880,173	142,677,365	141,184,105	27,914,344	18,755.657

Ausfuhr.

Jahre	Total	Oesterreich	England	Frankreich	Deutschland
	Fr	Fr	Fr.	Fr.	Fr.
1879	20,092,854	—	—	—	—
1880	33,118,200	—	—	—	—
1881	31,819,900	—	—	—	—
1882	34,252,421	2,495,416	3,983,743	4,520,618	41,394
1883	46,126,405	2,215,362	11,004,598	3,259,243	15,399
1884	35,297,160	1,535,530	11,592 268	1,518.613	62,789
1885	42,065,129	915,715	12,277,656	5,206,314	994,311
1886	50,404,314	2,452,085	4,636,018	9,623,444	89,902
1887	45 747,247	3,618,756	5,802,411	6,456,087	299,399
1888	64 198,634	2,628,669	10,275,628	13,883,006	265,012
1889	62,923,539	2,567,402	8,594,025	14,295,788	699,805
	466,045,803	18,428,935	68,166,347	58,763,113	2,468,011

[1] Vom 1. Juli bis 31. December.   [2] Vom 1. Januar bis 1. November.

Bei der Ausfuhr sind in erster Linie die Türkei, Frankreich und England zu nennen, nächstdem Oesterreich, Italien, Rumänien und die übrigen Länder.

Die officiellen statistischen Ausweise über Bulgariens Aussenhandel ergaben eine, namentlich seit 1883 stetige Zunahme der deutschen Einfuhr nach Bulgarien. An den Haupteinfuhrartikeln, welche in Textilwaaren, Kleidern, Consumtibilien, Metallen und Metallwaaren, chemischen Produkten, Droguerien, Leder, Lederwaaren, Holz-, Schnitz- und Flechtwaaren, Stein-, Glaswaaren, Papier und Pappwaaren bestehen, ist Deutschland vorwiegend mit Textilwaaren, Kleidern, Eisenbahnmaterial, Metallen und Metallwaaren, Leder und Lederwaaren, chemischen Produkten, Droguerien, Consumtibilien, Maschinen, Papier und Pappwaaren, Holz- und Schnitzwaaren, sowie Kurzwaaren[1] betheiligt.

Da Bulgarien keinen Hafen am Mittelmeer besitzt, — im Vertrage von San Stefano war Kavala als solcher vorgesehen — so bewegt sich ein Drittheil des Gesammthandels über die Seehäfen am Schwarzen Meere, namentlich über Varna (1886 betrug die Ausfuhr 9,836,080 Fr. 19,51 % des Gesammthandels; 1887: 8,376,789 Fr. 18,31 %, 1888: 11,630,055 Fr. 18,12 %); Burgas (Ausfuhr 1886: 4,548,516 Fr.; 1887: 2,069,858 Fr.; 1888: 4,311,133 Francs); Balčik (Ausfuhr 1886: 2,125,476 Francs; 1887: 1,999,898 Fr.; 1888: 3,750,053 Fr.); Anhialos (Ausfuhr 1886: 639,815 Fr.; 1887: 417,409 Fr.; 1888: 772,763 Fr.) bei einer Gesammtausfuhr von 50,404,314 Fr. in 1886; 45,747,247 Fr. in 1887 und 64,198,634 Fr. im Jahre 1888.

---

[1] Der Waarenverkehr im Jahre 1888 aus Oesterreich-Ungarn hob sich um 4 %, derjenige Deutschlands um 2¼ im Vergleich zum Vorjahr. Frankreich, Russland und Italien haben einen Rückgang erlitten, während die Türkei einen Stillstand aufweist. England, Oesterreich-Ungarn, Deutschland, Russland, Belgien und Serbien führen mehr Waaren ein, als sie erhalten, während dies bei der Türkei, Frankreich und Griechenland nicht der Fall ist.

Tabelle

Uebersichts-Tabelle über den Einfuhr-Handel

Waaren-Verzeichniss	Gewicht, Maass und Zahl	Waaren-Menge					
		1885		1886		1887	
		verzollt	unverzollt	verzollt	unverzollt	verzollt	unverzollt
	kgr	kgr	kgr	kgr	kgr	kgr	kgr
Nutzthiere	,,	—	—	—	—	Zahl 8	—
Nahrungsmittel und andere Consumtibilien	,,	31,664	3,325	34,112	6,208	55.536	3,231
a) Thierische Produkte	,,	2.882	28	3,083	143	3,494	6
b) Getreide, Malz. Hülsenfrüchte und Kartoffeln		72	205	—	—	1,000	—
c) Mehl und Mahlprodukte .		7.634	9	5.982	255	7,042	665
d) Früchte und Gemüse . .		116	52	531	15	10,088	10
e) Kochsalz und Spezereien . .	,,	2.520	—	584	120	684	—
f) Kaffee, Cacao, Thee	,,	2,100	102	424	1	1,184	39
g) Zucker, Zuckersyrup u. Melasse	,,	2,200	—	3,860	4.614	2,564	—
h) Gegohrene Getränke. Mineralwasser und Speiseöl . . .	,,	11,269	2,907	14,122	983	23.158	2,257
i) Confect, Conditorwaaren . .	,,	1,937	21	4,171	66	5.301	210
k) Tabak und Tabakfabrikation	,,	934	1	1,355	11	921	44
Sämereien u. Vegetabilien, welche nicht zur menschlichen Nahrung dienen	,,	2	50	299	0.500	25	8
Abfälle	,,	3		100	--	55	--
Brennmaterial		—	1	--	--.	—	—
Chemische Produkte, Droguerien	,,	30.586	15.406	62,581	23,357	72,852	22.030
a) Schwefel-, Salz- und Salpetersäure. Soda etc.		1,429		16,281	52	1.982	1,240
b) Gerbsäure. Tannin. Farbstoffe und Farben		10,926	16	10,298	747	14,254	5,094
c) Gerbstoffe und sonstige chemische Produkte. Eis . . .	,,	40	—	51		8	—
d) Droguerien . Arzeneiwaaren, Gesichtsschwämme	,,	1,680	8	1.072	35	6.297	216
e) Harze, Theer	,,	34	1	557	19,561	1,217	341
f) Mineralöle, ätherische Oele, Essenzen		643	15,387	1.595	—	745	136
g) Lacke, Lackfirnisse, Leim. Kitte		5.511	--	14,873	383	29,708	3.309
h) Oel anderweit nicht genannt. Fette	,,	1.915	1	2.634	366	2.701	1,721
Latus:	kgr	62.255	18.782	97.092	30,065	Zahl 8 128.468	25.269

XVII.

Bulgariens mit Deutschland von 1885—1888.

					Handels-Werthe		
1888		1885		1886		1887	
verzollt	unverzollt	verzollt	unverzollt	verzollt	unverzollt	verzollt	u
kgr	kgr	Fr.	Fr.	Fr.	Fr.	Fr.	
Zahl 7	—	—	—	—	—	800	
181,999	16,037	77.173	4,091	89,969	6,535	89,437	
1,428	372	3,881	95	3,472	256	2,863	
—	2	230	24	—		270	
10,894	2	7,514	21	7,454	255	8,080	
5	6	70	252	446	40	3,171	
47,652	—	8.950	—	1,178	128	2,419	
2,671	5	5,258	216	1,205	15	6,387	
38,914	15,111	1,400	—	3.231	3,886	1,432	
74,057	479	18.254	3,282	21,304	1,207	27,627	
5,407	59	3,765	91	9,235	477	9,598	
971	1	27,846	10	41,744	271	27,590	
704	44	72	250	499	5	30	
1,085	--	390	--	5		288	
—	--	—	4	—	—		
119,785	6,815	71,979	25,862	122,287	23,335	154,683	
1,313	—	529	—	10,230	18	1,172	
21,988	4,378	28,090	48	56,886	2,480	46,822	1
237	--	155	—	192	—	40	
8,105	4	8,277	16	6,114	100	45,901	
891	23	274	5	818	14,835	1,004	
3,437	3	3.301	25,750	5,747	—	1,994	
36,046	501	6,362	—	10,541	566	19,693	
2.984	1,593	2,522	5	3,031	286	1,970	
Zahl 7 303,573	22,896	149,614	30,207	212,760	29,875	245.238	

Waaren-Verzeichniss	Gewicht, Maass und Zahl	Waaren-Menge					
		1885		1886		1887	
		verzollt	unverzollt	verzollt	unverzollt	verzollt	unverzollt
	Kilogr.	kgr	kgr	kgr	kgr	kgr	kgr
Transport:	.,	62.255	18.782	97,092	30.065	Zahl 8 128,468	25,269
i) Kerzen. Seifen, Parfümerien	..	1,681	2	7,311	33	8,737	370
k) Zündwaaren	,.	6.697	—	7,909	2,180	7,302	9,603
7. Steine, Steinwaaren, Thon. Glas-							
waaren	,.	26,218	700	18.268	390	40.085	7,095
a) Erden, Steine	,,	1.497	5	1,574	—	15,568	2
b) Steinwaaren	..	130	—	120	—	570	2,850
c) Thonwaaren, Porzellanwaaren	,.	12,615	495	11.422	371	16,653	3,876
d) Glaswaaren	.,	11,994	200	5,152	19	7,894	367
8. Metalle und Metallwaaren . .	,,	1,494,624	5,337	1,012.461	88,634	1,264,852	107,136
a) Erze	..	616	—	190	—	95	—
b) Unedle Metalle, roh und ge-							
münzt		393,889	—	69,451	11,104	75,247	32,142
c) Metalle od. Metalllegirungen							
als Bruch	.,	205,700	3	575,393	22,887	598.249	37,648
d) Eisen und Eisenwaaren mit							
Ausnahme von Maschinen,							
Instrumenten u. s. w.		887,347	4,939	361,376	53,745	583,613	31,291
e) Anderweite Waaren aus un-							
edlen Metallen	,.	7,072	395	5,451	897	7,648	5,155
f) Edle Metalle, gemünzt . .	.,	—	—	500	1	—	1
9. Holzwaaren, Schnitzwaaren und							
Flechtwaaren	..	11.273	17	13,167	106	7,364	3.121
a) Bau- und Nutzholz	,.	—	—	4	--	1,900	—
b) Schnitz- und Flechtstoffe . .	..	431	—	184	2	262	10
c) Holz-. Schnitz- und Flecht-							
waaren	.,	10 842	17	12.979	104	5,202	3.111
0. Papier und Pappwaaren . . .	,,	19,025	640	56.519	3,740	12,525	12,275
a) Lumpen u. Halbzeug (Halb-							
stoff zur Papierfabrikation) .	,,	—	—	—	—	—	—
b) Papier und Pappe	,,	11.426	81	52,817	3,546	9,455	10,713
c) Papier- und Pappwaaren .	,.	7,599	559	3.702	1	3,070	1,562
1. Leder, Lederwaaren, Pelzwerk							
(Kürschnerarbeit)		16,855	118	24,618	1.303	35,778	1,125
a) Haute und Felle		1.746	4	1,890	1,240	10,058	954
b) Leder		11.288	2	9,657	2	22,813	492
c) Lederwaaren		1.368	112	11.463	45	1,520	479
d) Pelzwerk (Kürschnerarbeit) .		2.453		1,608	16	1,387	—
Latus:	kgr	1,630,250	25,594	1,222,125	124,238	Zahl 8 1,489,072	156,021

				Handels-Werthe					
1888		**1885**		**1886**		**1887**		**1888**	
verzollt	unverzollt	verzollt	unverzollt	verzollt	unverzollt	verzollt	unverzollt	verzollt	unverzollt
kgr	kgr	Fr.	Fr.	Fr.	Fr.	Fr.	Fr.	Fr.	Fr.
Zahl 7 303.573	22,896	149.614	30.207	212.760	29.875	245.238	65.658	399.586	23.837
4,373	86	4,808	8	11,995	56	15.139	1,392	14.626	593
40,411	227	17,661	—	16,733	4,994	20.948	28,931	105.929	274
38,942	1,547	32,483	1.242	24.655	878	36,019	7,330	33,796	582
20,370	—	558	15	1,203	—	7,473	4	7.109	—
566	1,493	87	—	120	—	545	1,337	133	400
3,679	34	12,057	557	12,656	715	15,672	4.589	3.182	80
14,327	20	19.781	670	10,676	163	12,329	1,400	23.372	102
1,566,935	83,203	734,932	5,032	420,516	67.619	615.945	113,606	830,589	88,455
12	—	352	—	209	—	172	-	88	—
333,073	10.135	101,273	—	21,552	6,328	33,116	16,800	77,382	5.290
324,596	1,079	78,204	15	128,605	8,129	174,455	17,445	101,776	1.095
896,668	70,402	518,529	2,666	242,086	45,193	371,945	54,263	602,145	75,399
12,586	1,587	36,574	2,351	28,036	7,549	36,257	25,028	49.192	6,669
500	—	—	—	30	720		60	6	—
19,489	2,100	23,732	38	16.711	265	17,532	8,662	32.047	5.230
—	—	—	—	45	—	750	—	—	—
220	1	3,293	—	1,580	10	1,428	88	1.196	10
19,269	2,099	20,439	38	15,086	255	15,354	8.574	30,851	5,220
131,611	1,885	29,021	2,214	32,051	3,118	16,988	18,023	108,728	4.937
21	—	—	—	—	—	—	—	183	—
122,843	1,715	11,610	178	24,389	3.115	8,141	8.115	87,366	4.406
8,747	170	17.411	2.036	7,662	3	8,847	9,908	21,179	531
35,584	2,285	143,940	931	136,589	53,333	276,661	43,120	302.760	8.376
8,413	2,047	22,191	100	28,292	46,460	103,707	33,718	131,086	5,048
16,491	—	77,662	25	64,611	5,334	134,505	3,161	114,943	—
7,455	237	15,622	806	35,053	381	13,552	6,241	47,479	3,318
3,225	1	28.465	—	8,633	1,158	24,897	—	9,251	10
Zahl 7 2,096,134	113,916	1,113,722	39,664	843,282	155,088	1,208,383	256,399	1,707,506	131,417

Waaren-Verzeichniss	Gewicht, Maass und Zahl	Waaren-Menge					
		1885		1886		1887	
		verzollt	unverzollt	verzollt	unverzollt	verzollt	unverzollt
		kgr	kgr	kgr	kgr	kgr	kgr
Transport:		1,630,250	25,594	1.222.125	124,238	Zahl 8 1,489,072	156,021
12. Textilindustrie, Haare und Waaren daraus, Kleider, Leibwäsche	{Zahl	1,092	—	1,778	—	1.091	459
	{kgr	92.814	3,354	90.985	4.831	166,219	13,391
a) Haare von Pferden (Rosshaare) und von Menschen, Federn und sonstiges Polstermaterial	„	84	—	1,500	—	2	—
b) Baumwolle	„	2.632	5	63	—	1,235	1,323
c) Baumwollwaaren und Watte	„	16,342	4	12,017	—	16,449	384
d) Seilerwaaren (Seile, Taue, Stricke)	„	2.666	1	6,524	—	9.855	184
e) Fussdecken, Filz, Wirkwaaren	„	6.293	651	980	400	1,651	27
f) Stoffe, Gewebe	„	49,859	1,294	62,384	1,966	129,325	10,252
g) Strumpfwaaren	„	2.732	—	1,822	—	1,304	16
h) Posamentir- u. Knopfmacherwaaren	„	4,400	500	1,840	7	2,084	46
i) Spitzen, Blonden, Stickereien	„	825	3	1,052	2	654	248
k) Kleider, Leibwäsche, Putzwaaren	„	6,633	1,396	2,729	2,776	3,328	824
l) Hüte, Schmuckfedern, künstliche Blumen	{Zahl	1,092	—	7,778	—	1,091	459
	{kgr	348	—	74	80	332	87
13. Kautschuk, Guttapercha, Wachstuch	„	3,011	508	4,396	—	2,475	265
a) Kautschuk	„	169	—	305	—	167	—
b) Kautschukfäden, Leimwand und Wachstuch	„	810	5	1,783	—	366	34
c) Kautschukwaaren	„	2,032	503	2,308	—	1,142	231
14. Eisenbahnmaterial, Fahrzeuge und Möbel mit Polsterarbeit	{Zahl	10	—	25	—	400	1
	{kgr	110	—	—	—	64	—
15. Maschinen, Instrumente und Zubehör	{Zahl			25	1	—	
	{kgr	16,509	46,313	16,095	168,838	29,002	127,361
16. Kurze-Waaren, Quincaillerien etc.		2,114	4	1,912	51	2,965	240
17. Literarische und Kunstgegenstände	„	196	1,470	111	692	185	181
Summa:	Zahl	1,102	—	1,803	1	1,163	460
	kgr	1,745,004	77,243	1,335,649	297,650	1,690,318	297,459

Handels-Werthe

1888 verzollt	1888 unverzollt	1885 verzollt	1885 unverzollt	1886 verzollt	1886 unverzollt	1887 verzollt	1887 unverzollt	1888 verzollt	1888 unverzollt
kgr	kgr	Fr.	Fr.	Fr.	Fr.	Fr.	Fr.	Fr.	Fr.
Zahl 7 2,096,134	113,916	1,113,722	39,664	843,282	155,088	1,208,383	256,399	1,707,506	131,417
1,030	18	—	—	—	—	—	—	—	—
212,440	5,422	685,255	9,986	527,335	46,041	883,722	170,498	1,055,338	42,296
—	1	348	—	600	—	25	—	—	3
1,792	253	4,383	25	609	27	1,865	11,374	7,826	2,550
19,025	706	62,855	28	57,201	244	62,310	2,380	63,042	5,457
25,138	1	5,364	2	13,827	—	21,937	596	49,554	5
1,265	500	41,667	2,450	10,550	2	10,917	134	8,078	8
155,401	2,838	416,084	4,364	367,718	41,770	704,388	143,423	803,987	28,256
2,539	112	25,895	—	15,959	38	11,121	133	30,463	666
2,060	106	38,092	3	15,103	268	15,373	852	18,262	1,902
1,716	3	21,374	8	17,934	27	12,561	2,854	31,253	49
3,139	1,399	62,916	3,106	22,375	3,365	33,682	6,194	45,331	3,102
1,030 365	18 3	6,277	—	5,459	200	8,793	2,558	7,542	298
3,528	126	16,950	59	29,916	—	17,788	2,844	27,711	750
39	—	495	—	2,030	—	505	—	394	—
596	77	3,624	28	7,192	—	868	217	3,995	114
2,893	49	12,831	31	20,694	—	16,415	2,627	23,325	636
6 1,925	220 219,800	1,181	—	15	—	120	65	1,568	1,012,800
192 26,731	15 149,299	103,012	78,945	84,649	63,501	176,977	129,132	146,223	130,765
4,121	60	28,522	26	47,184	14,939	77,771	9,952	95,168	3,094
429	737	1,452	2,821	836	4,353	1,354	5,206	1,747	4,022
1,235 2,345,308	253 489,360	1,950,094	131,501	1,533,217	283,322	2,366,115	574,096	3,035,261	1,355,144

Tabelle
Uebersichts-Tabelle über den Ausfuhr-Handel

Waaren-Verzeichniss	kgr	Waaren-Menge			
		1885		1886	
		verzollt	unverzollt	verzollt	unverzollt
	kgr	kgr	kgr	kgr	kgr
2. Nahrungsmittel u. andere Consumtibilien	„	12.511,995	205	1.171,438	2,082
a) Thierische Produkte	„	—	—	—	—
b) Getreide, Malz, Hülsenfrüchte und Kartoffeln	„	12.511.995	—	1.171,438	—
h) Gegohrene Getränke, Mineralwasser und Speiseöl	„	—	205	—	—
k) Tabak und Tabakfabrikation	„	—	—	—	2.082
4. Abfälle	„	—	—	—	—
6. Chemische Produkte, Droguerien	„	133.840	425	20	2
b) Gerbsäure, Tannin, Farbstoffe u. Farben	„	10.000	—	—	—
i) Kerzen, Seifen, Parfümerien	„	—	425	20	2
k) Zündwaaren	„	123.840	—	—	—
8. Metalle und Metallwaaren	„	—	—	195	—
b) Unedle Metalle roh und gemünzt	„	—	—	191	—
e) Anderweite Waaren aus unedlen Metallen		—	—	—	—
f) Edle Metalle gemünzt		—	—	4	—
9. Holzwaaren, Schnitzwaaren u. Flechtwaaren	„	—	—		
e) Holz-, Schnitz- und Flechtwaaren	„	—	—		
11. Leder, Lederwaaren, Pelzwerk (Kürschnerarbeit)	„	90	—	260	490
a) Häute und Felle	„	—	—	260	—
b) Leder	„	—	—	490	—
d) Pelzwerk (Kürschnerarbeiten)	„	90	—	100	—
12. Textilindustrie, Haare und Waaren daraus, Kleider, Leibwäsche		4,895	17	16	6
a) Haare von Pferden (Rosshaare) und von Menschen, Federn und sonstiges Polstermaterial	„	4.895	—	—	—
e) Fussdecken, Filz, Wirkwaaren	„	—	—	13	—
g) Strumpfwaaren	„	—	17	3	—
k) Kleider, Leibwäsche, Putzwaaren	„	—	—	—	6
15. Maschinen, Instrumente und Zubehör	„	—	—	—	6
16. Kurze Waaren, Quincaillerien u. s. w.	„	—	78	—	400
17. Literarische und Kunstgegenstände	„	—	—	—	3
Sa.	kgr	12.650.820	725	1.171.929	2,989

XVIII.
Bulgariens mit Deutschland von 1885—1888.

			Handels-Werthe				
1887		1885		1886		1887	
verzollt	unverzllt.	verzollt	unverzollt	verzollt	unverzollt	verzollt	unverzollt
kgr	kgr	Fr.	Fr	Fr.	Fr.	Fr.	Fr.
2.934.422	—	952,818	64	71,704	4,164	294,642	—
48,190	—	—	—	—	—	27,311	—
2.886,232	—	952,818	—	71,704	—	165,331	—
—	—	—	64	—	—	—	—
—	—	—	—	—	4,164	—	—
19.375	—	—	—	—	—	892	—
210	—	25,422	102,797	6,000	1,394	94,673	—
—	—	940	—	—	—	—	—
210	—	—	102,797	6.000	1,394	94,673	—
—	—	24,482	—	—	—	—	—
400	—	—	—	850	—	40	—
—	—	—	—	150	—	—	—
400	—	—	—	—	—	40	—
—	—	—	—	700	—	—	—
5	—	—	—	—	—	150	—
5	—	—	—	—	—	150	—
739	—	989	—	1,097	3,500	2,828	—
739	—	—	—	1.077	—	2,828	—
—	—	—	—	—	3,500	—	—
—	—	989	—	20	—	—	—
1,413	—	15,082	150	430	200	6,054	—
1,409	—	15,082	—	—	—	6,019	—
—	—	—	—	400	—	—	—
1	—	—	150	30	—	15	—
3	—	—	—	—	200	20	—
7	—	—	—	—	120	120	—
—	—	—	1,200	—	423	—	—
—	—	—	—	—	20	—	—
2,956.571	—	994,311	104.211	80,081	9,821	399,399	—

Tabelle XVIII (Fortsetzung).

Uebersichts-Tabelle über den Ausfuhr-Handel Bulgariens mit Deutschland von 1888.

Waaren-Verzeichniss	kgr	Waaren-Menge 1888		Handels-Werthe 1888	
		verzollt	unverzollt	verzollt	unverzollt
	kgr	kgr	kgr	Fr.	Fr.
2. Nahrungsmittel und andere Consumtibilien		2,089.282	1.804,776	115,968	126,092
a) Thierische Produkte	..	3	—	5	—
b) Getreide, Malz, Hülsenfrüchte u. Kartoffeln		2.089.276	1.804,776	115,873	126,092
k) Tabak und Tabakfabrikation .		3	—	90	—
3. Sämereien und Vegetabilien, welche nicht zur menschl. Nahrung dienen		—	3.120	—	600
6. Chemische Produkte, Drognerien .		11	—	6.268	—
i) Kerzen, Seifen, Parfümerien .		11	—	6,268	—
8. Metalle und Metallwaaren . . .		11	—	75	—
d) Eisen u. Eisenwaaren mit Ausnahme v. Maschinen, Instrumenten u.s.w.		11	—	50	—
e) Anderweite Waaren aus unedlen Metallen		200	—	25	—
9. Holzwaaren, Schnitzwaaren u. Flechtwaaren		—	600	—	160
e) Holz-, Schnitz- u. Flechtwaaren		—	600	—	160
11. Leder, Lederwaaren, Pelzwerk (Kürschnerarbeit) . .		2,355		9,351	—
a) Häute und Felle .		2.345	—	9.241	—
b) Leder .		10	—	110	—
12. Textilindustrie, Haare und Waaren daraus, Kleider, Leibwäsche .		6,002		5,553	—
b) Baumwolle	.,	6,000		5.498	—
k) Kleider, Leibwäsche, Putzwaaren	..	2		55	—
16. Kurze Waaren, Quincaillerien .	..	1	—	915	—
Sa.	kgr	2,097,662	1.805,496	138,160	126,852

Unter den Donauhäfen nimmt Svištov (Sistova) die erste
Stelle ein mit einer Ausfuhr von 2.708,852 Fr. im Jahre 1886,
3,204.006 Fr. in 1887 und 4,879.375 Fr. in 1888, sodann Rusčuk
mit 2.055,378 Fr. in 1886, 2.078,448 Fr. in 1887 und 4,064.484 Fr.
in 1888. Silistra mit 1.924.246 Fr. in 1886, 1.472.017 Fr. in 1887,
2,140,997 Francs in 1888, Nikopol mit 1,079.244 Francs in 1886,
1,404.710 Fr. in 1887 und 2.499,518 Fr. in 1888, Vidin mit
1,017,585 Fr. in 1886, 1,339,239 Fr. in 1887 und 2,587,796 Fr.
in 1888, ferner Tutrakan, Rahova und Lom.

Unter den Zollämtern an der Serbischen Grenze ist Zaribrod das bedeutendste mit einer Ausfuhr von 195.563 Fr. 1886,
199,483 Fr. 1887 und 262,910 Fr. 1888.

Von den Zollämtern an der türkischen Grenze sind hervorzuheben: Harmanly mit einer Ausfuhr von 4,191,631 Fr. im Jahre
1886, 3,852.238 Fr. 1887 und 2.962,328 Fr. 1888, ferner Vakuf
mit 1,737,963 Fr. 1886, 2,273,211 Fr. 1887 und 1.882,434 Fr. 1888.

Die wichtigsten Zollstationen im Inneren des Landes sind
Jambol mit einer Ausfuhr von 2,060.627 Fr. 1886, 1.197.681 Fr.
1887, 1,535,262 Fr. 1888. Nova-Zagora mit 2.012.346 Fr. 1886,
1,283,452 Fr. 1887 und 1,797,034 Fr. 1888, Philippopel mit
1,859,654 Fr. 1886, 1.890,112 Fr. 1887 und 2.103.647 Fr. 1888.
Bemerkenswerth ist der Bericht des Zollamtes Šipka (Kazanlik),
dessen Ausfuhr im Jahre 1886 nur 21,512 Fr., dagegen 1887
1,206.212 Fr. betrug und 1888 856,919 Fr.

Der Einfuhrzoll beträgt 8 % ad valorem, der Ausfuhrzoll
1 % und der Zoll bei Transitverkehr ebenfalls 1 %.

Der Getreideexport geht hauptsächlich über die Donau und
das Schwarze Meer, während die Viehausfuhr mehr nach der
Europäischen und Asiatischen Türkei gerichtet ist. Neben den
Cerealien ist ein weiterer Hauptexportartikel Rosenöl[1] aus Süd-
Bulgarien, ferner Thiere und thierische Produkte, Felle, Häute,
Stoffe, sonstige Gewebe, Wolle, Leder, chemische Produkte u. s. w.

---

[1] Die Ausfuhr an Rosenöl betrug 1886: 762,764 Fr., 1887: 2,062.951 Fr.,
1888: 1,850.221 Fr.

Tabelle XIX.

Der äussere Handel des Fürstenthums Bulgarien nach Ländern detaillirt geordnet von den Jahren 1881—1889.

A. Der äussere Handel des Fürstenthums Bulgarien nach Ländern detaillirt geordnet von den Jahren 1881—1883.

Länder	Einfuhr			Ausfuhr			Verhältniss der Einfuhr zur Ausfuhr	in Procenten der Einfuhr	in Procenten der Einfuhr
	1881	1882	Unterschied für 1882 −/+	1881	1882	Unterschied für 1882 −/+	1881	1881	1882
	Fr.	Fr.	Fr.	Fr.	Fr.	Fr.	%		%
1. Oesterreich . . .	14.721.238	14.133.404	— 587.834	fehlt	2.495.416	—	—	—	17,66
2. England . . .	13.555.713	9.021.480	— 4.534.233	—	3.983.743	—	—	—	44,16
3. Belgien . . .	fehlt	247.517	+ 247.517	—	41.394	—	—	—	6,62
4. Deutschland . .	286.875	624.820	+ 337.945	—	115.822	—	—	—	33,38
5. Griechenland . .	fehlt	346.902	+ 346.902	—	5.278.240	—	—	—	444,71
6. Ost-Rumelien . .	fehlt	1.186.900	+ 1.186.900	—	243.756	—	—	—	14,75
7. Italien . . .	5.833.875	1.651.703	— 4.182.172	—	8.387.546	—	—	—	275,92
8. Rumänien . . .	8.506.588	3.039.885	— 5.466.701	—	15.950	—	—	—	1,25
9. Russland . . .	1.206.637	1.270.888	+ 64.251	—	fehlt	—	—	—	—
10. Vereinigte Staaten .	fehlt	747.694	+ 747.694	—	499.956	—	—	—	39,69
11. Serbien . . .	1.973.487	1.259.672	— 713.815	—	8.669.980	—	—	—	164,57
12. Türkei . . .	6.528.687	5.264.947	— 1.263.740	—	4.520.618	—	—	—	207,20
13. Frankreich . . .	3.019.800	2.181.722	— 838.078	—	—	—	—	—	—
14. Holland . . .	fehlt	15.184	+ 15.184	—	—	—	—	—	—
15. Schweiz . . .	fehlt	570.246	+ 570.246	—	—	—	—	—	—
16. Unbekannte Staaten	2.834.200	fehlt	— 2.834.200	—	—	—	—	—	—
Total:	58.467.100	41.564.966	16.902.134	fehlt	34.252.421	—	—	—	82,41

Länder	Einfuhr 1882 Fr.	Einfuhr 1883 Fr.	Unterschied für 1883 −/+ Fr.	Ausfuhr 1882 Fr.	Ausfuhr 1883 Fr.	Unterschied für 1883 −/+ Fr.	Verhältniss der Einfuhr zur Ausfuhr, in Procenten der Einfuhr 1882 %	in Procenten der Einfuhr 1883 %
1. Oesterreich	14,133,404	15,275,949	+ 1,142,545	2,195,416	2,215,362	− 280,054	17,66	14,50
2. England	9,021,480	13,050,315	+ 4,028,835	3,983,743	11,004,598	+ 7,020,855	44,16	84,32
3. Belgien	247,517	381,569	+ 134,052	fehlt	fehlt	—	—	1,27
4. Deutschland	624,820	1,215,426	+ 590,606	41,394	15,389	− 25,995	6,62	1,27
5. Griechenland	346,902	500,285	+ 153,383	115,922	1,813	− 114,009	33,38	0,36
6. Ost-Rumelien	1,186,900	1,221,422	+ 34,522	5,278,240	7,933,888	+ 2,655,648	444,71	649,56
7. Italien	1,651,703	1,814,537	+ 162,834	243,756	351,645	+ 107,889	14,75	17,39
8. Rumänien	3,039,887	3,231,897	+ 192,010	8,387,546	8,890,295	+ 502,751	275,92	275,08
9. Russland	1,270,888	2,138,778	+ 867,890	15,950	28,231	+ 12,284	1,25	1,32
10. Vereinigte Staaten	717,691	599,217	− 148,477	fehlt	fehlt	—	—	—
11. Serbien	1,259,672	776,906	− 482,766	499,956	455,308	− 44,648	39,69	58,61
12. Türkei	5,264,947	5,330,228	+ 65,281	8,669,980	9,571,632	+ 901,652	164,67	179,57
13. Frankreich	2,181,722	2,757,379	+ 575,657	4,520,618	3,259,243	− 1,261,375	207,20	118,20
14. Holland	17,184	51,914	+ 34,730	fehlt	fehlt	—	—	—
15. Schweiz	570,246	583,753	+ 13,507	fehlt	fehlt	—	—	—
16. Unbekannte Staaten	fehlt	fehlt	—	fehlt	2,398,886	+ 2,398,886	—	—
Total:	41,561,966	48,929,575	+ 7,364,609	34,252,421	46,126,405	+ 11,853,984	82,41	94,27

B. Der äussere Handel Ost-Rumeliens (Süd-Bulgarien) nach Ländern detaillirt geordnet von Jahre 1882–1883.

Länder	Einfuhr			Ausfuhr		
	1883	1882	Proportioneller Unterschied für 1883 + − in %	1883	1882	Proportioneller Unterschied für 1883 + − in %
	Piaster	Piaster	%	Piaster	Piaster	%
1. Bulgarien	23,677,477	25,991,200	− 8,90	19,662,513	18,631,783	+ 5,53
2. Türkei	23,916,327	3,694,263	+ 547,40	20,577,962	8,179,986	+ 273,84
3. Oesterreich	1,483,211	478,004	+ 210,30	499,247	381,692	+ 30,79
4. Serbien	1,536,708	1,524,223	+ 0,81	1 196,482	938,601	+ 27,47
5. Russland	1,447,542	1,840,263	− 20,04	204,806	551,906	− 62,89
6. Rumänien	1,861,647	585,181	+ 218,11	1,014,050	882,101	+ 14,96
7. Griechenland	89,443	—	—	118,368	69,245	+ 70,93
8. Frankreich	226,171	237,523	− 4,77	9,261,544	9,668,396	− 4,40
9. England	207,107	40,482	+ 411,60	1,402,778	1,243,995	+ 12,76
10. Andere Staaten	301,232	25,039	+ 103,00	162,214	—	—
Total:	54,749,868	34,386,178	+ 20,363,690	63,099,964	40,547,707	+ 23,552,257

C. Der äussere Handel des Fürstenthums Bulgarien nach Ländern detaillirt geordnet von den Jahren 1884 und 1885.

Länder	Einfuhr				Ausfuhr			
	1884	1885	Unterschied für 1885 der Einfuhr — +	%	1884	1885	Unterschied für 1885 der Ausfuhr — +	%
	Fr.	Fr.	Fr.	%	Fr.	Fr.	Fr.	%
1. Oesterreich	13,979,901	10,332,589	— 3,647,312	— 26,09	1,535,530	915,715	— 619,815	— 40,37
2. England	12,026,160	11,116,611	— 909,549	— 7,56	11,592,268	12,277,656	+ 685,388	+ 5,90
3. Belgien	411,203	462,742	+ 51,539	+ 12,53	—	552,604	+ 552,604	—
4. Deutschland	1,812,254	1,950,094	+ 137,840	+ 7,61	62,789	994,311	+ 981,522	+ 1483,57
5. Griechenland	412,827	378,131	— 34,696	— 8,40	49,630	104,718	+ 55,088	+ 111,00
6. Ost-Rumelien	857,463	258,283	— 599,180	— 69,88	5,401,613	4,136,810	— 1,264,803	— 23,42
7. Italien	1,185,707	899,183	— 286,524	— 24,17	828,628	1,678,885	+ 850,257	+ 102,61
8. Rumänien	3,892,227	3,390,611	— 501,616	— 12,89	2,373,644	3,347,993	+ 974,349	+ 41,05
9. Russland	2,159,227	1,780,498	— 378,729	— 17,53	14,576	9,827	— 4,749	— 32,58
10. Vereinigte Staaten	614,850	249,392	— 395,458	— 61,33	—	—	—	—
11. Serbien	687,135	582,839	— 104,296	— 15,18	335,323	72,806	— 262,517	— 78,29
12. Türkei	5,448,295	4,798,828	— 649,467	— 11,92	8,705,507	8,251,627	— 453,880	— 5,21
13. Frankreich	2,272,710	1,995,039	— 277,671	— 12,22	1,518,613	5,206,314	+ 3,687,701	+ 242,83
14. Holland	5,957	42,488	+ 36,531	+ 613,25	—	—	—	—
15. Schweiz	563,117	594,324	+ 31,207	+ 5,54	31,392	2,290	— 29,102	— 92,71
16. Unbekannte Staaten	—	—	—	—	2,847,647	4,513,573	+ 1,665,926	+ 58,50
Total:	46,350,033	38,834,652	— 7,527,381	— 16,24	35,297,160	42,065,129	+ 6,667,969	+ 19,17

9

D. Der äussere Handel Bulgariens von 1886, 1887, 1888 nach Ländern geordnet.

1. Einfuhr.

Länder	1886 Fr.	1887 Fr.	Unterschied für 1887 +/− Fr.	1887 Fr.	1888 Fr.	Unterschied für 1888 +/− Fr.
1. Oesterreich-Ungarn .	17,055,785	15,276,658	− 1,779,127	15,276,658	18,186,754	+ 2,910,096
2. England . . .	18,290,539	21,923,776	+ 3,633,237	21,923,776	19,519,326	− 2,404,450
3. Belgien . . .	638,125	1,061,580	+ 423,455	1,061,580	1,333,776	+ 272,196
4. Deutschland .	2,116,839	2,940,161	+ 823,322	2,940,161	4,390,403	+ 1,450,242
5. Griechenland .	479,692	356,957	− 122,735	356,957	285,589	− 71,368
6. Italien . . .	1,371,316	1,115,763	− 255,553	1,115,763	1,017,334	− 98,429
7. Rumänien . .	3,279,638	2,924,753	− 354,885	2,924,753	2,204,042	− 720,711
8. Russland . .	3,596,169	3,277,412	− 318,757	3,277,412	3,009,139	− 269,273
9. Serbien . . .	844,853	793,602	− 51,251	793,602	1,484,331	+ 690,729
10. Vereinigte Staaten .	528,141	421,247	− 106,894	421,247	144,668	− 276,579
11. Türkei . . .	11,219,829	9,586,611	− 1,633,218	9,586,611	9,871,138	+ 284,527
12. Frankreich . .	3,783,783	4,140,080	+ 356,297	4,140,080	3,891,592	− 248,488
13. Holland . . .	12,785	15,226	+ 2,441	15,226	23,611	+ 8,385
14. Schweiz . . .	758,243	908,655	+ 150,412	908,655	1,001,728	+ 93,073
15. Unbekannte Staaten	309,572	—	− 309,572	—	—	—
Sa.	64,285,309	64,742,481	+ 457,172	64,742,481	66,362,431	+ 1,619,950

2. Ausfuhr.

Länder	1886 Fr.	1887 Fr.	Unterschied für 1887 + / − Fr.	1887 Fr.	1888 Fr.	Unterschied für 1888 + / − Fr.
1. Oesterreich-Ungarn	2,452,085	3,618,756	+ 1,166,671	3,618,756	2,628,669	− 990,087
2. England	4,636,018	5,802,411	+ 1,166,393	5,802,411	10,275,628	+ 4,473,217
3. Belgien	—	386,115	+ 386,115	386,115	622,963	+ 236,848
4. Deutschland	89,902	299,399	+ 209,497	299,399	265,012	− 34,387
5. Griechenland	575,129	361,905	− 213,224	361,905	755,974	+ 394,069
6. Italien	1,496,696	857,603	− 639,093	857,603	1,020,599	+ 162,996
7. Rumänien	1,290,371	607,580	− 682,791	607,580	2,375,976	+ 1,768,396
8. Russland	266,405	118,106	− 148,299	118,106	31,260	− 86,846
9. Serbien	261,800	272,482	+ 10,682	272,482	265,633	− 6,849
10. Vereinigte Staaten	—	—	—	—	6,700	+ 6,700
11. Türkei	29,235,091	24,860,663	− 4,474,428	24,860,663	27,747,688	+ 2,887,025
12. Frankreich	9,623,444	6,456,087	− 3,167,357	6,456,087	13,883,006	+ 7,426,919
13. Holland	—	—	—	—	—	—
14. Schweiz	—	25	+ 25	25	1,377	+ 1,352
15. Unbekannte Staaten	477,373	2,106,115	+ 1,628,742	2,106,115	4,316,149	+ 2,210,034
Sa.	50,384,314	45,747,247	− 4,255,067	45,747,247	64,198,634	+ 18,451,387

3. Total.

Länder	1886 Fr.	1887 Fr.	1888 Fr.	Verhältniss der Einfuhr zur Ausfuhr		
				in Procenten der Einfuhr 1886 %	in Procenten der Einfuhr 1887 %	in Procenten der Einfuhr 1888 %
1. Oesterreich-Ungarn	19,505,870	18,895,414	20,815,423	14,38	23,69	14,45
2. England	22,926,557	27,726,187	29,794,954	25,35	26,47	52,64
3. Belgien	638,125	1,447,695	1,956,739	—	35,37	46,71
4. Deutschland	2,206,741	3,239,560	4,655,415	4,25	10,18	6,04
5. Griechenland	1,054,821	718,862	1,041,563	119,90	101,39	264,36
6. Italien	2,868,012	1,973,366	2,037,933	109,14	76,86	100,32
7. Rumänien	4,570,009	3,532,333	4,580,018	39,34	20,77	107,80
8. Russland	3,862,574	3,393,518	3,039,399	7,41	3,60	1,04
9. Serbien	1,106,653	1,066,084	1,751,964	30,99	34,33	18,03
10. Vereinigte Staaten	528,141	421,247	154,368	—	—	4,63
11. Türkei	40,454,920	34,447,274	37,618,826	260,57	259,33	281,10
12. Frankreich	18,407,217	10,596,167	17,774,598	254,133	155,94	356,74
13. Holland	12,785	15,226	23,611	—	—	—
14. Schweiz	758,243	903,680	1,003,105	—	0,00	0,14
15. Unbekannte Staaten	786,945	2,106,115	4,316,149	154,20	—	—
Sa.	114,689,623	110,489,728	130,561,065	78,41	77,66	96,74

E. Die Menge und Werthe nebst Einfuhr und Ausfuhr vom Jahre 1888 nach Staaten geordnet.

1. Einfuhr.

Länder	verzollt			unverzollt		
	Stückzahl	Menge kgr	Werthe Fr.	Stückzahl	Menge kgr	Werthe Fr.
1. Oesterreich-Ungarn	31,336	30,881,746	15,859,270	5,832	1,891,009	2,827,484
2. England	874	16,566,486	17,575,211	630	3,458,595	1,944,115
3. Belgien	—	2,221,211	1,110,152	—	441,279	223,624
4. Deutschland	1,235	2,345,308	3,035,261	253	489,360	1,355,142
5. Griechenland	—	245,669	164,103	—	40,539	121,486
6. Italien	—	9,414,599	948,468	—	97,425	68,866
7. Rumänien	12,173	18,475,125	2,007,105	14	2,394,970	196,937
8. Russland	156	8,244,817	2,715,174	18	365,374	292,965
9. Serbien	200	935,772	777,137	56	7,701,006	707,194
10. Vereinigte Staaten	—	289,755	100,260	—	151,760	44,408
11. Türkei	10,759	12,255,393	7,328,596	4,438	4,874,474	2,542,542
12. Frankreich	9,776	2,214,117	3,268,555	12,385	375,214	623,037
13. Holland	—	22,849	23,502	—	40	109
14. Schweiz	3	145,912	968,253	—	21,319	33,475
15. Unbekannte Staaten	—	—	—	—	—	—
Sa.	66,512	104,551,759	55,381,047	23,633	22,302,396	10,981,384

2. Ausfuhr.

Länder	verzollt			unverzollt		
	Stückzahl	Menge kgr	Werthe Fr	Stückzahl	Menge kgr	Werthe Fr
1. Oesterreich-Ungarn	45	4,722,284	1,641,773	—	11,805,717	986,896
2. England	—	60,465,896	7,004,785	—	36,851,907	3,270,843
3. Belgien	—	1,252,961	169,669	—	3,602,582	453,294
4. Deutschland	—	2,007,662	138,160	—	1,808,496	126,852
5. Griechenland	62,469	3,684,999	523,326	—	1,847,484	232,648
6. Italien	—	4,684,391	615,684	—	2,996,691	404,915
7. Rumänien	248	20,993,512	2,005,911	2	706,273	370,065
8. Russland	—	1,170	1,358	—	84,532	29,902
9. Serbien	209	176,110	62,547	—	71,413	205,086
10. Vereinigte Staaten	—	11	6,700	—	—	—
11. Türkei	561,114	93,875,793	17,106,736	4,207	61,694,726	10,640,952
12. Frankreich	338,082	66,930,757	9,264,850	—	38,131,158	4,618,156
13. Holland	—	—	—	—	—	—
14. Schweiz	—	348	1,225	—	438	152
15. Unbekannte Staaten	—	17,381,875	2,587,457	—	19,500,937	1,728,692
Sa.	962,169	276,267,269	41,130,181	4,209	179,201,304	23,068,453

F. Die Menge und Werthe nebst Einfuhr und Ausfuhr vom 1. Januar bis 1. November 1889 nach Staaten geordnet.

1. Einfuhr.

Länder	verzollt			unverzollt		
	Stückzahl	Menge kgr	Werthe Fr.	Stückzahl	Menge kgr	Werthe Fr.
1. Oesterreich-Ungarn	38,910	38,053,504	16,846,192	300	397,267	631,857
2. England	4,395	15,963,529	18,163,854	2	1,725,607	179,596
3. Belgien	1	2,715,577	1,098,045	—	299,431	713,392
4. Deutschland . . .	2,009	2,570,233	2,617,917	—	446,697	750,718
5. Griechenland . .	—	132,610	136,551	—	11,688	12,796
6. Italien	1,314	8,500,746	828,494	—	26,296	8,546
7. Rumänien . . .	1,343	18,775,283	1,807,973	—	1,229,042	221,912
8. Russland . . .	26	10,395,174	3,500,308	—	155,753	149,702
9. Serbien	147	2,004,994	790,969	9	2,181,099	41,121
10. Vereinigte Staaten	22	56,530	41,914	5,865	3,250	4,109
11. Türkei	12,575	17,652,025	7,603,340	—	128,496	182,143
12. Frankreich . . .	1,917	3,717,959	2,786,790	—	32,683	48,137
13. Holland	—	7,683	9,149	—	—	—
14. Schweiz	36	111,882	399,441	—	682	1,223
15. Unbekannte Staaten .				—	—	—
Sa.	62,895	120,657,929	57,030,937	6,176	6,637,991	2,945,252

2. Ausfuhr.

Länder	verzollt			unverzollt		
	Stückzahl	Menge kgr	Werthe Fr.	Stückzahl	Menge kgr	Werthe Fr.
1. Oesterreich-Ungarn . .	—	16,117,870	2,927,449	—	135,450	239,953
2. England	—	80,868,535	8,593,300	—	368	725
3. Belgien	—	8,935,632	951,662	—	1,730	2,875
4. Deutschland . .	43,623	6,490,398	696,930	—	—	—
5. Griechenland . .	—	7,593,190	955,038	—	156,592	88,314
6. Italien	—	11,230,547	1,469,632	—	—	—
7. Rumänien . .	1,284	20,084,249	1,220,054	—	1,458,112	286,419
8. Russland . .	—	30,724	37,608	—	99,221	43,645
9. Serbien	200	642,443	108,325	—	76,380	167,145
10. Vereinigte Staaten .	—	—	—	—	7,360	4,800
11. Türkei . .	519,095	124,118,105	20,574,213	3,538	18,501,322	5,146,666
12. Frankreich . .	187,950	107,509,765	14,285,763	2	6,221	10,025
13. Holland	—	—	—	—	—	—
14. Schweiz	—	500	1,463	—	1	40
15. Unbekannte Staaten . .	1,168	59,421,326	5,696,018	—	13,990	15,477
Sa.	753,320	443,042,784	56,917,455	3,540	20,456,747	6,006,084

Tabelle XX.

Uebersichts-Tabelle des bulgarischen Handels für die Jahre 1883—1884, 1886—1888 nach Waaren geordnet.

Waaren-Verzeichniss	Einfuhr			Ausfuhr		
	1884	1883	Unterschied für 1884	1884	1883	Unterschied für 1884
	Fr.	Fr.	Fr.	Fr.	Fr.	Fr.
1. Thiere (Nutzthiere)	664,149	592,873	+ 71,276	8,768,765	11,987,298	— 3,218,533
2. Nahrungsmittel und andere Consumtibilien . . .	13,326,010	15,422,342	— 2,096,332	21,885,297	28,549,108	— 6,663,811
3. Säuereien und Vegetabilien, welche nicht zur menschlichen Nahrung dienen	80,108	64,808	+ 15,600	149,469	124,517	+ 24,952
4. Abfälle	37,972	22,401	+ 15,571	60,517	35,714	+ 24,803
5. Brennmaterial	142,684	153,572	— 11,688	17,032	26,986	— 9,954
6. Rohstoffe und chemische Producte, Droguerien .	4,262,555	3,451,925	+ 810,830	355,144	550,536	— 195,392
7. Rohstoffe und Steinwaaren, Thon- und Glaswaaren .	985,932	1,035,076	— 49,144	114,305	108,852	+ 5,453
8. Rohstoffe und Metallwaaren	4,085,644	3,796,937	+ 286,707	218,276	589,592	— 371,316
9. Rohstoffe u. Holzwaaren, Schnitzwaaren u. Flechtwaaren	2,246,966	1,609,409	+ 637,557	213,858	306,566	— 92,708
10. Rohstoffe und Papier und Pappwaaren . . .	840,259	888,475	— 48,216	15,419	1,661	+ 13,758
11. Rohstoffe und Leder, Lederwaaren, Pelzwerk . .	3,191,746	3,591,814	— 400,068	1,493,163	1,570,840	— 77,677
12. Rohstoffe und Textilindustrie, Haare und Waaren daraus. Kleider, Leibwäsche	15,625,314	17,368,636	— 1,743,292	1,908,442	1,992,179	— 83,737
13. Rohstoffe und Kautschuk, Guttapercha, Wachstuch .	133,396	151,408	— 18,012	89	160	— 71
14. Eisenbahnmaterial, Fahrzeuge u. Möbel mit Polsterarbeit	127,343	141,676	— 14,333	83,734	276,094	— 192,360
15. Maschinen, Instrumente und Zubehör . . .	306,675	257,175	+ 49,290	5,764	1,807	+ 3,957
16. Kurzwaaren, Quincaillerien u.s.w. . . .	266,631	346,275	— 79,644	314	145	+ 167
17. Literarische und Kunstgegenstände . . .	36,109	32,573	+ 3,536	7,632	4,348	+ 3,284
	46,359,123	48,929,575	— 2,570,452	35,295,220	46,126,465	— 10,829,185

Tabelle XX (Fortsetzung).

Waaren-Verzeichniss	Einfuhr				Ausfuhr	
	1886		1887		1886	
	verzollt (8%)	unverzollt	verzollt	unverzollt	verzollt (8%)	unverzollt
	Fr.	Fr.	Fr.	Fr.	Fr.	Fr.
1. Thiere (Nutzthiere)	380,150	165,413	586,821	91,307	6,762,123	567
2. Nahrungsmittel und andere Consumtibilien	12,602,668	3,058,524	10,918,338	2,453,590	35,808,804	831,831
3. Säuereien und Vegetabilien, welche nicht zur menschlichen Nahrung dienen	82,571	82,922	94,293	23,494	100,900	9,281
4. Abfälle	24,404	10,882	37,570	18,211	45,251	479
5. Brennmaterial	145,087	188,619	182,240	155,238	67,115	65
6. Rohstoffe und chemische Producte, Droguerien	5,060,159	1,820,872	4,689,135	1,603,054	1,002,332	119,826
7. Rohstoffe und Steinwaaren, Thon- und Glaswaaren	797,123	367,769	1,225,866	446,166	81,316	2,506
8. Rohstoffe und Metallwaaren	3,129,806	1,419,109	3,588,481	3,466,439	592,806	53,586
9. Rohstoffe u. Holzwaaren, Schnitzwaaren u. Flechtwaaren	1,533,636	231,323	2,112,286	133,813	340,204	47,407
10. Rohstoffe und Papier und Pappwaaren	1,008,519	200,596	1,231,012	329,648	309	137
11. Rohstoffe und Leder, Lederwaaren, Pelzwerk	3,941,689	2,686,020	2,731,819	1,057,650	1,007,584	239,855
12. Rohstoffe und Textilindustrie, Haare und Waaren daraus. Kleider, Leibwäsche	17,545,891	6,199,795	17,666,373	7,728,890	1,028,290	2,147,362
13. Rohstoffe und Kautschuk, Guttapercha, Wachstuch	145,069	72,949	135,650	92,927	316	89
14. Eisenbahnmaterial, Fahrzeuge u. Möbel mit Polsterarbeit	60,947	2,884	65,631	22,302	2,695	96,417
15. Maschinen, Instrumente und Zubehör	234,628	668,406	406,056	792,468	3,648	3,505
16. Kurzwaaren, Quincaillerien u. s. w.	217,285	136,123	336,758	189,004	443	1,566
17. Literarische und Kunstgegenstände	26,494	64,677	28,033	101,918	95	5,604
	46,906,526	17,378,783	46,036,362	18,706,119	46,844,231	3,560,083

Waaren-Verzeichniss	Ausfuhr 1887		Einfuhr 1888		Ausfuhr 1888	
	verzollt Fr.	unverzollt Fr.	verzollt Fr.	unverzollt Fr.	verzollt Fr.	unverzollt Fr.
1. Thiere (Nutzthiere)	7,023,982	32,943	522,594	534,829	5,819,835	18,317
2. Nahrungsmittel und andere Consumtibilien	28,272,097	1,407,785	12,065,231	1,469,525	30,969,389	19,545,007
3. Sämereien und Vegetabilien, welche nicht zur menschlichen Nahrung dienen	57,956	3,204	55,429	63,695	46,068	77,207
4. Abfälle	33,869	9,545	67,058	26,557	16,105	29,903
5. Brennmaterial	40,994	872	141,779	189,699	14,619	22,553
6. Rohstoffe und chemische Producte, Droguerien	2,340,664	32,379	4,530,730	762,567	1,991,768	99,009
7. Rohstoffe und Steinwaaren, Thon- und Glaswaaren	59,630	2,835	1,464,299	161,037	18,336	5,686
8. Rohstoffe und Metallwaaren	103,975	81,522	4,776,612	936,518	6,937	54,916
9. Rohstoffe und Holzwaaren, Schnitzwaaren und Flechtwaaren	688,556	105,105	2,118,123	901,591	126,485	513,553
10. Rohstoffe und Papier und Pappwaaren	4,473	1,782	1,220,608	123,137	850	4,491
11. Rohstoffe und Leder, Lederwaaren, Pelzwerk	1,189,829	248,723	3,928,427	1,048,386	1,338,125	288,468
12. Rohstoffe und Textilindustrie, Haare und Waaren daraus. Kleider, Leibwäsche	1,461,880	2,389,298	23,170,850	2,315,965	741,786	2,350,846
13. Rohstoffe und Kautschuk, Guttapercha, Wachstuch	—	12	224,565	17,749	100	225
14. Eisenbahnmaterial, Fahrzeuge u. Möbel mit Polsterarbeit	34,537	74,021	166,354	1,072,263	30,412	45,840
15. Maschinen, Instrumente und Zubehör	17,750	11,154	480,588	1,221,966	4,375	5,994
16. Kurzwaaren, Quincaillerien u. s. w.	2,122	424	401,560	42,050	3,555	1,126
17. Literarische und Kunstgegenstände	550	12,779	45,550	93,860	1,436	5,322
	41,332,864	4,414,383	55,381,047	10,981,384	41,130,181	23,068,453

Tabelle XXI.

Uebersichts-Tabelle des ostrumelischen Handels für die Jahre 1882 und 1883 nach Waaren geordnet.

Waaren-Verzeichniss	Einfuhr			Ausfuhr		
	1883	1882	Unterschied für 1883 + / −	1883	1882	Unterschied für 1883 + / −
	Piaster¹	P.	P.	P.	P.	P.
1. Getreide und Erzeugnisse des Landbaues	264,489	262,186	+ 2,303	30,900,265	18,818,612	+ 12,081,653
2. Gemüse	67,967	85,133	− 17,166	400,589	410,649	− 10,060
3. Früchte	608,960	294,265	+ 314,695	167,917	173,618	− 6,401
4. Brennholz, Bauholz und bearbeitetes Holz	683,862	493,172	+ 190,690	2,372,171	546,323	+ 1,825,848
5. Wein	127,967	50,021	+ 77,946	2,285,137	1,812,869	+ 472,268
6. Raki	133,924	5,349	+ 128,175	136,937	190,510	− 53,573
7. Grossvieh	3,858,698	6,531,699	− 2,673,001	2,007,229	220,013	+ 1,787,216
8. Kleinvieh	8,166,933	7,964,701	+ 202,232	3,703,612	593,496	+ 3,110,116
9. Wolle, Ziegenfelle u. sonstige Häute u. Felle	5,109,065	4,075,575	+ 1,033,490	328,594	275,796	+ 52,798
10. Rohfelle, Häute und Pelzwerk	920,156	448,666	+ 471,490	1,537,255	566,287	+ 970,968
11. Gegerbte Felle, Leder u. andere bearbeitete Felle	2,310,384	649,963	+ 1,660,421	1,667,170	1,466,438	+ 200,732
12. Butter, Käse, Eier	4,575,152	3,807,837	+ 767,315	2,236,978	778,259	+ 1,458,719
13. Wollwaaren. Tuch u. s. w.	2,880,321	1,135,939	+ 1,744,382	7,421,456	6,086,201	+ 1,335,255
14. Baumwolle. Baumwollgarne	2,897,247	474,677	+ 2,422,570	649,380	861,118	− 211,738
15. Baumwollwaaren	2,840,813	624,538	+ 2,216,275	690,519	1,076,392	− 385,873
16. Leinen, Garn und Seilerwaaren	1,863,854	1,577,816	+ 286,038	58,975	42,850	+ 16,125
17. Leinwaaren	278,244	23,082	+ 255,162	13,095	38,371	− 25,276
18. Seide und Seidenwaaren (Seidenstoffe)	291,489	187,066	+ 104,423	1,122,919	100,740	+ 22,179
19. Kleider und Fussbekleidung	1,019,389	473,504	+ 545,885	467,927	495,683	− 27,756
20. Harz, Theer	26,250	24,592	+ 1,658	262,695	26,887	+ 235,808

21. Stroh und Flechtwaaren	38,303	31,722 +	6,591	112,525	73,581 +	38,944
22. Glas und Glaswaaren	544,402	145,639 +	398,763	174,464	226,483 −	52,019
23. Steine, Kalk u. s. w.	192,981	48,752 +	144,229	34,658	226,303 −	192,245
24. Töpferwaaren	54,572	31,454 +	23,118	30,435	44,911 −	14,476
25. Eisen und Eisenwaaren	1,854,040	417,961 +	1,436,079	360,370	424,786 −	64,416
26. Kupfer und Kupferwaaren . . .	209,235	38,740 +	170,495	141,613	189,737 −	48,124
27. Blei, Zink und andere unedle Metalle . .	173,192	29,707 +	143,485	40,640	60,091 −	19,451
28. Alkohol und Spirituosen . . .	2,068,784	1,019,090 +	1,049,694	242,133	255,000 −	12,867
29. Fische aller Art und Caviar . .	926,029	597,491 +	328,538	748,689	581,103 +	167,586
30. Olivenöl und Oliven . . .	1,189,896	306,975 +	882,921	475,653	429,777 +	45,876
31. Instrumente, Maschinen, Wagen und Möbel .	156,312	96,399 +	59,913	114,404	98,106 +	16,298
32. Verschiedene Farben . . .	297,477	23,339 +	274,138	198,026	111,266 +	86,760
33. Droguerien und Arzeneiwaaren . .	80,814	35,038 +	45,776	23,447	121,171 −	97,724
34. Seife, Kerzen und Parfümerien . .	2,270,175	231,040 +	2,039,135	878,859	1,101,765 −	222,906
35. Specerei-, Conditorwaaren . .	4,182,862	1,262,123 +	2,920,739	656,442	1,049,427 −	392,985
36. Steinsalz, Salz-Steine . .	71,360	130,659 −	58,999	—	—	—
37. Tabak	39,938	9,484 +	30,454	692,554	674,914 +	17,640
38. Bücher und Bilder . . .	110,658	95,808 +	14,850	9,595	2,362 +	7,433
39. Papier, Pappwaaren u. s. w. . .	255,540	67,041 +	190,499	154,303	142,270 +	12,033
40. Petroleum	812,283	341,909 +	470,374	261,934	57,243 +	204,691
41. Mehl und Mahlprodukte . .	227,599	215,848 +	11,751	267,218	63,175 +	204,043
42. Abfälle	27,639	11,542 +	16,097	43,660	24,968 +	18,692
43. Erze	38,603	5,636 +	32,967	8,022	3,116 +	4,906
44. Luxuswaaren, Kleinodien . .	—	3,600 −	3,600	4,440	4,440 −	4,440

¹ Ein Piaster circa der fünfte Theil eines Franc nach der Währung von Nord-Bulgarien.

Der Transitverkehr von und nach Oesterreich-Ungarn, England, Rumänien, Serbien, Türkei und Frankreich betrug 1887 im Ganzen, d. h. in der Ein- und Ausfuhr: 11,393 Stück, 183,506 kgrm im Werthe von 552,179 Franken, während 1888, den letzten zugänglichen Quellen gemäss, derselbe von und nach Oesterreich-Ungarn, England, Rumänien, Russland, Serbien, der Türkei, Frankreich und der Schweiz im Ganzen eine Zunahme von 22,236 Stück, 603,401 kgr im Werthe von 1,062,848 Franken aufweist.[1]

Bezüglich des Verkehrs in den Seehäfen Bulgariens steht nur die von Seiten des Directoriums des Innern herausgegebene statistische Tabelle über die im Jahre 1883 in die Ostrumelischen Häfen eingelaufenen Schiffe zur Verfügung.

Darnach gestaltet sich der Verkehr in den Ostrumelischen Seehäfen folgendermassen:

In:	1883					
	Türk. Barken	Tonnen	Fremde Segelsch.	Tonnen	Fremde Dampfer	Tonnen
1. Burgas eingelaufen:	1,487	5,435	111	15,934	112	90,698
2. Anhialos „	1,308	6,175	66	5,130	4	3,582
3. Mesemvria „	394	1,667	18	1,181	—	—
4. Sozopolis „	1,187	4,014	62	6,761	1	412
Im Ganzen:	4,376	17,291	257	29,006	117	94,692

An fremden Segelschiffen und Dampfern zusammen sind in diesen Häfen eingelaufen:

	1883		
1. Burgas eingelaufen:	223 Schiffe	106,632	Tonnen
2. Anhialos	70	„	8,712	„
3. Mesemvria	18	„	1,181	„
4. Sozopolis	63	„	7,173	„
Im Ganzen: .	374 Schiffe	123,698	Tonnen.

[1] Im Jahre 1882 betrug der Transit in Handelswerthen: 2,938,471 Fr., 1883: 2,414,544 Fr., 1884: 3,511,154 Fr., 1885: 3,830,636 Fr. und 1886: 901,768 Fr.

Alle diese Seehäfen sind mit offener Rhede. Die Regulirung bezw. Herstellung von wirklichen Seehäfen ist in Varna und Burgas in Angriff genommen, nachdem die Sobranje hierzu in ihrer letzten Session einen Credit bewilligt hat.

Ueber Privatbanken, Geldverleiher (Wucherer), landwirthschaftliche und Hilfskassen, Staatsbankfilialen und deren Benutzung von Seiten der Bevölkerung sind folgende Mittheilungen zu machen:

Im Kreis von Burgas existiren keine Privatbanken, statt dessen viele Gelddarleiher. Ausser einem jüdischen in Burgas lebenden Geldwechsler (Saraf) besorgen reichere Leute in den Städten Karnobat, Aitos, Burgas und Anhialos das Geldwechseln als Nebenbeschäftigung. Der Zinsfuss schwankt zwischen 20 und 70 %. An Geldes Statt wird auch Getreide bezw. Feldfrüchte angenommen. Das Verfahren in letzterem Falle ist folgendermassen: Der Wucherer gibt dem Schuldner das baare Geld. Dafür hat der letztere dem ersteren zu einer festgesetzten Zeit Getreide zu liefern. Das Kilo Getreide wird im Allgemeinen zu 5—7 Lewa berechnet, doch kommt hierbei die Frist der Anleihe in Betracht; wenn z. B. eine Anleihe im December abgeschlossen wird, so berechnet man das Kilo billiger als in den Monaten Januar oder Februar, in welch' letzterem Falle ein Aufschlag von 40—60 Stotinki per Kilo erfolgt u. s. w. Trotzdem kürzlich Hilfskassen errichtet wurden, benutzt die Bevölkerung lieber die landwirthschaftlichen Kassen, welche einer speciellen Bestimmung gemäss ausschliesslich Landwirthen Geld leihen dürfen.

Der Kreis Varna hat auch keine Privatbanken. Geldverleiher (Juden) sind nur in Varna; die Bedingungen sind dieselben wie im Burgaser Kreise. Die Bevölkerung macht geringen Gebrauch von den einheimischen landwirthschaftlichen Hilfskassen, da letztere nicht mit ihren Kapitalien den einheimischen Bedarf zu decken vermögen. Die in Varna befindliche Filiale der bulgarischen Nationalbank[1]

---

[1] EMILE DE LAVELEYE: „Die Balkanländer" Bd. II. S. 112 und 113 schreibt 1884 über die Nationalbank Folgendes: „Die Landesbank — eine Nachbil-

wird ausschliesslich von fremden Handelsleuten und zwar hauptsächlich jüdischen Geldwechslern in Anspruch genommen.

Vidin besitzt keine Privatbanken oder Wechsler (Sarafs), welche
der Bevölkerung die zum Handelsbetrieb erforderlichen Kapitalien
vorschiessen könnten. Dies besorgen reiche Kaufleute als Nebenbeschäftigung unter den nämlichen Bedingungen wie in Burgas und
zwar die Abá-Weber, der Abá-Weberei-Verein, die Färber,
Müller und Spezereihändler. Häufig werden sehr hohe Zinsen
(70 %) oder an Geldes Statt Feldfrüchte genommen. Derartige
Anleihen werden auch oft ohne vorhergehende Bedingungen
contrahirt, wodurch die Wucherer ihren Schuldnern gegenüber
alle möglichen Schwierigkeiten bereiten und sich Uebergriffe
erlauben. So legen sie z. B. die Maisernte mit Beschlag und
zahlen dafür einen von ihnen willkürlich festgesetzten Preis. Die
in Vidin, Kula und Bjelogradžik befindlichen landwirthschaftlichen und Hilfskassen werden vorwiegend von der ackerbautreibenden Bevölkerung benützt.

Privatbanken im Kreise Vraca sind nicht vorhanden. Wenn
Jemand Geld geliehen haben will, so wendet er sich an die wohl-
habenderen Mitbürger, die wegen Mangel irgend welcher Concurrenz hohe Zinsen (50—70 %) nehmen. Die Landwirthe be-
nützen anderenfalls die landwirthschaftlichen Kassen, denen allerdings genügende Mittel selten zu Gebote stehen und die den Bedarf
der Geldsuchenden in den wenigsten Fällen zu befriedigen in der
Lage sind.

Im Kreis von Kjüstendil sind keine Banken, aber viele

dung der belgischen — ist nicht berechtigt, Banknoten auszugeben, aber sie
discontirt und gewährt unter gewissen Bedingungen auch Vorschüsse." Nach
den Mittheilungen Gešov's, eines sehr angesehenen Bulgaren und ehemaligen
Finanzministers in Ostrumelien, welcher an der Spitze dieser Bank steht, sind
vorläufig noch wenig Geschäfte abgeschlossen worden, angeblich aus Mangel an
discontirbaren Wechseln. In der Bilanz vom 31. Mai 1885 schliessen Activa
und Passiva mit 11.371,857 Fr. ab. Das Kapital besteht aus 2 Millionen Fr.,
welche der Staat eingezahlt hat, und aus 1,493,991 Fr. an Reserven. Der Rein-
gewinn aus dem Jahre 1884 beträgt 604.000 Fr. und der Zinsfuss beläuft sich
durchschnittlich auf 8 %.

Wucherer. In den Bezirken von Radomir, Kjüstendil und hauptsächlich von Dubnica sind die Gelddarleiher jüdische Wechsler, im Bezirke von Izvor reichere einheimische Bulgaren, welche ebenso wie die Geldwechsler Geld zu 15—50% Zinsen verleihen. Es gibt auch jüdische Wucherer, welche oft bis zu 100% Zinsen nehmen. Nur die Ackerbau treibende Bevölkerung benutzt die einheimischen landwirthschaftlichen Hilfskassen, soweit es die Kapitalien der letzteren gestatten.

Sehr gering ist die Anzahl von Handelsleuten, welche die Unterstützung der Bulgarischen National-Bank zu Sofija in Anspruch nehmen.

Der Kreis von Lovča hat keine Privatbanken, indessen gibt es Kaufleute, welche neben ihren sonstigen Arbeiten Geld darleihen gegen eine Verzinsung von 18—30%.

Viele Geldverleiher gibt es im Kreise Lom: dies sind reichere Kaufleute, welche gegen 30—60% Verzinsung Gelder ausleihen. Die landwirthschaftlichen Kassen werden, der Specialbestimmung gemäss, ausschliesslich von Landwirthen, indess nur mässig benutzt, während die Hilfskassen von allen einheimischen Bürgern in Anspruch genommen werden.

In der Stadt Philippopel befindet sich eine Filiale der Banque Ottomane, welche Geld ausleiht gegen 9,50% Zinsen. Von diesem Institute machen vorwiegend die Kaufleute Gebrauch. Daneben gibt es einige wohlhabendere Geldwechsler (Bulgaren und Juden) in Philippopel und Stanimaka, welche gegen 12—50% Zinsen Geld leihen, sowie einige Handelsleute, welche den Landwirthen gegen Feldfrüchte Geld vorschiessen unter den gleichen Bedingungen, wie im Burgaser Kreis. Die Ackerbau treibende Bevölkerung benutzt ausschliesslich die einheimischen landwirthschaftlichen Kassen.

Von der in Philippopel befindlichen Filiale der Bulgarischen National-Bank machen vorwiegend die einheimischen bulgarischen Handelsleute und Gewerbetreibende, jedoch nur in bescheidenem Umfang, Gebrauch.

In Folge des Mangels irgend welcher Banken borgen im Kreise

Plevna die drei in der Stadt Plevna befindlichen Handelsgesell-
schaften der Bevölkerung Geld gegen einen Zins von 12—50 %.

Auch im Kreis von Razgrad ist die Bevölkerung in Folge des
Mangels an Banken gezwungen, von einheimischen jüdischen Geldwechslern gegen hohe Verzinsung (36—72 %) Geld zu erstehen.

Im Kreis von Rahova besteht eine Actiengesellschaft mit
20,000 Lewa Grundkapital, die gegen genügende Sicherheit Bank-
geschäfte treibt. In Folge der Concurrenz dieser Actiengesellschaft können hier gewissenlose Wucherer nicht aufkommen.

In der Stadt Rusčuk sind drei Bankiers. Dieselben geben
Gelder zu einem Zins von 15—24 %. In anderen Städten und
hier und da in Ortschaften gibt es Kaufleute, welche als Nebenbeschäftigung Geld ausleihen gegen 10—20 % Verzinsung; sie kommen häufig, wie an anderer Stelle bereits erwähnt, mit den Schuldnern überein, dass die Zahlung an Geldes Statt durch Körnerfrüchte
mit einem ausgemachten Profit pro Kilo zu erfolgen hat. Vorwiegend ausländische Handelsleute und einheimische Juden bedienen
sich der in Rusčuk befindlichen Filiale der Bulgarischen National-Bank.

In den drei Kreisen Svištov, Silistra und Sofija gibt es weder
Privatbanken noch Geldwechsler bezw. reiche Handelsleute, welche
Geld an die Bevölkerung verleihen. Diejenigen in den Städten
Svištov, Silistra und Sofija, welche Geld benöthigen, wenden sich
an die Bulgarische National-Bank in Sofija, bezw. an deren
Filiale in Rusčuk.

Die Ackerbau treibende Bevölkerung des Kreises von Sofija
benutzt ausser den landwirthschaftlichen Kassen auch, allerdings in
geringerem Masse, die bulgarische National-Bank in Sofija. Letzterer bedienen sich auch die einheimischen Handelsleute.

Bei dem gänzlichen Mangel irgend welcher Bankinstitute im
Kreise Sevlievo leiht die Bevölkerung die nöthigen Gelder bei
einigen reichen Leuten, welche als Special-Beschäftigung Darlehen gegen eine Verzinsung von 15—36 % gewähren.

In den ersten Jahren nach ihrer Errichtung wurden die beiden

landwirthschaftlichen Kassen in Sevlievo und Gabrovo von
Seiten der Landwirthe zum Ankauf der Güter der ausgewanderten
türkischen Bevölkerung sehr in Anspruch genommen. Nachdem
jedoch in den Jahren 1882 und 1883 die Auswanderung der
Türken grössere Dimensionen annahm, vermochten diese Kassen
den gesteigerten Anforderungen der Landwirthe nicht mehr zu genügen, und letztere waren gezwungen, Anleihen zu contrahiren bei
Wucherern gegen sehr harte Bedingungen.

Im Kreis von Slivno bestehen keine Privatbanken. Es strecken
jedoch viele reiche Leute in den Städten gegen 24—60 %, Zinsen
Kapitalien vor. Die Ackerbau treibende Bevölkerung leiht sich die
nöthigen Kapitalien bei den einheimischen landwirthschaftlichen
Kassen. Die Handelsleute, Gewerbetreibenden und Andere machen
Anleihen bei Wucherern.

Im Kreis Stara-Zagora sind keine Privatbanken, aber viele
Handelsleute, welche Darlehen gegen eine Verzinsung von 20—36 %
gewähren. Die Mehrzahl dieser Gelddarleiher sind Getreidehändler
und Händler in Rosenöl. Erstere nehmen unter den nämlichen
Bedingungen wie im Philippopeler Kreise an Geldes Statt Getreide, letztere Rosen bezw. Rosenöl statt baaren Geldes an.

In den Kreisen von Tatar-Pazardžik und Trn existiren kei-
nerlei Banken; es gewähren reichere einheimische Kaufleute
Darlehen an die Bevölkerung zu einem Zinsfuss von 24—60 % im
Kreise Tatar-Pazardžik und 24—36 % in demjenigen von Trn.

Der Kreis von Tirnova hat keine Privatbanken, aber Gelddarleiher in der Person von reicheren Handelsleuten, welche als
Nebengeschäft Darlehen gegen 12—24 % Zinsen geben. Ausser
diesen Wucherern gibt es noch in der Stadt Elena zwei Kassen
des früheren Schneider- bezw. Spezereihändlervereins, welche
ihre Kapitalien Geldsuchenden gegen 10 % Zinsen zur Verfügung
stellen. Die Landwirthe in dieser Gegend machen einen ziemlich
grossen Gebrauch von den landwirthschaftlichen Kassen, und es
geht selten ein Landwirth zu einem Wucherer, um eine Anleihe zu
machen.

In Haskovo borgt sich die einheimische Bevölkerung Geld bei reicheren bulgarischen Handelsleuten gegen eine Verzinsung von 24—60%.

Im Šumlaer Kreise gibt es keinerlei Privatbanken, dafür in der Stadt Šumla eine „Bulgarische Actien-Handelsgesellschaft" mit 60,000 Lewa Kapital, welche Geld gegen 12% Zinsen ausborgt. Daneben sind noch einige jüdische und bulgarische Geldwechsler, welche sich 24—36% Zinsen zahlen lassen.

Bezüglich des Geldverkehres, den die landwirthschaftlichen Kassen mit mehr oder weniger grossem Erfolge in Bulgarien vermitteln, sei auf Tabelle XXII hingewiesen. Als Durchschnittsjahr ist das Geschäftsjahr 1887 aufgeführt.

Nach dem Gesetz vom 27. Mai 1880 ist die Münzeinheit der Lew (Franc) zu 100 Stotinki (Centimes). Die bulgarischen Münzen sind Gold-, Silber- und Kupfermünzen. Die Goldmünzen heissen „Alexander d'or" zu 20 Lewa, halbe Alexander d'or zu 10 Lewa. Silbermünzen dagegen circuliren in 5 Lewa-Stücken, 2 Lewa-Stücken, 1 Lewa-Stücken und halben Lewa's (50 Stotinki). Kupfermünzen sind in Stücken zu 10 Stotinki, 5 Stotinki und 2 Stotinki vorhanden. Das Francstück wird mit dem Worte „Lew" bezeichnet, das in der bulgarischen Sprache „Löwe"[1] heisst. Bei der Währung ist seit Juni 1888 das französische Münzsystem angenommen worden. In Nord-Bulgarien hat sich die Bevölkerung einigermassen daran gewöhnt, während in Süd-Bulgarien die Masse des Volkes in Folge der längeren Einwirkung türkischer Einflüsse noch nach Lira, Piastern und Para rechnet. Bulgarisches Papiergeld ist seit 2—3 Jahren in Kurs und wird auch überall angenommen, ist aber noch selten zu sehen.

Auf dem Markte galten auch noch die alten Masse: 100 Arschin = 68 m und Gewichte: 78 Oka = 100 kgrm. Aus den handelsstatistischen Jahrbüchern ist jedoch zu ersehen, dass da-

---

[1] Nach LAVELEYE sollen die alten bulgarischen Münzen einen Löwen getragen haben.

Tabelle XXII.

Angabe der landwirthschaftlichen Kassen des Fürstenthums, sowie deren im Umlauf befindlichen Kapitalien im Jahre 1887.

Laufende Nr.	Bezeichnung der Kassen	Kapitalien					
		eigene Kapitalien		ausgeliehene Kapitalien		Gesammt-Kapital	
		Fr.	Ct.	Fr.	Ct.	Fr.	Ct.
	Kreis von Burgas						
1.	In Aitos .	412.382	64	81.878	65	494.261	29
2.	„ Anchialos .	160.459	01	27.187	87	187.646	88
3.	„ Burgas .	322.971	55	105.661	34	428.632	89
4.	„ Karnobat .	386.429	12	107.424	24	493.853	36
	Kreis von Varna						
5.	„ Balčik .	501.830	60	84.300	–	586.130	60
6.	„ Varna .	236.591	33	115.300	–	351.891	33
7.	„ Dobrič .	183.501	82	157.353	34	340.855	16
8.	„ Novo-Selo .	199.902	44			199.902	44
9.	„ Provadi .	258.200	12	51.714	47	309.914	59
	Kreis Vidin						
10.	„ Belogradžik .	115.022	34	28.206	64	143.228	95
11.	„ Vidin .	274.778	23	314.940	–	589.718	23
12.	„ Kula .	136.852	14	24.106	30	160.958	44
	Kreis Vraca						
13.	„ Vraca . . .	282.254	34	6.364	38	288.618	72
14.	„ Orchanje .	18.097	61	31.219	90	49.317	51
	Kreis Kjüstendil						
15.	„ Dubnica .	207.535	75	56.965	70	264.501	45
16.	„ Kjüstendil .	52.762	50	786.421	35	839.183	85
17.	„ Radomir .	65.951	18	192.701	10	258.652	28
	Kreis Lovča						
18.	„ Lovča . .	143.639	11	68.750		212.389	11
19.	„ Trojan .	71.094	19	9.622	–	80.716	19
	Kreis Lom						
20.	„ Berkovac .	204.430	23	49.150		250.480	23
21.	„ Kutlovica . .	306.958	75	17.000		323.958	75
22.	„ Lom .	330.501	27	46.737	65	377.238	92
	Latus:	4,859.146	24	2,363.004	90	7,232.051	14

Laufende Nr.	Bezeichnung der Kassen	Kapitalien					
		eigene Kapitalien		ausgeliehene Kapitalien		Gesammt-Kapital	
		Fr.	Ct.	Fr.	Ct.	Fr.	Ct.
	Transport:	4,859,146	24	2,363,004	90	7,232,051	14
	Kreis Philippopel						
23.	In Brezova . . .	39,610	97	77,192	86	116,803	83
24.	„ Karlovo .	33,294	83	33,759	13	67,053	96
25.	„ Philippopel	32,607	32	290,181	58	322,788	90
26.	„ Stanimka . .	53,979	36	42,673	06	96,652	42
27.	„ Staro-Novo-Selo .	42,588	11	69,224	57	111,812	68
	Kreis Plevna						
28.	„ Plevna . .	77,419	59	109,748	52	187,168	11
	Kreis Razgrad						
29.	„ Hermanlar	170,719	53	—		170,719	53
30.	„ Popovo .	187,098	43	35,400	-	222,498	43
31.	„ Razgrad	195,687	79	90,019	94	285,707	73
	Kreis Rahovo						
32.	„ Belo Slatina	240,521	90	—		240,521	90
33.	„ Rahovo .	313,628	57	22,689	29	336,317	86
	Kreis Rusčuk						
34.	„ Balbunar	188,841	76			188,841	76
35.	„ Bjela	184,054	95			184,054	95
36.	„ Rusčuk .	340,375	50	51,224	90	391,600	40
37.	„ Tutrakan	312,734	78	26,210	14	338,944	92
	Kreis Svištov						
38.	„ Nicopol .	50,950	31	15,000		65,950	31
39.	„ Svištov	242,956	04	39,588	19	282,544	23
	Kreis Sevlievo						
40.	„ Gabrovo	115,357	49	-		115,357	49
41.	„ Sevlievo	292,609	11	98,830		391,439	11
	Kreis Silistria						
42.	„ Ab Kadönlar .	240,448	40	—		240,448	40
43.	„ Kurtbunar	238,989	09	32,575	26	271,564	35
44.	„ Silistria .	180,622	57	26,392	15	207,014	72
	Kreis Slivno						
45.	„ Kotel . .	83,437	07	—		83,437	07
46.	„ Kisel-Agač	222,941	83	161,730	54	384,672	37
47.	„ Slivno	384,864	39	238,036	23	622,900	62
48.	„ Jambol .	298,564	47	112,423	47	410,987	94
	Latus:	9,624,047	10	3,935,904	73	13,569,842	13

Laufende Nr.	Bezeichnung der Kassen	eigene Kapitalien Fr.	Ct.	ausgeglichene Kapitalien Fr.	Ct.	Gesammt-Kapital Fr.	Ct.
	Transport:	9,624,047	40	3,935,901	73	13,569,842	13
	Kreis Sofija						
49.	In Slatica .	28,512	23	15,000		43,512	23
50.	„ Samokov .	116,582	05	6,132	53	122,714	58
51.	„ Sofija . . .	360,813	05	143,750	40	504,593	45
	Kreis Stara-Zagora						
52.	„ Kazanlik	232,561	74	8,001	75	240,563	49
53.	„ Nova-Zagora . . .	403,821	37	96,755	50	500,576	87
54.	„ Sejmen . .	104,161	53	84,865	30	189,026	83
55.	„ Stara-Zagora .	314,800	10	135,499	94	450,300	04
56.	„ Čirpan .	811,926	60	84,848	49	896,775	09
	Kreis Tatar-Pazardžik						
57.	„ Ichtimann . .	62,177	76	10,344	46	72,522	22
58.	„ Tatar-Pazardžik .	69,482	49	218,936	97	288,419	46
	Kreis Trn						
59.	„ Breznik . .	43,028	12	40,000		83,028	12
60.	„ Trn .	159,809	57	126,772	40	286,581	97
	Kreis Tirnova						
61.	„ Gornje-Orehovica	324,078	39	11,967	38	336,045	77
62.	„ Drenovo . . .	79,706	53	45,569	70	125,276	23
63.	„ Elena .	102,293	90	7,400	61	109,702	51
64.	„ Kesarova	124,441	91			124,441	91
65.	„ Tirnova	200,235	90	51,445	91	251,681	81
66.	„ Trevna .	83,361	26			83,361	26
	Kreis Haskovo						
67.	„ Hadži-Eles	43,496	12	60,985	94	104,482	36
68.	„ Harmanli	51,234	74	85,249	91	136,451	65
69.	„ Haskovo	75,012	19	130,262	75	205,274	94
	Kreis Šumen						
70.	„ Eski-Džumaja	127,966	22	87,024	—	214,990	22
71.	„ Novo-Pazar . .	207,044	09	6,300		213,344	09
72.	„ Osman-Pazar . .	43,838	02	96,500		140,338	02
73.	„ Preslav .	249,810	28	10,700		260,510	28
74.	„ Šumen .	141,339	09	17,562	—	158,901	09
	Summa:	14,195,639	95	5,517,740	67	19,713,298	62

neben auch das französische Mass- und Gewichtssystem[1] im
Gebrauch ist, so z. B. Kubikmeter als Körpermass und Kilo-
gramm als Gewicht. Als Flächenmass gilt das Dennum oder
Uvrat = 16 Ar = 1,600 Quadratmeter.

---

[1] Inzwischen ist das Gesetz betreffend die Einführung des Decimalsystems
für Masse und Gewichte von der Sobranje in ihrer letzten Session genehmigt
worden und in Kraft getreten.

Siebentes Capitel.

Unterrichtswesen.

Unterrichtswesen. — Wiedergeburt des geistigen Lebens. — Volksschulen. — Staatliche Lehranstalten. — Speciallehranstalten. — Ausgaben für den Unterricht. — Kirchenwesen.

Das Unterrichtswesen steht in Bulgarien in grosser Blüthe und auf verhältnissmässig hoher Stufe; es hat seit der Selbständigkeit des Landes, also in den letzten 10 Jahren, einen grossen Aufschwung genommen und ganz überraschende Resultate aufzuweisen.

Dies hat seinen Grund einerseits in der hervorragenden Intelligenz, in der Fassungsgabe und in der grossen Lernbegierde der bulgarischen Schuljugend, andererseits in dem lebhaften Wunsche der Eltern, ihren Kindern eine möglichst gute Schulbildung angedeihen zu lassen.[1]

---

[1] Während meines Aufenthaltes in dem Lande, sowie namentlich auf einer längeren Reise des Fürsten ALEXANDER in Ostrumelien (1886), bei welcher ich ihn begleitete, hatte ich öfters Gelegenheit, diese erfreuliche Wahrnehmung zu machen. Einen weniger erfreulichen, ja befremdenden Eindruck macht der Umstand, unter der Schuljugend z. Th. sehr ausgeprägte politische Heissssporne zu finden. So erinnere ich mich, dass auf der oben erwähnten Reise durch Süd-Bulgarien in einigen kleineren Städten und Ortschaften an den mit Triumphbögen geschmückten Eingängen nicht selten der Fürst von noch recht jugendlichen Rednern in sehr schwungvollen Ansprachen begrüsst wurde,

Da die Gründung des Gymnasiums zu Gabrovo die Wiedergeburt des geistigen Lebens in Bulgarien kennzeichnet, so
dürften folgende Einzelheiten von Interesse sein.

Die Kaufleute von Gabrovo waren unter den bulgarischen
die ersten, welche mit Russland bezw. direct mit Moskau
Handel trieben. Später siedelten dann ihre Comptoirs und Maga-
zine in das rasch aufblühende Odessa über. So kam es, dass
Vasil Eustatief Aprilof, geboren in Gabrovo, als Knabe die
Schule in Moskau besuchte (1800) und sich dann in Odessa als
Kaufmann niederliess (1810). Am 2. Januar 1835 eröffnete er in
Gemeinschaft mit Neofyt Rylski, einem jungen Hieromonach des
Rilo-Klosters, in Gabrovo die erste europäische Volksschule
Bulgariens. Da Neofyt kurz vorher eine bulgarische Gram-
matik verfasst hatte, wurde in dieser Schule der erste syste-
matische Unterricht im Bulgarischen ertheilt.

Nach den Notizen, welche ein Lehrer des Gymnasiums
Samuelson gab, wurde im Jahre 1850, zwei Jahre nach Aprilof's
Tode, der Grundstein zu dem jetzigen Gymnasium gelegt und
1867 der Bau vollendet. Zur Zeit der Türkenherrschaft bestanden
7 Klassen mit 10 Lehrern. Im Jahre 1875 ertheilte das Gymnasium zum ersten Male Grade (graduates). Die Mehrzahl der
gegenwärtigen höheren Militär- und Civilbeamten sind „graduates" dieses Gymnasiums. Bei Beginn des gegenwärtigen Schul-
jahres sind 420 ordentliche Schüler inscribirt worden. Die Anzahl
der Klassen beträgt 14 (je 2 Parallelklassen), die der Lehrer 20
mit einem Director. Die Mehrzahl der Lehrer sind Doctoren
verschiedener europäischer Universitäten.

Folgende Lehrfächer sind vertreten: Mathematik, Naturwissen-

in denen der Freude über die Vereinigung beider Bulgarien Ausdruck gegeben
und daran die Hoffnung geknüpft wurde, dass die „armen unglücklichen, in
Knechtschaft schmachtenden macedonischen Brüder" auch bald befreit werden
möchten. Häufig schlossen derartige Reden mit einer zwischen den Verträgen
von San Stephano und von Berlin gezogenen Parallele, sowie mit einem Hoch
auf die heilige Constitution, das Vaterland und den Fürsten.

schaften, Chemie, Geometrie, Geschichte, Geographie, Logik, bulgarische Litteratur, allgemeine Litteratur, die alte und neue bulgarische Sprache. Französisch, Deutsch, Englisch, Russisch.

Die Bibliothek des Gymnasiums zählt ungefähr 4.000 Bände, ferner besteht ein Museum mit einer grossen Sammlung hauptsächlich in der Umgegend Gabrovo's gefundener alter Münzen; mit dem Gymnasium ist noch ein physikalisches, chemisches und zoologisches Kabinet verbunden.

Weniger günstig sieht es mit dem Lehrerstand der Volksschulen aus. Die Lehrer sind in der Regel noch sehr jung und haben in Folge ihrer ungenügenden Ausbildung resp. Halbbildung oft einen geradezu verderblichen Einfluss auf die Schuljugend.[1]

Der Volksschulunterricht ist obligatorisch eingeführt. Die Volksschulen werden von den Gemeinden unterhalten, daneben gewährt der Staat oft beträchtliche Zuschüsse, welche namentlich für zahlreiche Schulbauten verwandt werden.

Gegenwärtig gibt es wohl fast in jedem Dorfe des Landes eine Elementarschule. Namentlich in Süd-Bulgarien fallen die neuen meist zweistöckigen Schulgebäude auf, die durch ihre blendende Weisse oft schon von Weitem sichtbar sind und sich scharf von den düster dreinschauenden umliegenden kleineren Häusern abheben. Bei dem Mangel einer allgemeinen Schulstatistik für das gesammte Fürstenthum ist es nicht möglich, die Anzahl der Volksschulen und Volksschullehrer bezw. -Lehrerinnen genau anzugeben.[2]

---

[1] Auch JEAN ERNIĆ macht in seinem wegen der richtigen Charakterisirung vorzüglichen Buch „En Bulgarie et en Roumélie" eine auf die grosse Jugend der Lehrer bezügliche Bemerkung. Er sagt S. 88: „Auf der Brücke, welche über den Trevna-Fluss führt, kam mir eine Schaar von circa 30 Jungen aus der Schule entgegen unter der Führung von 3 Lehrern, welche fast ebenso jung waren wie jene. Die Haltung und das überlegte Wesen dieser Jungen musste unwillkürlich auffallen."

[2] Nach GEFFKEN „Bulgarien" soll es 1881 im Fürstenthume 1365 Volksschulen mit 1580 Lehrern und 180 Lehrerinnen, in Ostrumelien 1800 Volksschulen mit 2200 Lehrkräften gegeben haben.

An den 890 bulgarischen Elementarschulen wirkten 1104 Lehrer und 196 Lehrerinnen bei einer Gesammtzahl von 50,184 Zöglingen.

Nach den Aufnahmen des Jahres 1883 waren 78,702 schulpflichtige Kinder vorhanden. Vergleicht man diese Zahl mit den 50,184 inscribirten Kindern, so ergibt sich, dass über $^3/_5$ der schulpflichtigen Jugend den Unterricht geniesst.

In Bosnien, Serbien und dem Fürstenthum Bulgarien liegen die Verhältnisse ungünstiger.

Die Türken haben 763 Schulen mit 758 Lehrern, 30 Lehrerinnen und 27,113 Zöglingen (Knaben und Mädchen). Die Zahl ihrer schulpflichtigen Kinder ist unbekannt. Die Griechen besitzen 48 Schulen mit 65 Lehrern und 18 Lehrerinnen; da die Zahl der Zöglinge 3471 und diejenige der schulpflichtigen Jugend 6717 ist, so erhellt, dass die Hälfte der Kinder keinen Unterricht geniesst. Die römisch-katholischen Bulgaren haben 10 Schulen mit 980 Zöglingen, die protestantischen Bulgaren 4 Schulen mit 124 Zöglingen, die Armenier 5 Schulen mit 201 Zöglingen, die Juden 14 Schulen mit 918 Zöglingen.

Auch bezüglich der Mittelschulen stehen die Bulgaren an der Spitze mit 19 Knaben- und 6 Mädchen-Schulen (vier- oder dreiklassig), 2554 Zöglingen, 69 Lehrern und 17 Lehrerinnen. Dann kommen die Türken mit 2 höheren Schulen (Philippopel und Haskovo) und 164 Zöglingen, die Griechen mit 2 (Philippopel und Stanimaka) zu 282 Zöglingen.

Die beiden vom Staate gegründeten Realgymnasien in Philippopel und Slivno hatten zu Beginn des Jahres 1882/83 eine Schülerzahl von 1243 mit 45 Lehrkräften, die beiden Mädchengymnasien in Philippopel und Stara-Zagora 308 Schülerinnen mit 21 Lehrkräften (Lehrer und Lehrerinnen). Das Budget dieser 4 Anstalten betrug für das Schuljahr 1882/83 für Gehälter des Lehrkörpers, Materialien, Kanzleien, Apparate und Bibliothek: 1.142,108 Piaster.

Aus dem Budget des Unterrichtsministeriums für das Finanzjahr 1890 sind bezüglich der Anzahl der staatlichen

Lehranstalten, sowie der an denselben wirkenden Lehrkräfte folgende
Angaben zu entnehmen:

I. Die Universität zu Sofija mit vorläufig einer Facultät,
einer philosophischen (eine historisch-philologische und eine natur-
wissenschaftlich-mathematische Abtheilung), ist provisorisch in einem
Flügel des Gymnasialgebäudes untergebracht.

II. 2 klassische und 2 Realgymnasien sind in Sofija und
Philippopel mit je einem Director, 37 Lehrern 1. Klasse, 16 2. Klasse,
14 3. Klasse.

III. 3 Realgymnasien sind in Gabrovo, Rusčuk und Tirnova
(daneben eine theologische Lehranstalt) mit je einem Director,
20 Lehrern 1. Klasse, 20 2. Klasse, 16 3. Klasse.

IV. 2 pädagogische Gymnasien sind in Varna und Slivno mit
je einem Director, 12 Lehrern 1. Klasse, 10 2. Klasse, 7 3. Klasse.

V. 4 Mädchengymnasien sind in Sofija, Tirnova, Philippopel
und Stara-Zagora mit je einem Director, 16 Lehrern 1. Klasse,
18 2. Klasse, 16 3. Klasse.

VI. 3 dreiklassige pädagogische Schulen sind in Lom,
Kjüstendil, Kazanlik mit je einem Director, 8 Lehrern 1. Klasse,
12 2. Klasse, 12 3. Klasse.

VII. Ein theologisches Seminar[1] besteht in Samokov mit
einem Rector und 9 Lehrern.

VIII. 3 dreiklassige Schulen sind in Silistria, Burgas und
Stanimaka mit je einem Director und 8 Lehrern.

IX. Eine dreiklassige Mädchenschule ist in Varna mit
einem Director und 4 Lehrern.

---

[1] Eine sehr fesselnde Beschreibung über die von der amerikanischen
Methodistenmission in Samokov geleitete „American collegial and theolo-
gical school" gibt J. Samé, „En Bulgarie et en Roumélie", cap. 25,
S. 271. Nach einem ministeriellen Bericht ist dies das einzige Seminar.
Vor 3 Jahren bestand ein zweites bei Tirnova, welches durch ein Votum der
Sobranje aufgehoben wurde. Die Regierung hat kürzlich bei dem Knaben-
gymnasium in Tirnova eine Klasse eingerichtet unter dem Namen „Special-
Seminar", welches zwar mit diesem Gymnasium verbunden ist, aber getrenntes
Personal und eigene Verwaltung hat. Die Regierung unterhält in gleicher
Weise ein Seminar in Adrianopel.

X. Eine Handelsschule ist in Svištov mit einem Director
und 9 Lehrern.

An Speciallehranstalten unterhält der Staat 2 Ackerbau-
schulen mit je einer dazu gehörigen Musterfarm im Dorfe Sadovo bei Philippopel und bei Rusčuk, sowie eine Gewerbeschule
im Dorfe Knjaževo bei Sofija. Was zunächst die Ackerbauschule in Sadovo betrifft, so wurde dieselbe im Jahre 1882 eröffnet: sie hat den Zweck, junge Landwirthe mit den nöthigen
theoretischen und praktischen Kenntnissen auszustatten. Alle theoretischen und praktischen Zweige der Landwirthschaft werden
gelehrt, also auch die Zucht und Pflege der Hausthiere (Nutzthiere) einheimischer und fremder Rasse. Das Hauptgewicht jedoch
wird auf die praktische Ausbildung gelegt. Hierzu dient ein
Versuchsfeld, welches zu dem 272.969 Hektar umfassenden Areal
der Musterfarm gehört; dort arbeiten die Schüler selbst unter der
Aufsicht ihrer Lehrer. Der Unterrichtskursus dauert 3 Jahre.
Das Lehrpersonal besteht aus dem Director und 9 Personen. 1887 be-
suchten 48 Zöglinge die Anstalt, 1888: 50, davon waren 39 Staatsstipendiaten.

Die Ackerbauschule bei Rusčuk wurde im Jahre 1883 eröffnet. Der theoretische Unterricht in allen Zweigen der Landwirthschaft (incl. der Zucht der Nutzthiere) wird in der Anstalt
selbst ertheilt, während für den praktischen Unterricht ein
Versuchsfeld dient, welches zu der bei der Schule befindlichen
Musterfarm gehört. Der Kursus dauert ebenfalls 3 Jahre. Thätig
waren 1888 ein Director und 7 Lehrer (jetzt 9). Der Besuch
belief sich 1887 auf 50, 1888 auf 80 Schüler. Das Gesammt-
areal der Musterfarm beträgt 585.66 Hektar ausser dem 4 km
von „Čiflik“ entfernten Wald „Teke“ (bei dem Dorfe Lipnik).

Die staatliche Gewerbeschule in Knjaževo wurde im Jahre
1883 eingeweiht: sie hat ebenfalls einen dreijährigen Lehrkursus.
Anfangs wurde die Anstalt mit zwei Abtheilungen für Eisenschmiede und Tischlerei eröffnet: im Jahre 1888 ist noch eine
Abtheilung für Töpferei (Porzellan) und Ofensetzerei hinzu-

gekommen. Die Lehrfächer sind neben einigen vorbereitenden,
allgemein bildenden Gegenständen wie Geometrie, Zeichnen, praktische Eisenschmiedekunst, Tischlerei, Töpferei, Ofensetzerei mit allen Nebenzweigen dieser Gewerbe. Das Lehrpersonal besteht aus einem Director und 10 Lehrern. Der Besuch der Schule nimmt stetig zu; 1883: 53, 1884: 59, 1885: 69,
1886: 79, 1887: 114, 1888: 115; davon sind 60 Staatsstipendiaten.

Sehr interessant ist es, die Summen zu vergleichen, mit denen
der Unterricht in den einzelnen Budgets der letzten Jahre verzeichnet ist und welche einen beträchtlichen Aufwand und eine
stetige Zunahme ergeben.

Finanzjahr[1]	Fürstenthum Bulgarien	Ostrumelien
1879/80	544,400 Fr.	1,268,717 Piaster
1880/81	1,365,020 „	3,103,863
1881/82	1,691,700 „	2,973,286
1882/83	1,808,508	4,728 922
1883/84	1,879,548 „	5,438,400 „
1884	2,215,994	
1885	2,508,701 „	
	Vereinigtes Bulgarien	
1886	2,664,099 Fr.	
1887	2,314,335 „	
1888	3,759,510	
1889	4,472,355	
1890	4,682,260 „	

Bezüglich der im Budget 1882 83 verzeichneten Summe von
4,728,922 Piaster (ungefähr der 11. Theil der Gesammtausgaben)
sagt LAVELEYE, dass auf Frankreich beispielsweise proportional
bei gleichem Aufwand 300 Millionen Franken kämen. Vergleicht

---

[1] Im Fürstenthum Bulgarien lief das Finanzjahr bis 1882 vom 1. März zum
28. (29.) Februar, seitdem aber vom 1. Januar.

man im Budget des Fürstenthums die für das Finanzjahr 1879
eingestellten Summen mit der Gesammtausgabe ($^1/_2$ Million und
21 Millionen) und ebenso die betreffenden Zahlen für 1890 (4,6 Millionen zu 81 Millionen), so bildet die für den Unterricht aus-
geworfene Summe circa den 20. Theil der Gesammtausgabe,
während in Ostrumelien (5 zu 72 Millionen) das Verhältniss zwischen
$^1/_{11}$ und $^1/_{14}$ schwankt.

Im Unterrichtsbudget sind Unterstützungsgelder vorgesehen für zahlreiche von den Gemeinden unterhaltene Mittelschulen, ferner für inländische und ausländische Staatsstipendiaten, für Nationalbibliotheken und Museen in Sofija
und Philippopel.

Die Staatsreligion ist die griechisch-orthodoxe. Der in
Constantinopel residirende Exarch ist das Haupt der bulgarischen
Nationalkirche.

Nord-Bulgarien ist in 8 Metropolien eingetheilt: Sofija,
Vidin, Vraca, Rusěnk (Dorostol-Červen), Tirnova, Varna-Preslav,
Lovča, Samokov.

Süd-Bulgarien in 2: Philippopel und Slivno.

Die Bischöfe werden vom Staate besoldet, der Unterhalt des
niederen Klerus ist noch nicht geregelt. Es gibt in den Städten
liegende Kirchengüter in grossem Umfang. Unter den Klöstern
ist das bedeutendste das Rilo-Monastir; die übrigen sind klein
und nur von wenigen Mönchen bewohnt. In Philippopel residirt
ein katholischer Bischof, in Varna, Philippopel, Sozopolis, Anhialos und Mesemvria je ein griechischer Metropolit. Die
Muftis[1] der Kreise mit gemischter Bevölkerung werden vom Gouvernement besoldet.

---

[1] Muftis sind türkische Priester.

Achtes Capitel.

Eisenbahnen, sonstige Verkehrsmittel und Staatsschulden.

Staatsschuld. — Erste Linie Rusčuk-Varna (General-Tabelle XXIII). — Die Hirseu-
sche Eisenbahngesellschaft. — Linie Belovo-Mustapha-Paša. — Linie Tirnovo-Sejmen-
Jamboli. — Zaribrod-Sofija-Vakarel. — Compagnie IVAN GROSEFF. — Vakarel-Belovo
(Sarambey). — Jamboli-Burgas. — Projektirte Linien. — Jährliche Ausgaben für
die Eisenbahnen. — Einnahmen aus den bestehenden Staatsbahnen. — Die Ge-
sammtkosten für die Staatsbahnen. — Staatsbahnenverkehr. — Güterverkehr. —
Landstrassen und Wege zweiter Ordnung. — Post- und Telegraphenwesen. — Ein-
nahmen und Ausgaben aus Post und Telegraph. — Berechnung der Staatsschuld. —
Die russische Occupationsschuld. — Tribut. — Von Ostrumelien übernommene
Schuld. — Anderweitige finanzielle Verpflichtungen. — Allgemeine Finanzlage.
Credit. — Nationalbank und Papiergeld.

In West-Europa und namentlich in England und Amerika
genügten Privatunternehmungen zum fast völligen Ausbau des
Eisenbahnnetzes. In Russland dagegen sowie im südöst-
lichen Europa ist dies nicht der Fall. Hier muss der Staat
direct oder indirect eingreifen. Dies geschieht entweder durch Ge-
währleistung einer genügenden Garantie für die Zinsen des
hierfür angelegten Kapitales, oder der Staat erbaut die projektirten Linien auf eigene Kosten und erhebt die zu diesem
Zwecke erforderlichen Gelder auf dem Wege einer Anleihe. Diese
Entwicklung vollzieht sich auch in Bulgarien und ist die Ursache
der Aufnahme von Anleihen gewesen.

11

Tabelle XXIII.

General-Tabelle der Eisenbahnen.

Bezeichnung der Bahnen	wann erbaut	Länge in Kilometern	Gesammt-kosten Fr.	Art der Bezahlung	von wem erbaut
I. Staatsbahnen.					
Rusčuk-Varna[1] . . .	1865—1868	226	52.777.500.—	—	von einer englischen Gesellschaft.
Vakarel-Saranbey[2] .	1885—1888	64	—	6,000,000 Fr. in Schatzbons, der Rest in Staats-Obligationen	Compagnie Ivan Groseff.
Zaribrod-Sofija-Vakarel	1885—1888	107	18.470.877.72	mittelst 6% hypothekarischer Anleihe von 1889	von der Ungarischen Eisenbahn-Gesellschaft.
				die Regierung zahlt für das Betriebsrecht dieser Linie der Gesellschaft einen jährlichen Zinsbetrag von 170,685 Fr. (laut Budget 1890: 139,300 Fr.)	
II. Türkische Bahnen auf bulgarischem Gebiet.					
Saranbey-Mustapha-Paša . . .	1869	206	—	—	von der Husarischen Eisenbahn-Gesellschaft.
Tirnova-Sejmen-Jamboli . . .	1872	106	—	—	—
III. Im Bau befindl. Bahnen.					
Jamboli-Burgas . . .	1889—1890	110	10,000,000.-	mittelst 6% hypothekarischer Anleihe von 1889	von Seiten des Staates.
IV. Projektirte Bahnen.					
Kaspičan-Šumla-Tirnova-Sevlievo-Sofija-Kjüstendil	—	550			
Jamboli-Slivno-Stara-Zagora-Cirpan-Philippopel-Tatar-Pazardžik-Saranbey (linkes Marica-Ufer)	—	220	die Voranschläge sowie Pläne sind noch nicht festgesetzt.		
Jamboli-Kazan-Šumla	—	173			

[1] Später Uebernahme des Betriebs durch Baron Hirsch.

[2] Weitere Abmachungen sind nicht getroffen worden.

Nächst den Eisenbahnbauten hängen die Staatsschulden
mit der Entstehung des Fürstenthumes bezw. mit den im
Berliner Vertrage dem Lande auferlegten Verpflichtungen,
sowie mit der von Ostrumelien (1885) übernommenen Schuld
zusammen. Die Staatsschuld Bulgariens betrug am 1./13. Januar 1890 6.677,934 Franken oder Lewa gegen 12,532,471 Lewa
im Vorjahre. Von letzterer Summe wurden 6,280,150 Lewa getilgt,
ausweislich des Budgets 1890.

Für den Ankauf der Eisenbahn Ruscuk-Varna hat Bulgarien
auf Grund des Gesetzes vom 11./23. Juli 1886 6 Millionen
Schatzbons[1] und Nominal 46,78 Millionen Franken in 6%igen
Staatsobligationen ausgegeben.

Hierzu kommt die 1889 emittirte 6%ige hypothekarische
Anleihe von 30,000,000[2] Franken für Deckung der Baukosten der
Linien Zaribrod-Vakarel und Jamboli-Burgas. Bezüglich dieser
Anleihe ist zu bemerken, dass sie als Sicherheit eine auf den Namen
der Oesterreichischen Länderbank und des Wiener Bank-
vereines ausgestellte erste Hypothek auf die Eisenbahnlinien
Zaribrod-Vakarel und Jamboli-Burgas enthält. Die Subscription
fand in Wien, Budapest und Triest statt; die Zahlung von Zinsen
und Kapital erfolgt auch in London, Paris, Berlin u. a. Die
Tilgung hat innerhalb 33 Jahren durch halbjährliche Pari-Aus-
loosungen zu erfolgen, darf aber von 1895 ab auch durch Gesammt-
rückzahlung geschehen. Die Zahlung von Zinsen und Kapital
geschieht ohne Abzug von Steuern oder Abgaben. Der Emissions-
kurs war 92%.

Die erste Eisenbahn, welche in Bulgarien gebaut wurde,
ist die 226 km lange Strecke von Ruscuk nach Varna. Diese Bahn
wurde in den Jahren 1865—1868 unter türkischer Oberhoheit von

---

[1] 1000 Bons zu 3,180 Fr. = 3,180,000; 1000 Bons zu 3.360 Fr. = 3.360,000
incl. Zinsen. Die ersten 1000 Bons sind bezahlt worden; die zweiten 1000 dürften
bereits fällig sein.
[2] In Wirklichkeit wurde der bulgarischen Regierung von Seiten der Oesterreichischen Länderbank der Kursbetrag von 25,000,000 Fr. ausgezahlt.

einer englischen Gesellschaft gebaut und betrieben. Später erwarb
Baron Hirsch zunächst einen grösseren Theil der Actien und pachtete
schliesslich den Betrieb der Strecke. Im Jahre 1866 ging diese
Linie für den Preis von 52,777,500 Francs in den Besitz des
Staates über. Nach dem diesbezüglichen Gesetz vom 11./23. Juli
1886 hatte die Bezahlung der Kaufsumme mit 44,500,000 Frs.[1]
in folgender Weise zu erfolgen: 6,000,000 Francs sind baar, der
Rest von 38,500,000 Francs durch 6 % Staatsobligationen (Schatz-
bons), welche auf den Nominalwerth (al pari) lauten, zu zahlen.
Diese Bahn, welche das Schwarze Meer mit der Donau ver-
bindet, dient mehr dem Transitverkehr als dem äusseren Handel
Bulgariens.

Nachdem im Jahre 1868 die Concession zum Bau der
türkischen Eisenbahnen zunächst dem belgischen Banquier
LANGRAND-DUMONCEAU ertheilt, dieser aber bankerott geworden
war, erhielt der Baron Hirsch 1869 die Bewilligung zum Bau
und Betriebe der Bahnen. Mittelst Emission türkischer Loose
baute Hirsch zunächst nur diejenigen Theilstrecken aus, welche am
vortheilhaftesten erschienen, und wusste während dreier Jahre in sehr
geschickter Weise sich der Bestimmung des Vertrages zu entziehen,
welche ihm den Anschluss des türkischen Eisenbahnnetzes an die
europäischen Linien zur Pflicht machte. In einem neuen Vertrage mit der Pforte von 1872[2] veranlasste Hirsch die türkische
Regierung, den Ausbau der Verbindungslinien unmittelbar in
Angriff zu nehmen, während er sich verpflichtete, auf Kosten der

---

[1] Dies war die ursprüngliche Kaufsumme; da jedoch diese Angelegenheit
erst im Jahre 1888 definitiv geregelt wurde, so war die bulgarische Regierung
gezwungen, die seit dem 1. Januar 1885 fälligen Zinsen zu kapitalisiren, d. h.
die bulgarische Regierung musste vom letzteren Zeitpunkte ab bis 1. Juli 1888
52,777,500 Fr. zahlen und zwar 6,000,000 in Schatzbons und den Rest in Staatsobligationen.

[2] Nach diesem Vertrage vom 18. Mai 1872 hatte Hirsch gegen einen jährlichen Zins von 8,000 Fr. pro km das ausschliessliche Betriebsrecht auf 50 Jahre
erhalten. Er weigerte sich jedoch, die Zinsen zu zahlen, so lange nicht alle
Anschlusslinien vollendet seien.

türkischen Regierung die Theilstrecken Uesküb-Mitrovica, Tirnova-
Sejmen-Jamboli und Jamboli-Šumla herzustellen. Letztere Linie
wurde 1873 zwar in Angriff genommen, bald jedoch wieder aufgegeben.

In Folge des Ausbruchs des russisch-türkischen Krieges 1877
liess die türkische Regierung die Anschlussfrage in der Schwebe.[1]

Im Vertrage vom 31. Mai 1883 verzichtete Baron Hirsch
innerhalb des bulgarischen Gebietes auf seine Rechte bezüglich
der Construction und des Betriebes der in dem Vertrage vom
18. Mai 1872 mit der Pforte projektirten Eisenbahnen, mit Ausnahme der Linie Rusčuk-Varna.

Die Linie Belovo-Mustapha-Paša ist eine Theilstrecke der türkischen Bahn Belovo-Philippopel-Adrianopel-Constantinopel und
durchläuft in einer Länge von 206 km bulgarisches Gebiet.

Die Bahn Sejmen-Jamboli, deren Länge 106 km beträgt, ver-
bindet Philippopel mit dem Schwarzen Meer. Diese beiden
Linien sind von hoher Bedeutung für den Ausfuhrhandel.

Der Berliner Vertrag hatte Bulgarien zum Erben der von
der Pforte sowohl gegenüber Oesterreich-Ungarn, wie gegenüber
der Hirsch'schen Gesellschaft eingegangenen Verpflichtungen
bezüglich des Ausbaues, Anschlusses sowie Betriebes der
bulgarisches Territorium durchlaufenden, ehemals türkischen
Eisenbahnen eingesetzt. Nachdem die Vertreter der vier in-
teressirten Staaten: Oesterreich-Ungarn, Türkei, Serbien und
Bulgarien wiederholt in der sog. Conférence à quatre zu-
sammengetreten waren, gelang es zu Wien am 9. Mai 1883, eine

---

[1] Paul Dehn sagt in seinem Werke: „Deutschland und der Orient"
I. Theil bezüglich des durch die politischen Wirren unterbliebenen Baues der
Linie Jamboli-Kazan-Šumla, dieses Hirsch'sche Projekt sei ein Meisterstück seiner
Bahnverlängerungspraktiken gewesen und eine Nachprüfung desselben von Seiten
Sachverständiger hätte die Thatsache ergeben, dass unter Beibehaltung der im
Projekte vorgezeichneten Serpentinen die Länge der Bahn von 153 auf 217 km
erhöht worden wäre. Dieses Bahnverlängerungssystem mit Hülfe von Serpen-
tinen kann man übrigens auf allen von der Hirsch'schen Gesellschaft erbauten
Bahnen, ebenso auch auf der Linie Rusčuk-Varna wahrnehmen.

definitive Convention abzuschliessen. Dieselbe legte Bulgarien
die Verpflichtung auf, die Verbindungslinien von der Serbisch-
Bulgarischen Grenze über Zaribrod-Sofija bis Vakarel bezw. der
Bulgarisch-Ostrumelischen Grenze bis zum 15. Oktober 1886 herzustellen.

Der Bau dieser Linie wurde auf dem Wege der Submission
und auf Kosten des Staates der Gesellschaft des Herrn Ivan
Groseff zu Sofija übertragen. Die Arbeiten hierfür wurden zwar
sofort in Angriff genommen, jedoch durch den Staatsstreich von
Philippopel und den darauf folgenden Serbisch-Bulgarischen
Krieg unterbrochen bezw. verzögert. In Folge dessen konnte diese
Verbindungslinie erst im August 1888 eröffnet und dem Betriebe
übergeben werden.

Die Länge der in der Convention à quatre vorgesehenen bulgarischen Anschlusslinie von der Serbisch-Bulgarischen Grenze
(5 km von Zaribrod) bis zur Bulgarisch-Ostrumelischen hinter Vakarel
beträgt 107 km.

Die kurze, von der Türkei in derselben Convention übernommene und von der Hirsch'schen Gesellschaft ausgeführte, durch
Ostrumelisches Gebiet laufende Verbindungsstrecke Vakarel-
Belovo beträgt 54 km. Nach Eröffnung der Linie Zaribrod-Sofija-
Vakarel beschlagnahmte die bulgarische Regierung diese Verbindungsstrecke Vakarel-Belovo bezw. Sarambey (64 km) behufs Er-
möglichung eines ungestörten Betriebes der Orientlinie Wien-
Constantinopel. Mittlerweile (1889) soll die bulgarische Regierung
das Betriebsrecht auf der genannten Strecke gegen Bezahlung
einer jährlichen Rate von 139,500 Fr. erworben haben.

Nach einem ministeriellen Bericht wurde für die Gesellschaft der Anschlussbahnen betreffs Vakarel-Belovo 170,685 Fr. in
das Budget eingestellt, welche als jährliche Zinsen gezahlt werden
sollen.

Durch die Eröffnung der Linie Zaribrod-Sarambey, der Theilstrecke der direkten Verbindung Wien-Constantinopel, steht zu

hoffen, dass der einheimische Ausfuhrhandel in Bälde einen bedeutenden Aufschwung nehmen wird.

Die 110 km lange Strecke Jamboli-Burgas bildet die Fortsetzung der Linie Tirnova-Sejmen-Jamboli und ist vorerst die einzige direkte Eisenbahnverbindung von Sofija bezw. Philippopel mit dem Schwarzen Meer. Die Bahn wurde im Frühjahr 1889 begonnen und wurde Ende Mai 1890 dem Betriebe übergeben.

Somit dürfte das ganze gegenwärtig im Betrieb befindliche Eisenbahnnetz 756 km bei einem Gesammteisenbahnnetz von 3310 km auf der Balkanhalbinsel betragen.

Die Sobranje hat den Bau der neuen Linien Kaspičan-Šumla-Tirnovo-Sevlievo-Lovča-Sofija-Kjüstendil und Jamboli-Slivno-Stara-Zagora-Čirpan-Philippopel-Tatar-Pazardžik-Sarambey (linkes Marica-Ufer) genehmigt.[1] Erstere Linie durchschneidet in einer Länge von circa 550 km Nord-Bulgarien in seiner ganzen Ausdehnung von Ost nach West, dabei die wichtigsten Städte im Innern desselben berührend. Da diese Linie einerseits in Kaspičan auf die Bahn Rusčuk-Varna stösst, andererseits in Kjüstendil an der bulgarisch-macedonischen Grenze ausläuft, so ist eine für den Handel Nord-Bulgariens und Macedoniens äusserst wichtige direkte Verbindung mit dem Schwarzen Meere bei Varna und der Donau bei Rusčuk hergestellt.

Die andere angeblich schmalspurige projektirte Linie — Länge der ganzen Strecke 220 km — durchzieht einen der fruchtbarsten Theile Süd-Bulgariens, ist also gleichfalls für den Handel Süd-Bulgariens von ausserordentlicher Wichtigkeit. Von Philippopel aus läuft die Bahn auf dem linken Marica-Ufer nach Tatar-Pazardžik und mündet in Sarambey auf die Hauptlinie Zaribrod-Sotija-Mustapha-Paša.

Die Verbindungslinie Jamboli-Kazán-Šumla (173 km), welche zu den Bahnen gehört, die Hirsch sich verpflichtet hatte, auf

---

[1] Zunächst ist der Bau der 23 km betragenden Strecke Kašla-Kvoi, einer Station der Linie Jamboli-Burgas, nach Slivno in's Auge gefasst worden.

Kosten der türkischen Regierung zu erbauen, die aber im
Jahre 1873 nicht über die Vorarbeiten hinauskam, ist von grosser
handelspolitischer und strategischer Wichtigkeit. Von Seiten
der Regierung dürfte daher dem Ausbau dieser Linie bald end-
gültig näher getreten werden.

Für die bestehenden bulgarischen Staatsbahnen entstanden
dem Lande an jährlichen Unkosten (nach den Budgets):

$$\begin{array}{lcl}
1888 & \cdot\ \cdot & 908,000 \ \text{Fr.}^{[1]} \\
1889 & \cdot & 2,953,048 \ \text{,,} \\
1890 & \cdot\ \cdot\ \cdot\ \cdot & 3,892,210 \ \text{,,}^{[2]} \\
\hline
& Total: & 7,753,258 \ \text{Fr.}
\end{array}$$

Die Einnahmen der bestehenden Staatsbahnen betrugen
ausweislich der Budgets:

	1888	1889	1890
	Fr.	Fr.	Fr.
1. Zaribrod-Sofija-Vakarel	650,000	1,834,120	1,727,000
2. Rusčuk-Varna	—	1,256,020	1,391,500
3. Jamboli-Burgas .		—	450,000
Total:	650,000	3,090,140	3,568,500

Die dem Lande bezw. der Staatskasse aus den bestehenden
Staatsbahnen erwachsenen Gesammtkosten stellen sich folgendermassen: Für den Ankauf der Eisenbahn Rusčuk-Varna
wurden, wie bereits früher erwähnt (vgl. Gesetz vom 11. 23. Juli 1886),
3.18 Millionen Franken Schatzbons, welche bereits eingelöst sind,
weitere 3.36 Millionen Schatzbons, die am 1. Juli d. J. fällig
werden, und Nominal 16.78 Millionen Franken in 6 %igen
Staatsobligationen ausgegeben. Dazu kommt die jetzt emittirte

---

[1] incl. 15,000 Fr. zum Studium der Linie Jamboli-Burgas.
[2] 100,000 Fr. für Vorarbeiten der Linie Jamboli-Slivno-Stara-Zagora-Čir-
pan Philippopel-Tatar-Pazardžik-Saramhey.

6 %ige hypothekarische Anleihe von 30 Millionen Fr. für
Deckung der Baukosten der Eisenbahnen Zaribrod-Vakarel und
Jamboli-Burgas. Die Gesammtkosten der Eisenbahn Zaribrod-
Sofija-Vakarel betragen 18,470,877,72 Fr. Bis zum 1. März 1890
waren für den Bau derselben 15,553,873,70 Fr. verausgabt. Die
Kosten für den Bau der Linie Jamboli-Burgas belaufen sich auf
ungefähr 10,000,000 Fr., von welcher Summe bis zum 1. März 1890
3,640,968,22 Fr. bezahlt wurden.

Ueber den Verkehr auf den bulgarischen Staatsbahnen
liegt nur ein statistischer Ausweis für den Betrieb auf der
Eisenbahnlinie Zaribrod-Sofija-Belovo für den Monat Juli 1889 vor,
welcher in der Tabelle XXIV näher erläutert ist.

Aus Tabelle XXV ist ersichtlich, dass der Güterverkehr
im Monat Juli 1889 auf genannter Strecke sich auf 4694 Tonnen
belief. Ueber den Güterverkehr auf der Strecke Belovo-Hermanli
und Tirnova-Sejmen-Jamboli für die Jahre 1882 und 1883 gibt die
beiliegende der officiellen Statistik entnommene Tabelle XXVI
Aufschlüsse. Aus derselben ist ersichtlich, dass der Ausfuhrhandel auf genannten Linien, namentlich in Cerealien, Abá-
stoffen und Holzwaaren, ein sehr bedeutender war. Die Ausfuhr
betrug für 1882: 113,954,612 kg und für 1883: 119,743,938 kg.
Die Gesammtsumme der eingegangenen Waaren belief sich für
1882 auf 46,907,450 kg und für 1883 auf 46,113,011 kg.

Ueber das Strassennetz in Bulgarien ist Folgendes zu bemerken: Es bestehen zur Zeit im ganzen vereinigten Fürstenthume ungefähr 68 Landstrassen. Im Allgemeinen sind dieselben in gutem Zustande. Für Reparaturen bezw. Neubauten
von Chausseen und Brücken werden durchschnittlich 2 Millionen
Franken jährlich ausgeworfen. Neben den Landstrassen ver-
vollständigen noch circa 58 Wege zweiter Ordnung, welche theils
unvollendet, theils in primitivem Zustande sind, das Strassen- bezw.
Wegenetz des Landes.

Bulgarien gehört seit 1881 dem Weltpostverein an. Seit
jener Zeit sind die österreichischen Postagenturen im Fürsten-

thume eingegangen, während sie in Ostrumelien noch bis zur
Vereinigung (September 1885) fortbestanden haben. Der Post- und
Telegraphendienst im Fürstenthume wurde durch diesbezügliche Gesetze vom 24. April (6. Mai) 1881 vollständig organisirt[1]
und 1882 dem Ministerium des Aeusseren und der Kulte unter-
stellt, nachdem Post und Telegraph seit Errichtung des Fürsten-
thums (1879) unter dem Ministerium des Innern functionirt hatten.
In Folge dessen erscheinen auch seitdem die Einnahmen und
Ausgaben dieses Dienstzweiges im Budget des Ministeriums des
Aeusseren und der Kulte. In Ostrumelien stand bis zur Vereinigung der Post- und Telegraphendienst unter der Direction für
Ackerbau, Handel und öffentliche Bauten; demgemäss waren
auch die diesbezüglichen Einnahmen und Ausgaben unter dieser
Rubrik aufgeführt. Seit der Vereinigung steht das gesammte
Post- und Telegraphenwesen des Landes unter der Ober-Post-
und Telegraphenverwaltung zu Sofija.

Nach dem Budget 1890 betrug im vereinigten Fürstenthume die Zahl der Post- und Telegraphenbureaux: 112, der
Beamten: 870. Im Jahre 1887 betrug die Zahl der Privatbriefe
3,622,521, der Waarenproben, Drucksachen und Zeitungen:
1,884,301.

1888 liefen Staatstelegraphen auf 4,402 km; Länge der
Drähte war 6,602 km. Der Depeschenverkehr war ein reger.
Es wurden befördert:

Interne Depeschen:	gebührenpflichtige	371,413
„ „	gebührenfreie	121,002
Internationale Depeschen:	abgeschickte	59,629
„	empfangene	46,384
Dienstdepeschen:		22,264
	Sa.:	620,692

---

[1] Zu diesem Zwecke wurde bei der Ober-Post- und Telegraphenverwaltung
zu Sofija eine Post- und Telegraphenschule zur praktischen und theoretischen
Ausbildung im Telegraphen- und Postdienst errichtet.

Tabelle XXIV.

Statistik über den Betrieb auf der Eisenbahnlinie Zaribrod—Sofija—Belova im Monat Juli 1889.

		Zahl der Züge	Waggons eigene	Waggons fremde	Tara	Netto	Brutto
I. Postzüge	belastet	84	357	171	8611	1486	10097
	leer		24	23	—	—	—
II. Güterzüge	belastet	81	371	207	6803	4612	11422 —
	leer		409	123	—	—
III. Vergnügungszüge	belastet	5	8	—	203	10	213
	leer		7	—			
IV. Ballastzüge	belastet	2	142		2440	1363	3803
	leer		275	—		—	
V. Einzelne Maschinen	zerstreute Masch.	—	—	—	—		—
	Hilfsmaschinen	—		—	—		
	beschädigt. Masch.	—			—	
	verschied. Masch.	—		—	—		
Alle Züge		194	—	—			2
Summa:		—	1593	524	18057	7474	25535	2

Tabelle XXV.

Verzeichniss der transportirten Waaren im Juli 1889.

Art	Tonnen	Art	Tonnen
Mehl	180	*Transport*	3531
Wein	186	(Lobenici)	46
Kohlen	120	Maschinerien	36
Kalk	18	Bier	30
Gas	24	Nägel	21
Holzmaterial	1680	Verschiedenes	532
Hölzer	560	Käse	24
Eisenwaaren	162	Salz	120
Getreide	10	Glaswaaren	11
Zucker	10	Ziegel- und Backsteine	31
Felle, Häute	115	Zink	10
(Kjužjuci)	10	Cement	276
Bücher	66	(Jamel)	10
Steine	390	Šajak	16
Latus:	3531	*Summa:*	4694

Tabelle

Detaillirte Tabelle über die auf den Eisenbahnen Belova-Harmanli-Jahre 1882

Stationen	Abastoffe, Cerealien, Holzwaaren, Getränke u. Spirituosen		Colonialwaaren, Droguerien, Hanf und Seilerwaaren, Cocons und Seide, Brennmaterialien, rohe Baumwolle u. Baumwollgarne, Leder u. verschiedene Abfälle		Verschiedener Dung, Mehl u. Backwaaren, Eisen, Fette u. Talg, Oele, Wolle, Milchprodukte, Baumstämme	
	ausgegangen	eingegangen	ausgegangen	eingegangen	ausgegangen	eingegangen
	kgr	kgr	kgr	kgr	kgr	kgr
Harmanly . .	2,410,234	361,748	16,152	77,567	10,055	79,847
Tirnova-Sejmen .	1,915,072	136,355	17,480	22,070	8,375	31,363
Haskovo .	6,778,470	270,531	162,169	325,820	194,139	307,274
Jeni-Mahalé .	10,332,066	160,424	37,951	131,850	344,207	168,285
Papasli . . .	4,562,956	1,293,550	5,906	39,698	1,141,275	3,478
Katunica	1,916,181	507,293	13,674	30,158	3,620	61,560
Philippopel	14,331,345	1,833,383	2,109,095	6,433,653	351,017	2,442,491
Tatar-Pazardžik	9,837,803	364,424	126,682	2,199,485	1,109,222	795,302
Sarambey	460,578	4,811	3,880,940	620	1,930	2,054
Belova .	–		610,000	–		—
Kara-Bunar	3,947,578	174,085	27,213	57,621	19,003	45,287
Radné-Mahalés	9,602,625	379,263	15,862	175,774	47,114	173,649
Jeni-Zaghra	7,913,466	172,273	33,627	175,794	165,812	217,534
Kernenli	1,291,114	52,108	81,936	20,077	40,138	34,182
Jamboli	8,130,544	184,960	73,042	185,043	92,311	138,622
Total:	83,430,032	5,895,208	7,211,729	9,875,234	3,528,218	4,500,928

XXVI.
Tirnova - Sejmen - Jamboli beförderten Waaren im Laufe der und 1883.

W a a r e n				Total für 1882 und 1883			
Manufacturwaaren,Baumaterialien, Militärmaterialien, verschiedene Metalle, Möbel und sonstiges Hausgeräthe, Mühl- und Schleifsteine, verschied. Materialien, Erze, Eier, Stroh, Heu, Papier, Rohfelle		Fische, Töpfer- und Vajonswaaren, chemische Produkte, Seife, verschiedene Salze, Kleie, Tabak, Farbstoffe, Glaswaaren, Fleisch, Geflügel, Rosenwasser		1882		1883	
ausgegangen	eingegangen	ausgegangen	eingegangen	ausgegangen	eingegangen	ausgegangen	eingegangen
kgr	kgr	kgr	kgr	kgr	kgr	kgr	kgr
105.778	416,468	52,595	533,924	2.594,814	1,469,551	2,851,240	919,191
25,503	167,169	11,534	188,369	1.977,962	545,326	1,879,715	410,802
242,273	1.186,464	184,807	1,085,579	7.561,858	3,175,668	8,096,559	3,065,632
63,129	730,697	81,863	1,228,990	10,859,216	2,420,250	9,818,746	2,099,657
1,539	144,213	281,359	19,482	5.992,835	1,500,421	5,910,224	972,729
24,410	1.345,249	31,936	566,606	1.989,821	2,510,866	1.303,986	2,699,159
1.510,440	2,622,331	273,614	5.087,953	18.575,511	18,419,811	22,384,432	20,991,568
4,652,365	1,274,628	29,705	2.305,450	15,755,777	6.939,289	18.698,791	5.859,710
1,670,870	11,120	1,727	5,207	6.016,045	23,812	1,940,489	16,424
8,095,220	—	—	- -	8.705,220		10.102,545	10,527
107,363	330,587	8,442	75,861	4.109,599	683,441	4,753,500	686,934
404,134	1,069,455	37,542	672,133	10,107,277	2,470,274	11,443,610	1,865,580
228,866	843,861	264,183	2,189,023	8,605,954	3,598,485	10,825,126	3,210,568
18,479	852,958	16,899	50,787	1,448,566	1,010,112	1,707,450	1,070,325
111,897	1.334,607	1.246,363	296,909	9.654,157	2,140,141	8,027,525	2,334,208
17,262,066	12,329,807	2,522,567	14,306,273	113,954,612	46,907,450	149,743,938	46,113,041

In Ostrumelien betrug im Jahre 1883 die Länge der Tele-
graphenlinien: 1,217 km, die Länge der Drähte: 1,700 km. In
9 Büreaus war Tag- und Nachtdienst, in 8 Tagesdienst, in 10 be-
schränkter Tagesdienst. 63 Telegraphenapparate functionirten.
Die Zahl der Beamten belief sich auf 209.

Beifolgende Tabelle, deren Zahlen den betreffenden Budgets
entnommen sind, sollen die fortschreitende Entwicklung des Post-
und Telegraphenwesens in Bulgarien an der Hand der Einnahmen und Ausgaben veranschaulichen.

Jahre	Einnahmen	Ausgaben
1879	710,000	1.598.292
1880	450,000	1,365,370
1881	660,000	1.383,743
1882	660,000	1.630,716
1883	1.085,000	1.459,010
1884	1,131,000	1.668,370
1885	821,000	1.828,760
1886[1]	1.043,000	2.242.946
1887	1.087,000	2.560,689
1888	1,290,000	2.683.823
1889	1.390,000	2.646.092
1890	1,432,500	3.003,498

In Ostrumelien betrugen die Einnahmen der Posten und
Telegraphen im Jahre
         1885: 171,791 Fr.; 1886: 222,000 Fr.
Die Ausgaben beliefen sich 1886 auf 417,738 Fr.
Nachdem aus dem Vorhergehenden der enge Zusammenhang
der Staatsschulden mit den Eisenbahnen erwiesen und im An-

---

[1] Von 1879 bis incl. 1885 gelten die Zahlen nur für das Fürstenthum, von
1886 ab für das vereinigte Fürstenthum.

schluss an diese Verkehrsmittel das Post-, Telegraphenwesen u. s. w. erörtert worden ist, sei zum Schluss gestattet, den Rest des Staatsschuldenwesens eingehend zu beleuchten.

Die Ausgaben für die Staatsschuld allein erscheinen zum ersten Male im Budget für 1885 mit 2,105,004 Frs.; dieselben betrugen für 1886: 2,237,183 Frs., für 1887: 2,239,898 Frs., 1888: 6,397,618 Frs.; sie waren bis 1889 auf 12,532,471 Frs. gestiegen und belaufen sich für das Finanzjahr 1890 auf 6,677,934 Fr., also zusammen 32,190,108 Frs. für diesen Zeitraum.

Wie schon oben erwähnt, hängen die Staatsschulden u. a. mit den Verbindlichkeiten zusammen, welche der Berliner Vertrag dem Fürstenthume auferlegt hat. Hierher gehört vor Allem die russische Occupationsschuld.

Nach der am 16./28. Juni 1883 gemäss den Stipulationen des Berliner Vertrages, zwischen der bulgarischen Regierung einerseits und der russischen Regierung andererseits in Petersburg unterzeichneten Convention wurde die Occupationsschuld auf 10,618,250 Papierrubel und 43 Kopeken = 26,545,626 Fr. festgestellt.

Als Theilzahlungen wurden bestimmt: am 1./13. September 1883: 400,000 Rubel, ferner binnen 12 Jahren (1884–1895) halbjährliche Raten zu 800,000 Rubel. Am 1./13. Januar 1896 sind 400,000 Rubel und am 1./13. Juli desselben Jahres die übrigen 218,250 Rubel 43 Kopeken in Baar zu zahlen. Die Auszahlungen erfolgen für Rechnung der fürstlichen Regierung durch die Nationalbank zu Sofija in Franken oder Lewa nach dem Tageskurs des Datums der Bezahlung. Die Kaiserliche Regierung verzichtet seit Beginn der Occupation auf die Zinsen der aufgelaufenen Schuld. Die Raten von 400,000 Rubel sind bis für das erste Halbjahr 1886 einschliesslich an Russland gezahlt worden. Seitdem hatte Russland die Annahme der Zahlung verweigert, weil es den jetzigen Zustand Bulgariens als illegal betrachtete. Die entfallenden Beträge wurden aber nach wie vor alljährlich in das Budget eingestellt und auf der Nationalbank zu Sofija deponirt. Als daher Russland

Tabelle XXVII.

Stand der bulgarischen Staatsschuld vom 1./13. März 1890 laut Bericht des Finanzministeriums.

	Nominalbetrag Fr.	Ratenzahlung Fr.	bis jetzt bezahlt Fr.
1. Russische Occupationsschuld	10,618,250 Rubel (1 Papierrubel à 2 Fr. 60 Ctm.) = 27,607,450 Fr.	2,100,000	5,000,000 Rubel 1 Papierrubel à 2 Fr. 60 Ctm. = 11,500,000 Fr.
2. Ost-Rumelischer Tribut	2,951,000	500,000	—
3. 6% hypothekarische Anleihe	30,000,000	—	—
4. Schuld Ost-Rumeliens an die Bank Imperial-Ottoman .	3,194,798	—	—
5. Rückstände der ostrumelischen Schuld an die hohe Pforte .	4,024,528.40	500,000	—
6. An die Gesellschaft der Anschlussbahn f. d. Betriebsrecht der Linie Vakarel-Belova, als jährliche Zinsen .		160,685	—
7. An die Compagnie des chemins de fer Orientaux für den Truppentransport des Krieges 1885/86	2,100,000		1,100,000
8. Eisenbahn Russčuk-Varna	52,777,500		3,474,500
9. „ Zaribrod-Sofija-Vakarel	18,470,817.72		15,555,873.70
10. „ Jamboli-Burgas	10,000,000		3,640,968.22
Summa:	151,126,434.12	3,260,685	38,829,341.92

11. Stand der Schulden ausweislich des Budgets vom 1. Januar 1890.

Tilgungsfonds	2,900,000 Fr.
Tribut, Pensionen, Unterstützungen . . .	3,287,032
Zinsen-Commission	401,402
cfr. 6. für das Betriebsrecht der Linie Vakarel-Belova .	139,500
Summa:	6,657,931 Fr.

am 8./20. Februar d. J. unerwartet in einer vom deutschen General-Consul zu Sofija im Auftrag der russischen Regierung über-gebenen Note die Auszahlung der ganzen rückständigen Summe forderte, war die bulgarische Regierung sofort in der Lage, sämmtliche Occupationskosten bis incl. 1. Januar 1890 aus-zuzahlen. Bis zum 1./13. März 1890 sind nach dem ministe-riellen Bericht von der russischen Occupationsschuld incl. der letzten Reclamation 5,600,000 Rubel (à 2,60 Fr.) bezahlt worden.

Der gleichfalls im Berliner Vertrage dem Fürstenthume auf-erlegte Tribut an die Pforte ist bisher weder festgesetzt, noch bezahlt worden.

Durch die Vereinigung mit Ostrumelien hat Bulgarien den von Seiten jener Provinz an die Türkei zu zahlenden Jahres-tribut von 2,951,000 Fr. übernommen. Ferner hat Bulgarien die Verpflichtung, die bis 1885 aufgelaufenen Steuerrückstände Ostrumeliens im Betrage von 4,024,528,40 Fr. in 8 Jahresraten zu 500,000 Fr. an die Pforte zu zahlen. Bis zur Gegenwart wur-den 500,000 Fr. bezahlt.

Während in den Budgets von 1885 bis 1888 unter der Rubrik „Staatsschulden" nur die Jahresrate der russischen Occupations-schuld und verschiedentliche Staatspensionen aufgenommen wurden, tritt in demjenigen von 1888 neben der Amortisation der alten Schuld sowie dem Tribute Ostrumeliens noch die Zahlung der Zinsen an die Banque Impériale Ottomane für eine von Seiten der früheren Ostrumelischen Regierung contrahirte Schuld im Be-trage von 3,194,798 Fr. (gemäss eines Vertrages vom 1./13. Mai 1885) mit Jahresraten von 232,646 Fr. auf. Ferner erfolgte laut Budget die einmalige Zahlung von 340,374 Fr. an die National-bank für Prägung von bulgarischen Silbermünzen im Jahre 1882 in der Höhe von 10,000,011 Lewa. In den Budgets der Jahre 1889 und 1890 wurden die übernommenen Verpflichtungen getrennt für Kapital und Zinsen aufgeführt. Im Jahre 1890 betrugen die Zinsen für Anleihen im Ganzen 401,402 Fr. Auch figurirt in dem Etat jenes Jahres ein besonderes Kapitel für die Staatsschulden-

12

tilgungskasse; es enthält Mittheilungen über die russische Occupationsschuld, die alte ostrumelische Schuld und die Tilgung der
Anleihen bezw. jährliche Zinsabtragung für dieselben.

Auf den ostrumelischen Tribut, die Staatspensionen
und Hülfsgelder kamen 1889: 3,203,652 Fr.; 1890: 3,237,032 Fr.
Für den Truppentransport während des Krieges 1885—1886 waren an die Gesellschaft der Orientalischen Bahnen 2,100,000 Fr.
zu zahlen. Hiervon sind bereits 1,100,000 Fr. abgetragen.

Schliesslich sei noch bemerkt, dass das Staatsvermögen Bul-
gariens die Gesammtschuld weit übersteigt. Neben den erworbenen
Eisenbahnen ist der Staat mit 10 Millionen Fr.[1] bei der Natio-
nalbank betheiligt und besitzt, wie schon erwähnt, Domänen,
Bergwerke, Salzsiedereien u. s. w., welche nicht unbedeutende
Jahreserträgnisse liefern.[2]

Eine übersichtliche Zusammenstellung der Voranschläge und
Effektivergebnisse seit 1879 soll, wie officiell versichert wird, das
Resultat ergeben haben, dass in diesem Decennium die gesammten
Einnahmen um fast 9 Millionen die gesammten Ausgaben
überstiegen haben. Daneben sollen in den Staatsbüchern noch
Einnahme-Rückstände mit 28,9 Millionen Franken verzeichnet
sein, und zwar 11,9 Millionen aus 1888, 5,7 Millionen aus 1887
und 11,2 Millionen aus früheren Jahren.

Die Kotirung der 6procentigen Anleihe Bulgariens im
Jahre 1889 und der Umstand, dass die Summen, welche in
Wien, Pest und Triest gezeichnet wurden, den geforderten Anleihe-
betrag um das Dreifache überstiegen, liefert den Beweis, dass
man im Auslande trotz der jüngsten politischen Ereignisse die
fernere Entwicklung des Landes finanziell als gesichert be-
trachtet. Dieses Vertrauen ist um so mehr berechtigt, wenn
man bedenkt, dass z. B. die Kosten des serbisch-bulgarischen Krieges,

---

[1] Bisher sind nur 9½ Millionen Franken eingezahlt worden.
[2] Die Salzsiedereien allein liefern jährlich ungefähr 2 Millionen Franken
Einnahmen.

welche sich auf 27.23 Millionen Franken beliefen, aus den Staats-
kassenbeständen in der Zeit von 1885–1888 bestritten worden sind.

Nach dem Reglement vom 11./23. Februar 1883, bezw.
durch Gesetz vom 27. Januar (8. Februar) 1885, hat die
Nationalbank das ausschliessliche Privilegium, in Gold rück-
zahlbare Banknoten auszugeben. Die Bank hat ferner das Recht,
Wechsel zu discontiren, hypothekarische Darlehen bis zur
Dauer von 30 Jahren zu gewähren und Filialen in den einzelnen
Städten des Fürstenthumes zu errichten. Der Baarfond muss
mindestens einem Drittel des Werthes der ausgegebenen Banknoten gleichkommen.

An Papiergeld sind bis jetzt Scheine à 5, 10, 20, 50 und
100 Lewa im Umlauf. Die Emission der Banknoten ist unregel-
mässig. Die bulgarische Bank gibt Noten nach ihrem Bedarf
aus. Ende Februar 1890 betrug die Summe der umlaufenden Noten
620.690 Fr.

Neuntes Capitel.

Ueberblick über den Gesammt-Staatshaushalt.

Zunahme der Ausgaben im Staatshaushalte. — Höhe der Besteuerung. — Art der Ausgaben. — Directe Steuern. — Der Zehnte. — Grund- und Gebäudesteuer. — Patentsteuer. — Viehsteuer. — Tabak- und Getränkesteuer. — Wegesteuer. — Indirekte Steuern. — Zölle. — Accisen. — Tabak. — Abgabe auf Getränke. — Sonstige Einnahmen. — Staatsgüter. — Schlussbetrachtungen.

Der bulgarische Staatshaushalt weist in seinen jährlichen Bilanzen, namentlich seit der Vereinigung Ostrumeliens mit dem Fürstenthume eine beträchtliche Steigerung auf. Die Gesammtausgaben des Fürstenthums Bulgarien im Finanzjahre 1879/80 betrugen 21,494,555 Fr., der autonomen Provinz Ostrumelien für das gleiche Finanzjahr 46.788,493 Piaster = 9.357,699 Fr., während die Gesammtausgaben des Finanzjahres 1890 für das vereinigte Fürstenthum 81.093,175 Fr. betragen, somit innerhalb eines Zeitraumes von 11 Jahren weit um das Doppelte gestiegen sind.

Nebenstehende Tabellen geben den specificirten Beweis für obige Behauptung.

Die zur Bestreitung dieser Ausgaben erforderlichen Einnahmen wurden theils durch die direkten Erwerbseinkünfte des Staates, theils durch Steuern beschafft. Laut Budget des Jahres 1890 wurden 52.912 Millionen Franken an Steuern erhoben.

Bulgarien		Ost-Rumelien		
Jahre	Ausgaben	Jahre	Ausgaben	
	Fr.		Piaster	Fr.
1879	21,494,555	1879	46,788,493	9,357,699
1880	27,306,267	1880	63,883,378	12,776,676
1881	29,143,814	1881	63,321,581	12,664,316
1882	29,000,517	1882	62,358,174 -	12,471,635
1883	31,502,127	1883	72,196,509 -	14,439,302
1884	34,722,423	1884	---	—
1885	35,780,323	1885	—	—

Vereinigtes Bulgarien

Jahre	Ausgaben	
	Fr.	
1886	34,049,000 13,101,016[1]	} 47,150,916
1887	47,218,266	
1888	61,707,944	
1889	78,496,418	
1890	81,093,175	

Rechnet man die Bevölkerung des ganzen Landes auf rund 3,200,000 Seelen, so kommt circa 16,54 Fr. auf den Kopf.[2]

Die einzelnen Posten der Ausgaben für das laufende Finanz-jahr 1890 und ihr relatives Verhältniss zum Ganzen stellt sich folgendermassen dar:

    Oberste Regierung . . 1.669,900 oder 2,05 %

    Staatsschulden . . . . 6.677,934 .. 8,23 „

[1] Ausgaben des ostrumelischen Nachtrag-Budgets per 1. März bis 31. De-zember 1886.

[2] Nach Laveleye, „Balkanländer", Cap. 5 S. 191 entfielen in Ost-rumelien auf den Kopf 20 Fr.

Oberster Rechnungshof . . . . .   248,133 oder 0,3 %

Ministerium des Aeussern und der
  Kulte, sowie Verwaltung der Post
  und des Telegraph   4,784,739   5,9 „

Ministerium des Innern   .   8,963,138   „   11,05 „

Ministerium des Unterrichts . .   4,682,260   „   5,77 „

Ministerium der Finanzen und Ver-
  waltung der öffentlichen Bauten . 26,080,552   .. 32,16 „

Ministerium der Justiz .   4,078,398   5,02 „

Ministerium des Kriegs 23,908,121   „   29,48 „

Die Einzelheiten über die Zunahme der Staatsausgaben in
den Jahren 1880—1890 ergeben sich aus Tabellen XXVIII und
XXIX, die aus den verschiedenen Budgets zusammengestellt sind.

Ueber die Staatseinnahmen im Allgemeinen vgl. Tabelle
XXX und XXXI.

Aus den Ergebnissen des Verwaltungsamtes über die
Staatseinkünfte ist zu ersehen, dass die finanzielle Lage
Bulgariens seit 1879 eine zwar langsame, aber fortschreitende
Entwicklung erfahren hat.

Die directen Steuern betrugen im Durchschnitt:

> von 1879 bis 1885: 16,720,143 Fr.
>
> „ 1886 .. 1890: 31,817,502 „

Es bestehen 6 Arten der directen Staatsbesteuerung in
Bulgarien:

1. Der Zehnte, auf türkisch „Ošur", ist in Naturalien zu
entrichten und stammt aus der früheren türkischen Zeit. Nachdem
nachweislich in den Budgets für 1879 und 1880 an Stelle des
Zehnten eine Boden-Steuer getreten war, wurde 1881 der Zehnte
in Naturalabgaben im Fürstenthum wieder eingeführt. Jeder
Bauer musste den zehnten Theil seines Ernteertrages an Feld-
früchten, Bodenprodukten — in Natura — abgeben. Auf Heu wurde
eine Steuer, bestehend in 10 % des Verkaufswerthes, erhoben.
Durch Gesetz vom 27. Dezember 1880 (8. Januar 1881) wurde der
Zehnte in eine Geldsteuer umgewandelt, deren Höhe nach den-

Tabelle XXVIII.

Vergleichende Tabelle über die Zunahme der detaillirten Ausgaben von 1880 und 1890.

Art der Ausgabe	Bulgarien 1880	Ost-Rumelien 1880	Gesammt-Bulgarien 1890
	Fr.	Fr.	Fr
I. Oberste Regierung.			
1. Civilliste	600,000		630,800
2. Kanzlei des Fürsten	100,000		300,000
3. Nationalversammlung (Kammer)	600,000		586,000
4. Ministerrath	12,600		93,100
	1,312,600		1,669,900
II. Staatsschulden.			
1. Tilgung der Staatsschulden (Staatsschuldentilgungsfonds)			2,900,000
2. Tribut, Pensionen und Unterstützungsgelder	—	—	3,237,032
3. Zinsen und andere Ausgaben für Anleihen			401,402
4. Für Bezahlung an die hohe Pforte und Baron Hirsch das Betriebsrecht der Eisenbahnlinie Vakarel-Belova			139,500
			6,677,934
III. Oberster Rechnungshof		—	248,133
IV. Ministerium des Aeussern und der Kulte.			
1. Centralverwaltung	71,600		224,411
2. Ausserordentliche Kosten	332,000		755,719
3. Für später zu eröffnende Agentien	—		130,000
4. Zum Unterhalt der Agentie in Constantinopel	63,000		84,498
5. Zum Unterhalt der Agentie in Bukarest	27,600		43,356
6. Zum Unterhalt der Agentie in Belgrad	21,000		38,688
7. Zum Unterhalt des Exarchats (Constantinopel)	57,600		142,000
8. Zum Unterhalt der Geistlichkeit	101,600		74,800
9. Beiträge und Unterstützungsgelder für Kirchen und Moscheen etc.	—		207,526
10. Zum Unterhalt der muhamedanischen geistlichen Schule in Schumla	—		9,000
11. Zum Unterhalt der Vakufcommission	18,800		11,000
12. Zum Unterhalt der andersgläubigen Geistlichkeit			60,240
13. Post- und Telegraphen-Verwaltung	1,365,370		3,003,498
	693,200	—	4,784,739

[1] Cfr. Ministerium des Innern für 1880.

Art der Ausgabe	Bulgarien 1880	Ost-Rumelien 1880	Gesammt-Bulgarien 1890
	Fr.	Fr.	Fr.
V. Ministerium des Innern.			
1. Centralverwaltung	98,440		184,524
2. Personalbestand der Kreisämter 1., 2., 3. Classe	285,900		408.392
3. Präfectur zu Sofija	—		20,440
4. Personalbestand der städtischen Verwaltungen Philippopel, Rusčuk, Varna	--		27,180
5. Personalbestand der Bezirksämter 1. u. 2. Classe	413.100		776.800
6. Administration der Gefängnisse	339,120		72.000
7. Polizei	1.905,600		3,924.800
8. Beiträge an die Kreiscommissionen etc.	394,590		309,000
9. Ausgaben für den Staatsanzeiger und sonstige sachliche Kosten	—		968.500
10. Vermischtes	275.000		21.000
11. Gesundheitsamt	1,430,207		1,872,112
12. Ausserordentliche Ausgaben	—		378,390
	5.141,957	2,299.585	8,963,138
VI. Ministerium des Unterrichts.			
1. Centralverwaltung	44,900		196,703
2. Staatliche Lehranstalten	319,420		1,602.554
3. Landwirthschaftliche und Gewerbeschulen			439,784
4. Staatliche Pensionsanstalten	22,800		57,424
5. Unterhalt von Schülern der Staatslehranstalten	—		191,000
6. Unterhalt von Schülern bei den Hoch- u. Specialschulen im Auslande	45,000	704.643	203.000
7. Schulinspectionen	60,000		225.000
8. Unterstützungsgelder für Gemeindeschulen	350,000		1,210,000
9. Für litterarische u. wissenschaftl. Unternehmungen	30,000		90,000
10. Für die Volksbibliotheken und Museen in Sofija und Philippopel	30,900		79,600
11. Statistisches Bureau	—		122,300
12. Unterstützungen an alte Lehrer und bedürftige Lehrerfamilien	30,000		10,000
13. Stipendien zu verschiedenen Beschäftigungen in Künsten im Ausland	—		60,000
14. Unterhalt des bulgarischen Theaters in Sofija	—		10,000
15. Ausserordentliche Ausgaben	432,000		184,895
	1,365,020	704,643	4,682,260

Art der Ausgabe	Bulgarien 1880	Ost-Rumelien 1880	Gesammt-Bulgarien 1890
	Fr.	Fr.	Fr.
VII. Ministerium der Finanzen.			
1. Centralverwaltung	243.400		916.960
2. Kreis- und Bezirks-Steuerämter	258.900		626.142
3. Aufsicht über die Bestimmung und Verwendung der Staatseinnahmen	205.400		3.814.620
4. Verwaltung der Zollämter	648.020		1,001.256
5. Für Controleure bei den Tabakfabriken, Branntweinbrennereien etc.	60.000		175.600
6. Vermischtes	—		34.000
7. Verwaltung der Salzwerke in Anchialos und Balčik	—	4.586.375 (incl. oberste Verwaltung)	461.510
8. Exploitationen der Bergwerke in Mošino, Trevna und Gabrovzi	—		8.980
9. Zur Einrichtung eines practischen Kursus zum Weinbau und Bereitung in Vidin	—		16.000
10. Palais in Sandrovo (Varna) und Rusčuk, Garten in Pepignere in Philippopel			33.115
11. Aufsicht über die Wälder	72.080		875.180
12. Staatsdruckerei und Verwaltung des Staatsanzeigers			654.680
13. Sonstige Ausgaben	900.000		7.122.349
	2.387.800	4.586.375	15.740.392
VIII. Oeffentliche Bauten.			
1. Centralverwaltung	46.120		453.690
2. Eisenbahn: Zaribrod-Sofija-Belova	—		2.315.920
3. Eisenbahn: Rusčuk-Varna	—		1.054.410
4. Eisenbahn (im Bau) Jamboli-Burgas	—		400.000
5. Für die projectirten Linien Jamboli-Slivno-Stara-Zagora (linkes Maritza-Ufer), Čirpan-Philippopel-Pazardžik-Sarambej	—		100.000
6. Brücken und Chausseen, Kreisbeamte für dieselben	1.487.000		2.237.500
7. Vermischtes			—
8. Verschiedene Bauten bei sämmtlichen Ministerien	800.000		3.748.000
9. Ausserordentliche Ausgaben	50.000	[1]	30.570
	2.383.120		10.340.120

[1] Cfr. Ministerium des Innern für 1880.

Art der Ausgabe	Bulgarien 1880	Ost-Rumelien 1880	Gesammt-Bulgarien 1890
	Fr.	Fr.	Fr.
IX. Ministerium der Justiz.			
1. Centralverwaltung	58,400		100,820
2. Oberster Cassationshof	84,000		140,880
3. Appellationsgerichte	120,400	931,323	253,728
4. Kreisgerichte	580,000		1,722,288
5. Friedensgerichte	336,400		717,220
6. Vermischtes	228,000		1,143,462
	1,407,200	931,323	4,078,398
X. Kriegsministerium.			
1. Centralverwaltung und Truppensold . .	3,012,029		8,594,729
2. Sachliche Ausgaben (für Menage, Fourage, Equipirung, Heizung, Licht, Lazarethe etc.)	5,367,000		9,188,301
3. Specialausgaben	438,817	4,254,750	2,796,000
4. Bezirkscommandos	500,000		989,049
5. Flotte	—		201,960
6. Arsenal	—		192,050
7. Sonstige Ausgaben	1,932,154		1,946,032
	11,250,000	4,254,750	23,908,121

jenigen Abgaben bemessen wurde, die während der drei dem
russisch-türkischen Kriege folgenden Jahren entrichtet worden
waren. Seit 1889 jedoch wurde jene Geldsteuer wiederum in eine
Naturalsteuer umgestaltet. Neben ihr besteht seit 1881 eine
besondere Abgabe für Weinberge im Betrage von 3 Lewa für je
1000 qm.

2. Die Grundsteuer — der türkische Verghi — besteht

a) aus dem sog. „Emlijak", welcher seit 1883 $^2/_5$ oder 4 $^0/_{00}$
für die Immobilien beträgt; und

b) aus dem sog. „Idžar".

Nach dem Gesetz vom 15./27. Januar 1885 trifft der Emlijak alle Gebäude, Ländereien, Aecker, Wiesen, Gärten,
Weinberge und Forsten. Befreit von der Abgabe sind:

1) Die Staatsgüter, 2) Schulen, Spitäler, ferner alle
Wohlthätigkeitsanstalten, sofern sie den Gemeinden oder

Klöstern angehören. 3) Kirchen, Moscheen und Synagogen, in
welchen Gottesdienst abgehalten wird. 4) Die Güter und Baulich-
keiten des Rilo-Monastir, soweit sie sich in dem Bezirk der
klösterlichen Gemeinde befinden. 5) Immobilien, welche den
Volksschulen gehören.

Der „Idžar" (Gesetz vom 23. Januar [7. Februar] 1885) besteht in einer Steuer von 3% des Miethwerthes derjenigen Immobilien, welche nicht dem Zehnten unterworfen sind. Eine Befreiung
von derselben tritt in den nämlichen Fällen ein wie bei dem
„Emlijak".

3. Die Patentsteuer. Von 1879 bis 1885 bestand eine Ein-
kommensteuer — Temetuat, — welche auf 3% normirt war.
Durch das Gesetz vom 31. Januar (12. Februar) 1885 ist an
ihre Stelle die Patentsteuer getreten, welche den Zweck hat,
alle Berufsklassen zum staatlichen Einkommen heranzuziehen.
Ihr unterliegen 1) der dienende Beruf, d. h. alle diejenigen,
welche einen Gehalt beziehen, 2) die freien Berufsarten, 3) die
Handeltreibenden, 4) die Industriellen, 5) die Innungen. Die
einzelnen Steuersätze für diese 5 Klassen gestalten sich folgendermassen:

Personen, welche dem dienenden Berufe angehören, zahlen
bei einem Gehalte bis zu 2000 Lewa jährlich 1%. Alle jene
Summe übersteigenden Beträge werden in der Differenz mit einem
Zuschlag von 2% besteuert.

Die freien Berufsarten zerfallen in 3 Steuerklassen. Die
erste Klasse, d. h. Advokaten, Architekten, Ingenieure, Apotheker
und Aerzte zahlen je nach ihrem Einkommen 200, 120, 80, 40 Lewa
Steuern. Zur zweiten Klasse zählen Herausgeber von Zeitschriften
und Zeitungen, Drucker, Zahnärzte, Accoucheure und Hebammen,
Schreiber, Photographen, Maler und Künstler aller Art: sie zahlen
je 80, 40, 20 Lewa. Die dritte Klasse umfasst Unternehmer öffent-
licher Arbeiten, Lieferanten für die Armee, Krankenhäuser und
Gefängnisse, Pächter von Fischereien, Octrois. Sie zahlen je nach
dem Umfang ihrer Unternehmungen 1—2% Steuern.

Tabelle

Tabelle der Ausgaben von Nord- und Süd-Bulgarien

Betreff	Bulgarien und Ost-Rumelien					
	Bulgarien 1880	Ost-Rumelien 1880	Bulgarien 1881	Ost-Rumelien 1881	Bulgarien 1882	Ost-Rumelien 1882
	Fr.	Fr.	Fr.	Fr.	Fr.	Fr.
Oberste Regierung (Civilliste, Nationalversammlung) .	1,312,600	—	1,312,600	—	1,312,600	—
Staatsschulden		—				—
Oberster Rechnungshof	—		—		87,200	—
Ministerium des Aeussern, der Kulte, Post- und Telegraphenverwaltung	2.058.570		2.028.271		2.143.271	—
Ministerium des Innern	7.525.077 [1]	1.124.606	7.424.072 [1]	988.270	5,766.772 [1]	996,140
Ministerium des Unterrichts . .	1.365.020	704.643	1,691,700	800.040	1,808,508	1,006,448
Ministerium der Finanzen u. der öffentlichen Bauten, Eisenbahnen u. s. w.	2.387.800 [2]	5.761.354 [3]	3.555.652 [2]	5.676,242 [3]	2.758,447 [2]	5,609,367 [3]
Ministerium der Justiz	1,407.200	931.323	1,881.520	1,111.033	1,896,520	1,161,149
Kriegsministerium .	11.250,000	1.254,750	11.249,999	4,088,726	12,927,199	3,698,529
Total:	27.306,267	12.776,676	29,143,814	12,664,311	29,000,517	12,471,633

[1] Incl. öffentliche Bauten.

[2] Excl. öffentliche Bauten.

[3] Da das ostrumelische Budget eingetheilt war in: 1. oberste Verwaltungs- und Finanzdirection. 2. Direction des Innern. 3. Direction der Justiz. 4. Direction des Handels, Ackerbaues, öffentl. Bauten, Post und Telegraph. 5. Direction des Unterrichts. 6. Miliz und Gensdarmerie, so sind in dieser Summe der Gleichmässigkeit halber mit dem Budget des Fürstenthums die Posten der obersten Verwaltung, Finanzen, öffentl. Bauten, Handel, Post und Telegraphen enthalten.

[4] Damals gehörte neben dem Ministerrathe noch der Staatsrath zur obersten Regierung.

XXIX.

von den Jahren 1880—1890.

Bulgarien 1883	Ost-Rumelien 1883	Nord-Bulgarien		Gesammtes Fürstenthum Bulgarien				
		1884	1885	1886	1887	1888	1889	1890
Fr.	Fr.	Fr.	Fr.	Fr.	Fr.	Fr.	Fr.	Fr.
1,199,872[1]	—	991,400[5]	1,210.900[6]	1,476.060[7]	1,520.092	1,513.700	1,598.500	1,669.900
—	—	—	2,105.004	2,237.183	2,239.898	6,397.618	12,532.471	6,677.934
82,308		119.440	91.860	114.800	114.800	196.123	233.937	248,133
2.695,768		3.985,673	3,346.800	3.425.454	3,768.862	4,168.087	4,310.058	4,784.759
4,458,558	878,000	5,800,385	5,372,230	6,452.462	6,742.480	7,940.143	8,875.743	8,963.138
1,879,548	1,087,680	2,215.994	2,508.701	2,664.099	2,314.335	3,759.510	4,472.355	4,682.260
6,795,327[5]	7,449,431[3]	8,654.061[5]	6,889,240	9,079,325	9,033.876	10,903.596	19,707.224	26,080.552
2,042,786	1,127,200	1,955,470	2,580,428	3,335,625	3,486.722	3,943.817	3,512.086	4,078.398
12,345,260	3,896,990	11,000,000	11,675,160	18,206,678	18,207,349	23,225,424	23,254,044	23,308,121
31,502,427	14,439,301	34,722,423	35,780,323	46,991,683	47,437,414	62,048,318	78,496,418	81,093,175

[5] Damals bestand ein Ministerium für Handel und öffentl. Bauten, welches jetzt mit dem Finanzministerium vereinigt ist. Diese Summe enthält also die Ausgaben des Finanz- und Handelsministeriums.

[6] Die Jahrgänge 1884 und 1885 enthalten nur das Budget des Fürstenthums.

[7] Die Zahlen des auf Ost-Rumelien entfallenden Budgets enthalten nur den Zeitraum vom 1. März bis 31. Dezember 1886.

NB. Bei der Umrechnung der Piaster in Francs des ostrumelischen Budgets von 1880—1883 ist der Piaster zu 20 Centimes gerechnet (Curs in Nord-Bulgarien).

Tabelle XXX.

Tabelle der Einnahmen von Nord- und Süd-Bulgarien von den Jahren 1879—1890.

Betreff	Bulgarien und Ost-Rumelien							
	Bulgarien 1879	Ost-Rumelien 1879	Bulgarien 1880	Ost-Rumelien 1880	Bulgarien 1881	Ost-Rumelien 1881	Bulgarien 1882	Ost-Rumelien 1882
	Fr.	Fr.	Fr.	Fr.	Fr.	Fr.	Fr.	Fr.
1. Directe Steuern	13,590,000	5,519,349	13,500,000	6,968,552	17,500,000	7,411,807	17,500,000	6,800,998
2. Indirecte Steuern	3,369,100	1,887,965	3,992,000	3,106,668	9,821,317[6]	3,458,939	7,721,317[6]	3,648,998
3. Eisenbahnen, Post und Telegraph	—	—			—		—	—
4. Staatsgüter	282,600	210,294[3]	324,000	158,272[3]	—	195,775[3]	—	439,271[3]
5. Gelegentliche u. ausserordentliche Einnahmen	263,637	1,376,156	426,317	1,111,516		1,247,033		1,491,929
6. Ministerium d. Finanzen	22,035,337[4]	7,617,608[5]	22,242,317[4]	10,233,492[5]	27,321,317	11,068,521	25,221,317	10,889,368
7. Ministerium des Unterrichts	33,000[2]		8,000		5,280		5,280	2,500
8. Ministerium der Justiz	452,000	320,863	750,000	445,602	500,000	361,833	500,000	320,267
9. Ministerium d. Aeussern und d. Kulte	—		35,000		40,000			—
10. Ministerium der öffentl. Bauten, Ackerbau und Handel	710,000[1]	106,160[1]		143,315[1]		181,705[1]	700,000[1]	195,169[1]
11. Ministerium des Innern	—	45,468	451,500[1]	79,067	660,000[1]	63,986		75,881
Total:	23,230,337[1]	9,466,255	23,486,817	12,012,992	28,526,597	12,923,078	26,426,597	12,973,014

[1] Incl. Post und Telegraph.   [2] Incl. Kulte.   [3] Incl. sonstige Einnahmen.   [4] Diese Summe enthält die Posten 1—5 incl.
[5] Diese Summe enthält Nr. 1—4 incl.   [6] Diese Summe enthält die Posten 4 u. 5.   [7] Incl. Kapitalien und Monopole.

Betreff	Bulgarien und Ost-Rumelien		Nord-Bulgarien		Gesammt-Fürstenthum Bulgarien				
	Bulgarien 1883	Ost-Rumelien 1883	1884	1885	1886	1887	1888	1889	1890
	Fr.	Fr.	Fr.	Fr.	Fr.	Fr.	Fr.	Fr.	Fr.
1. Directe Steuern . . .	17,626,000	9,550,000	17,750,000	19,575,000	28,200,000	28,807,308	31,600,000	32,190,000	37,380,000
2. Indirecte Steuern . .	7,460,000	3,500,000	8,890,000	13,520,700	17,676,716	16,165,398	11,744,166	12,649,266	15,582,000
3. Eisenbahnen, Post und Telegraph	—	139,000	—	—	—	—	—	—	—
4. Staatsgüter	600,000	—	588,000	—	—	—	1,975,000	4,510,140	5,051,000
5. Gelegentliche u. ausserordentliche Einnahmen	1,583,500	60,000	323,700	1,804,200	1,274,200	1,215,360	8,356,880[7]	3,820,366[7]	4,189,600[7]
6. Ministerium d. Finanzen	27,269,500[4]	474,102	—		—	—	—	10,315,180	10,416,430
7. Ministerium des Unterrichts	303,280	66,000	348,250	—	—	—			—
8. Ministerium der Justiz	848,500	350,000	676,800	—		—			—
9. Ministerium d. Aeussern und d. Kulte . . .	1,137,000[1]	—	2,038,000[1]			—			—
10. Ministerium d. öffentl. Bauten, Ackerbau und Handel	90,000	214,000	1,636,720	—	—	—			—
11. Ministerium des Innern	920,000	86,200	920,000			—			—
Total:	30,568,280	14,439,302	33,191,300	34,899,900	47,150,916	47,218,266	53,676,046	63,484,952	72,349,030

NB. Die Zahlen des ostrumelischen Budgets haben keinen gesetzlichen Charakter. Sie wurden zwar von dem Oberrechnungsamt aufgestellt und von dem Generalcontroleur auf die Richtigkeit untersucht, haben aber noch nicht die Bestätigung der Volksversammlung erhalten, wie überhaupt noch kein Budget von ihr in bestimmter Weise geregelt worden ist.

Tabelle

Tabelle der directen

	Bulgarien 1879	Bulgarien 1880	Bulgarien 1881	Bulgarien 1882
	Fr.	Fr.	Fr.	Fr.
1) Bodensteuer bezw. der Zehnte auf landwirthschaftl. Producte (incl. Weinberge)	7,000,000	7,000,000	11,200,000	11,200,000
2) Grund- und Gebäudesteuer . . .	3,065,000	3,065,000	2.850,000	2,850 000
3) Einkommensteuer	—	—	—	—
4) Viehsteuer auf Schafe und Ziegen . .	3,100,000	2,600,000	3.000,000	3,000,000
5) Viehsteuer auf Schweine	—	400,000	100,000	100,000
6) Wegesteuer	—	—	—	—
7) Patentsteuer (Einkommensteuer) .	425,000	435,000	350,000	350,000
8) Tabak- und Getränkesteuer	—	—	—	—
(Zehnt für Gemeinde- und Privatwaldungen, blos im Budget 1888)	—	—	—	—
Total:	13,590,000	13,500,000	17,500,000	17,500,000

Tabelle

Tabelle der indirecten

	Bulgarien 1879	Bulgarien 1880	Bulgarien 1881	Bulgarien 1882
	Fr.	Fr.	Fr.	Fr.
Zölle und Accisen	—	—	—	—
1) Accise (Monopol etc.) auf Tabak	2.450,000	1.900,000	1.900,000	1,900,000
2) Accise (Monopol etc.) auf geistige Getränke	759.100	1,798,000	617,000	617,000
3) Einfuhrzölle	—	3.700,000	3,700,000	3,700,000
4) Ausfuhrzölle	—	250,000	250,000	250,000
Taxen, Gebühren	160,000	294,000	440.000	440,000
5) Einnahmen aus Staatsforsten etc.	—	—	357.000[2]	357,000[2]
6) Staatsgebäude . . .	—	—		—
7) Kohlenbergwerke . . .	—	—		—
8) Fischerei etc. . .	—	—	—	—
Strafgelder . . .	—	—	—	—
9) Staatsdruckerei .	—	—	—	—
10) Gerichtsgebühren .	—	—	—	—
11) Post und Telegraph .	—	—	—	—
12) Salzmonopol . .	—	—	—	—
13) Verschiedentliches . . .	—	—	2,557,317	407,317
Total:	3,369,100 1,530,000[1]	7,942,000	9,821,317	7,671,317

[1] Einnahme der Abtheilung für Centralzollverwaltung aber nicht zu den indirekten Steuern

XXXI.
Steuern von 1879—1890.

Bulgarien 1883	Nord-Bulgarien		Gesammt-Bulgarien				
	1884	1885	1886	1887	1888	1889	1890
Fr.	Fr.	Fr.	Fr.	Fr.	Fr.	Fr.	Fr.
11.050,000	10,850,000	11,450,000	16,200,000	16,200,000	17,950,000	18,200,000	23,000,000
2,850,000	3,050,000	3,150,000	4,700,000	4,700,000	4,700,000	4,700,000	4,710,000
—							
3.154,000	3,300,000	3,300,000	5,050,000	4,800,000	5,400,000	5,650,000	5,950,000
222,000	200,000	175,000	250,000	250,000	250,000	250,000	250,000
—	—	—	—	1,857,508	1,000,000	1,200,000	1,230,000
350,000	350,000	1,500,000	2,000,000	2,000,000	1,200,000	1,300,000	1,380,000
—	—	—	—	-	820,000	890,000	860,000
—	—	—	—	—	280,000	—	—
17.626,000	17,750,000	19,575,000	28,200,000	29,807,508	31,600,000	32,190,000	37,380,000

XXXII.
Steuern von 1879—1890.

Bulgarien 1883	Nord-Bulgarien		Gesammt-Bulgarien				
	1884	1885	1886	1887	1888	1889	1890
Fr.	Fr.	Fr.	Fr.	Fr.	Fr.	Fr.	Fr.
—	—	—	—	—	8,758.000	10,460,000	13,324,000
2.110,000	2,110,000	2,405,000	3,219,000	3,298,000	—	—	—
950,000	950,000	700.000	1,000 000	900,000	—	—	—
3,700.000	5,000,000	5,000,000	5,260,000	4,900.000	—	—	—
250,000	350,000	350,000	430.000	530.000	—	—	—
450,000	480,000	700,000	1,149,000	1,078,000	2,986,166[3]	1,996,166	1,989,500
—	—	350,000	425.000	680,000	—	—	—
—	—	17.000	97,000	113,000	—	—	—
—	—	45.000	45,000	45.000	—	—	—
—	—	257,000	302,000	300,000	—	—	—
—	—	—	—	-	—	193,100	218,500
—	—	360,000	390,000	396.000	—	—	—
—	—	708.500	953,900	977,980	—	—	—
—	—	821,000	1.043.000	1,087,400	—	—	—
—	—	—	1,250,000	1,500.000	—	—	—
—	—	1,807.200	2.112,816	360,018	—	—	—
7,460.000	8,890,000	13,520,700	17,676,716	16,165,398	11,744,166	12,649,266	15,532 000

mit einbegriffen. [2] incl. Domänen. [3] incl. Strafgelder.

13

Tabelle XXXIII.

etrag der in Bulgarien erhobenen Einfuhrzölle von 1879—1890.

a) Bulgarien und Ost-Rumelien.

ulgarien 1879	Bulgarien 1880	Ost-Rumelien 1880	Bulgarien 1881	Ost-Rumelien 1881	Bulgarien 1882	Ost-Rumelien 1882	Bulgarien 1883	Ost-Rumelien 1883
Fr.	Fr.	Fr.	Fr.	Fr.	Fr.	Fr.	Fr.	Fr.
700.000	3.700,000	—	3.700,000	—	3.700.000	—	3.700,000	260.000
ℳ	ℳ	ℳ	ℳ	ℳ	ℳ	ℳ	ℳ	ℳ
060,000	2.960.000	—	2,960.000	—	2.960,000	—	2,960,000	208,000

b) Gesammt-Bulgarien.

1884	1885	1886	1887	1888	1889	1890
Fr.	Fr.	Fr.	Fr.	Fr.	Fr.	Fr.
5,000.000	5,000.000	5.260,000	4.900.000	4.600.000	6.200.000	8.600.000
ℳ	ℳ	ℳ	ℳ	ℳ	ℳ	ℳ
4.000.000	4.000.000	4,208,000	3.920.000	3.680,000	4,960,000	6,880,000

etrag der in Bulgarien erhobenen Ausfuhrzölle von 1879—1890.

a) Bulgarien und Ost-Rumelien.

ulgarien 1879	Bulgarien 1880	Ost-Rumelien 1880	Bulgarien 1881	Ost-Rumelien 1881	Bulgarien 1882	Ost-Rumelien 1882	Bulgarien 1883	Ost-Rumelien 1883
Fr.	Fr.	Fr.	Fr.	Fr.	Fr.	Fr.	Fr.	Fr.
250,000	250,000	—	250,000	—	250,000	—	250,000	800,000
ℳ	ℳ	ℳ	ℳ	ℳ	ℳ	ℳ	ℳ	ℳ
200,000	200,000	—	200,000	—	200,000	—	200,000	640,000

b) Gesammt-Bulgarien.

1884	1885	1886	1887	1888	1889	1890
Fr.	Fr.	Fr.	Fr.	Fr.	Fr.	Fr.
350,000	350,000	430,000	530.000	530,000	450,000	80,000
ℳ	ℳ	ℳ	ℳ	ℳ	ℳ	ℳ
280,000	280,000	344,000	424,000	424,000	360,000	64,000

Die Klasse der Handeltreibenden zerfällt in vier Abtheilungen. Zu ihr gehören 1) Personen, welche einheimische Erzeugnisse ausführen; sie zahlen je nach ihrem Einkommen 200, 120, 60, 30, 20, 10 Lewa Steuern.

2) Personen, welche mit ausländischen Erzeugnissen handeln. Die Steuer beläuft sich auf 5—200 Lewa, je nachdem der Absatz en gros oder en détail vermittelt wird.

3) Personen, welche Geldgeschäfte vermitteln. Geldwechsler und Commissionäre zahlen 30—200 Lewa, Actien- und Versicherungsgesellschaften je nach Umfang der Geschäfte 50—500 Lewa.

4) Die Kleinhändler in Esswaaren und sonstigen Lebensmitteln. Schankwirthe zahlen 5—60 Lewa, Hoteliers 25—150 Lewa, Cafetiers, Restaurateure und Inhaber von sonstigen Speiseanstalten 4—100 Lewa, Bäcker und Fleischer 4—60 Lewa, Händler mit Gemüse, Obst, Geflügel, Eiern, Milch u. s. w. 5—20 Lewa.

Die Industriellen zahlen je nach ihrem Einkommen 150, 100, 60, 40, 20 Lewa. Die Gerberinnung hat je nach Umfang der Unternehmung 8—50 Lewa zu entrichten. Die übrigen Innungen zahlen 5—35 Lewa; für Innungen auf Dörfern ist die Steuer auf 5 Lewa bemessen.

4. Die Viehsteuer stammt ebenfalls aus der Zeit der Türkenherrschaft und zerfällt in

      a) die Steuer auf Schafe und Ziegen, den sog. Beglik,

      und in

      b) die Steuer auf Schweine (Serčim).

Dem Gesetze vom 16. 28. Mai 1880 zu Folge wurde die Abgabe auf Schafe in einigen Kreisen von 1 Fr. 02 Cent. auf 90, in anderen auf 75 Cent. ermässigt. Die Ziegensteuer wurde statt wie bisher mit 1 Fr. 02 Cent. nur mit 1 Fr. und die Schweinesteuer mit 60 Cent. bemessen. Durch Gesetz vom 17. 29. Dezember 1880 wurde der „Beglik" auf 60 Stotinki = 60 Cent. für Schafe und 80 Stotinki für Ziegen normirt, während der „Serčim" gemäss den Bestimmungen vom Mai 1880 auf 60 Stotinki blieb. Das am 25. Februar (9. März) 1882 erschienene

13*

Reglement ist als Ergänzung des Gesetzes vom 17./29. Mai 1880 anzusehen. Seit 1889 ist die Taxe für Ziegen von 80 Stotinki auf 1 Lewa erhöht.

5. Besondere Licenzen sind erforderlich für den Verkauf von Tabak und geistigen Getränken. Diese Steuer erscheint erstmalig im Budget des Jahres 1888 und ergibt jährlich ungefähr 850—890,000 Fr. Im letzten Budget von 1890 ist die diesbezügliche Einnahme mit 860,000 Fr. verzeichnet.

6. Nach dem Gesetze vom 24. Dezember 1883 (5. Januar 1884) zahlt jeder männliche Einwohner im Fürstenthume vom 20. bis 55. Jahre jährliche 4 Lewa pro Kopf zur Unterhaltung der Staats- und Kreisstrassen. Von der Steuer befreit ist das active Militär, die Krüppel und die Minderjährigen. Die Wegesteuer, als directe Staatssteuer,[1] ist zum ersten Male im Budget 1887 im Betrage von 1,857,508 Fr. aufgeführt; nach dem Budget von 1890 beträgt sie 1,230,000 Fr.

Zu den indirecten Steuern gehören eigentlich nur Zölle. Accisen, Taxen incl. Stempelsteuer und Passabgaben, Gebühren und Strafgelder. Die Einnahmen, welche aus diesen Quellen fliessen, sind in der Tabelle XXXII wiedergegeben. Von 1879 bis 1884 ist obige engere Eintheilung beibehalten worden, während von 1885 bis 1887 auch die Einnahmen aus Post und Telegraph, Staatsdruckerei, Staatsgütern, Bergwerken u. s. w. an dieser Stelle im Budget aufgestellt sind. Seit 1888 findet eine Trennung der eigentlichen indirecten Steuern von den Einnahmen aus Communicationen bezw. Staatsgütern und Kapitalien statt. Einzelne Steuern wechselten ihren Platz im Budget. Die Besteuerung des Tabaks z. B. zählte bis 1886 zu der indirecten, seit 1887 aber zur directen Staatsbesteuerung.

Zollabgaben bestehen für die Ein- und Ausfuhr, ebenso für den Transitverkehr. Nachdem im Jahre 1880 ein Zoll-

---

[1] In den Budgets von 1885 und 1886 figurirt sie unter den indirecten Steuern.

reglement für das Fürstenthum erlassen, wurde das Zoll-
gesetz im Jahre 1885 genehmigt. 1883 wurde ein Tarif heraus-
gegeben für die aus der Türkei, Rumänien und Serbien importirten
Waaren. Auch die Einfuhr derjenigen Länder, welche noch keinen Handelsvertrag mit Bulgarien abgeschlossen haben, wurde
tarifmässig geordnet. Die Zolleinkünfte Bulgariens steigerten
sich namentlich in den beiden letzten Jahren: 1890 erreichten sie
die Summe von 9,400.000 Fr.

Seesalz wird in Bulgarien nur in Anhialos und Balčik gewonnen. Für die Salzproduktion in Balčik wird der Regierung
eine Abgabe von 6 Fr. für je 100 Oka gezahlt, während die Salzgewinnung in Anhialos seit türkischen Zeiten her in den Händen
von Privatleuten ruhte. Dieses Recht erwarb die Regierung käuflich, um ihrerseits das produzirte Salz zum Preise von 10 Fr. per
100 Oka incl. der Säcke zu verkaufen. Dasselbe Salz kostet der
Regierung an Ort und Stelle 1 Fr. 35 Cent.

Bis 1887 bestand ein Salzmonopol. Damals hob die Sobranje
dasselbe auf und jetzt können die Concessionäre bezw. die Besitzer der Salzsiedereien in Balčik und in Anhialos freien Handel
mit Salz treiben. Sie sind jedoch verpflichtet, für je 100 kgrm eine
Accise von 6 Lewa zu entrichten. Die jährliche Produktion
der Salzsiedereien (6,390) in Anhialos beträgt durchschnittlich 10 bis
15 Millionen kgrm, derjenigen von Balčik (200) circa 600,000 kgrm.
Die Einnahmen aus der Accise in Balčik ist im Budget 1890 mit
40,000 Lewa angegeben, während überhaupt die Einnahmen aus
den Salzsiedereien in Balčik und Anhialos zwischen 500,000 und
1,900,000 Fr. schwanken, also beinahe 2 Millionen Franken betragen. Die Salzsiedereien stehen unter staatlicher Verwaltung.

Der Tabak ist nicht officiell in Bulgarien monopolisirt. Der
Anbau und die Fabrikation desselben steht jedoch unter scharfer
Controle der Regierung. Dieselbe gestattet den Bauern nicht
weniger als $\frac{1}{2}$ Dennum anzupflanzen. Es ist ausdrücklich ver-
boten, Tabak zum Zwecke des eigenen Verbrauches in kleinen
Gärten zu bauen. Der Tabak wird in den von der Regierung

ermächtigten Fabriken verarbeitet. Jede Fabrik hat einen Regierungsaufseher zur Seite. Auf dem Ganzfabrikat lastet (Gesetz vom 9./21. Mai 1880) eine besondere Abgabe — Mururie — von ursprünglich 75 Cent. pro Oka, welche auf 50 Cent. reducirt wurde. Ausserdem besteht die sogenannte „Banderole-Steuer".

Der Anbau und die jährlichen Produktionsmengen des Tabaks sind im Capitel „Landwirthschaft" unter „Industriepflanzen" angegeben. Die Einnahmen betrugen

1879: 2,350,000 Fr.;   1880: 1,800,000 Fr.

1881: 1,800,000 „   1882: 1,800,000 „

1883: 2,010,000 „.   1884: 2.010,000 „

1885: 2,265,000 „   1886: 3,019,000 „

1887: 3,098,000 „   1888: 3,098,000 „

1889: 3,320,000 „   1890: 3,564,000 „

Schliesslich existirt eine besondere Abgabe auf die Fabrikation von geistigen Getränken. Bier, Wein u. s. w. unterliegen nach den Gesetzen von 1883/85 einer 10 %igen Werthsteuer.

Das Finanzministerium enthält neben den directen und indirecten Steuern noch die Einkünfte aus den Staatsgütern. Die Staatsgüter bestehen in Staatswaldungen, Ländereien, Wiesen, Weiden (Sovati); hierzu kommen die Einkünfte aus Bergwerken. Steinbrüchen, Kalkgewinnung, Fischerei, Hafengebühren u. s. w.

Die Einnahmen aus den Staatsforsten und Ländereien beliefen sich im Jahre 1880 auf 150.000 Fr. und sind bis 1890 auf 702.000 Fr. gestiegen, während die Einnahmen aus Staatsgütern überhaupt von 282,600 Fr. im Jahre 1880 auf 2,688,600 Fr. im Jahre 1890 gestiegen sind.

Das Ministerium des Aeussern bezieht namentlich die Einkünfte des Post- und Telegraphenamtes.

Das Handelsministerium hat Einnahmen aus Communicationen (Wegesteuer 1884 von 389,800 Personen entrichtet im Betrage von 1.559,920 Fr.). Dieses Ministerium bestand als solches

nur 1883 und 1884; seit 1885 ist dasselbe als „Direction der
öffentlichen Bauten" dem Finanzministerium unterstellt.

Die Einnahmen aus der Staatsdruckerei erscheinen unter
der Rubrik des Unterrichtsministeriums.

In Bezug auf die übrigen, hier nicht erwähnten Einnahmen
sei auf Tabelle XXX verwiesen.

In den Budgets von 1885[1] ab ist die Rubricirung nach Mini-
sterien fallen gelassen worden, und es sind zunächst neben den
Steuern die übrigen Einnahmen unter der Bezeichnung „gelegentliche Einkünfte" zusammengefasst. Da seit dem Jahre 1888
durch Ankauf bezw. Ausbau der Linien Rusčuk-Varna und Zaribrod-
Vakarel auch Einnahmen aus den „Staatsbahnen" fliessen, wurde
nunmehr zwischen Einkünften aus Communicationen und aus
Staatsgütern und Kapitalien unterschieden. Daneben ist noch
in den Budgets für 1889 und 1890 ein bedeutender Posten mit
„gelegentliche Einnahmen" bezeichnet.

Alles Weitere ist aus der Generaltabelle über die Einnahmen
ersichtlich und bedarf keines weiteren Commentars.

Wirft man einen allgemeinen Rückblick auf die volkswirthschaftliche Entwicklung Bulgariens im ersten Decennium seiner
wiedererlangten Selbständigkeit und Freiheit, so muss man dem
ernsten rastlosen Streben Anerkennung zollen, mit welchem das
bulgarische Volk bemüht ist, die Spuren einer fast 500jährigen
Knechtschaft und tiefster Erniedrigung zu verwischen und vorwärts
zu schreiten auf der Bahn der Civilisation, um ein würdiges Mitglied des Europäischen Staatensystems zu werden.

---

[1] Die jetzige Form der Anschläge für den Staatshaushalt ist das Verdienst
des Herrn QUEILLÉ, eines durch seine Wirksamkeit in Frankreich und Algerien
erprobten Finanzbeamten, der in Bulgarien von 1883—1884 eine aufopfernde
und hingebende Thätigkeit entfaltet hat.

Die Eröffnung der directen Orientlinie Wien-Constantinopel bedeutet eine neue Phase in der wirthschaftlichen Entwicklung des Landes und sichert demselben bei Vervollständigung seines Eisenbahnnetzes, namentlich durch möglichst zahlreiche Schienenverbindungen des Balkans mit der Donau und dem Schwarzen Meere. eine glänzende Zukunft. Das bulgarische Volk ist ein nüchternes, arbeitsames, strebsames Volk; es besitzt in hohem Masse alle Eigenschaften, um nach Consolidirung seiner produktiven Kräfte dereinst die leitende Rolle auf der Balkanhalbinsel zu übernehmen.

Bulgarien ist ein reiches, fruchtbares. gesegnetes Land. ein Land der Zukunft; es hat in seltener Weise verstanden, sich in verhältnissmässig kurzer Zeit die Sympathien der gebildeten Welt zu erringen, und mit Stolz kann das bulgarische Volk auf das bisher Erreichte zurückblicken! Möchte es ihm vergönnt sein. unter den Segnungen des Friedens auch fernerweit die Bestimmungen seiner nationalen Mission zu erfüllen.

Богъ да спаси България![1]

---

[1] „Gott schütze Bulgarien!" Dies sind die vom Fürsten Alexander in der Nacht vom 9./21. August 1886 auf der erzwungenen Abdankungsurkunde verzeichneten Worte.

VITA.

Ich, FRANZ JOSEPH PRINZ VON BATTENBERG, evangelischer Confession, wurde am 24. September 1861 zu Padua geboren.

Bis zu meinem 13. Lebensjahre genoss ich den Unterricht im Elternhause, worauf ich im Herbst 1874 das Gymnasium in Cassel bezog, welches ich im September 1880 mit dem Zeugniss der Reife verliess. Zu Ostern 1881 wurde ich an der Universität Giessen immatriculirt. Ich widmete mich daselbst den juristischen und cameralistischen Studien und hörte die Vorlesungen des damaligen Kanzlers der Universität Geheimenrathes WASSERSCHLEBEN, sowie der Professoren GAREIS, KRETSCHMAR, LASPEYRES und ONCKEN.

Im October 1881 trat ich in die Armee unter Ernennung zum Seconde-Lieutenant à la Suite mittelst Allerhöchster Cabinets-ordre vom 11. October 1881 ein. Nach bestandenem Officiers-Examen widmete ich mich 1882 dem activen Militärdienst. Im April des Jahres 1885 wurde ich à la Suite meines derzeitigen Regimentes gestellt, um einen einjährigen Urlaub anzutreten, welchen ich zu Reisen verwenden wollte. Im Juli 1885 folgte ich einem Rufe meines Bruders nach Bulgarien. Dort überraschten mich die politischen Ereignisse in Ostrumelien, welche mich bewogen, in diesen ernsten Zeiten meinen Bruder nicht zu verlassen. In Folge dessen nahm und erhielt ich im Herbst 1885 meinen Abschied aus dem deutschen Heere, trat in die bulgarische Armee ein und nahm Theil an dem serbisch-bulgarischen Kriege. Bei Ausbruch des Staatsstreiches vom 9./21. August 1886 begleitete ich meinen Bruder in die Gefangenschaft, fuhr von Lemberg aus mit ihm nach Bulgarien zurück, um dann nach seiner Abdankung nach Deutschland zurückzukehren.

Am 25. November 1886 wurde ich vom Grossherzog von Hessen zum Grossherzoglich Hessischen Seconde-Lieutenant à la Suite der Infanterie ernannt und am 1./13. Januar 1889 zum Fürstlich Bulgarischen Major à la Suite befördert.

Im November 1887 bezog ich die Universität Leipzig, woselbst ich mich speciell staatswissenschaftlichen Studien widmete. Während meiner hiesigen Studienzeit hörte ich die Vorlesungen der Herren Professoren und Doctoren: BIEDERMANN, BLOMEYER, FRICKER, MAURENBRECHER, ROSCHER, SPRINGER, SCHOLVIN, WARSCHAUER. Allen diesen Herren spreche ich beim vorläufigen Abschluss meiner Studien meinen aufrichtigen Dank aus. Insbesondere aber drängt es mich, Herrn Geheimrath ROSCHER, sowie Herrn DR. WARSCHAUER für die vielfache Förderung, welche mir von ihrer Seite zu Theil wurde, wärmstens zu danken.